デフレとの20年戦争

三菱UFJリサーチ＆コンサルティング株式会社
調査・開発本部　調査部
研究主幹
鈴木 明彦［著］

一般社団法人金融財政事情研究会

はじめに

「デフレとの20年戦争」と書くと、何とも大げさなと思われるかもしれない。しかし、２０００年代の日本では、デフレ脱却を目指し、量的金融緩和やマイナス金利政策といった非伝統的な金融緩和が、20年以上にわたって続けられてきた。それはあたかも、デフレ脱却という国家的目標達成に向けて、金融政策を総動員する戦争のようであった。

デフレ戦争は、政府のデフレ宣言を受けて始まる。２００１年春に最初のデフレ宣言が出て、日本銀行（以下、「日銀」）が初の量的金融緩和を始めたのを第一次デフレ戦争とすると、この戦いは２００６年3月まで5年間続いた。

その後、短い休戦を挟んで、２００９年11月に二度目のデフレ宣言が出て第二次デフレ戦争が始まり、いまに至るまでデフレ脱却のための金融緩和が続いている。この間、日本の景気は回復と後退を繰り返してきたのだが、そうした景気のサイクルとは関係なく、ほぼ一貫して物価を上げるための金融緩和が続けられてきた。

しかし、こうした異例ともいえる金融緩和が続けられたにもかかわらず、デフレ脱却という目標は達成できないまま、20年以上にわたって不毛の戦いを続けることになった。デフレとの20年戦争は失敗であったといわざるをえない。

なぜこのようなことになってしまったのか。デフレ戦争を、その発端となった最初のデフレ宣言までさかのぼって振り返ってみることが必要だという思いを強くした。それが、本書を執筆することを思い立ったきっかけだ。そうした問題意識で、この20年あまりの金融政策を振り返ってみると、デフレ戦争の特異な性格と、なぜこの戦いがここまで長きにわたって続いたのか、その理由がみえてくる。

一つ目の理由は、金融政策が「デフレは悪」という空気に支配されてしまったことだ。①デフレが日本経済の長期停滞をもたらしている一番の原因であり、②物価を上昇させることが日本経済を元気にする切り札であり、③デフレは貨幣的現象であり、デフレを脱却することは金融政策の役割だ、という認識が日本経済の絶対的な常識となり、この常識に疑問を差し挟むことは許されないという雰囲気が漂っていた。

物価の上昇を目指すことはインフレ政策であり、本来は国民の支持が得られるものではないのだが、これを「デフレ脱却」と言い換えることによって、国民的スローガンとなった。金融政策はデフレ戦争不可避の空気に支配され、デフレを脱却するまで、戦場からの退却は許されないこととなった。

デフレ戦争が長期化した二つ目の理由は、日銀に、有効な金融緩和の手段、すなわち役に立つ武器がなかったということだ。2000年代の金融政策は、名目金利はゼロパーセントより下に下げられないので金融緩和効果が得られないというゼロ金利制約との戦いであった。日銀がデフレ脱却を目指した理由の一つも、超低金利のもとでは物価が上がらないと金融緩和の効果が出てこないからだ。

金融政策では、政策金利がゼロパーセントまで下がった後は、量的金融緩和やマイナス金利政策といった非伝統的な政策が、ゼロ金利制約を打ち破るための武器とされた。しかし、こうした政策が役に立つ武器であったかというと、そのようなことはなかった。量的金融緩和は、日銀当座預金やマネタリーベースを目標に行われてきたが、それはそこまでは日銀がコントロールできるからだ。しかし、金融機関にとどまっているマネーをいくら拡大させても、そこから先の世の中に出回るマネーが増やせなければ、景気に与える効果はなく、ましてや物価を押し上げる効果などあるはずがない。

マイナス金利政策も、金融機関にとって運用利回りである日銀当座預金の付利をマイナスにするのでは、緩和効果など出てこない。金利引下げが緩和効果をもつのは、金融機関の調達コストを下げるからであって、運用利回りをマイナスにしても、金融機関の経営を圧迫して引締め効果さえ出かねない。

しかし、戦う武器がないという弱音を吐くことは、デフレ脱却の旗を掲げる日銀には許されなかった。むしろ、デフレを脱却できないのは、日銀の金融緩和が足りないからだという精神論が広がるだけだった。ゼロ金利制約のもとで有効な金融緩和の手段を持ち合わせていないのであれば、金融政策によってデフレ脱却が実現するはずもない。さりとて、デフレ脱却の旗を降ろすわけにもいかず、デフレとの戦いは延々と続くことになった。

2年間で2％の物価安定目標を達成すると豪語した黒田東彦日銀総裁が2013年3月に誕生し、異次元の金融緩和が始まったが、それでも物価は上がらなかった。短期戦で勝利を収めることができなかったため、それまでと同じペースでマネタリーベースを拡大していくことが限界に達してくる。日銀は、デフレとの戦いに勝つことよりも、戦いを続けることに力点を置いて考えるようになった。これが、デフレ戦争が長期化した三つ目の理由だ。

一方、政治サイドも、2014年4月の消費税率8％への引上げによる物価上昇が、個人消費を低迷させるという現実に直面して、デフレ脱却のスローガンや考え方に距離を置くようになっていた。もともと、国民が嫌がる物価上昇を政治家がどこまで本気で望んでいたのかは疑問である。むしろ、日銀に達成できそうもない2％の物価安定目標を掲げさせておけば、半永久的に金融緩和が続き、低金利、円安、株高という3点セットが実現できるということに、意義を見出していたのではないか。政治サイドが、デフレ脱却よりも、金融緩和の長期化を望んでいるのであれば、デフレ戦争の終結など夢のまた夢だった。

こうした三つの理由で、デフレ戦争は泥沼の長期戦となってしまった。本書では、まず第1章「20年戦争となったデフレとの戦い」でこうしたデフレ戦争の特質も含めて、20年にわたるデフレ戦争を概観する。そのうえで、第2章「第一次デフレ戦争」、第3章「つかの間の休戦と次なる戦いへの道」、第4章「終わりのない第二次デフレ戦争の始まり」、第5章

「アベノミクス登場でデフレ戦争は泥沼の戦いに」、第6章「戦線不拡大方針への転換」、第7章「短期決戦で臨んだ新型コロナとの戦い」と、時系列でデフレとの戦いがどのように展開されてきたか確認していく。

デフレ戦争が、勝つことよりも、続けることが重要になってくると、やみくもに戦線を拡大する動きも変わってくる。この戦線が拡大したのは、量的・質的金融緩和が強化され、2016年1月にマイナス金利政策が導入されるまでであった。金融政策の現場で、こうした拡大路線の限界が意識されるようになると、デフレ戦争は戦線不拡大方針に転換してくる。その転換点となったのが、2016年9月の新しい枠組み、すなわち「長短金利操作(イールドカーブ・コントロール)付き量的・質的金融緩和」の導入だ。これ以降、金融政策の目標でなくなったマネタリーベースの増加ペースは、急速に低下することになった。2020年の新型コロナ対応によって、一時的に金融緩和が強化されることもあったが、1年もするとその動きも収束してきた。

日銀は、新しい枠組みが導入されて以降、表向きはデフレ脱却の旗を掲げながら、その背後では量的緩和政策やマイナス金利政策を現状以上には強化させない戦線不拡大方針に転じてきた。結果として、金融政策は一般の人からみてきわめてわかりにくいものになってくる。金融政策が、建前としてのデフレと戦う姿勢を示すためのコミットメントやガイダンスと、本音での戦争を拡大させないための布石という二本立てとなり、日銀の発表文を読んでも、はたして金融緩和が強化されたのか、後退したのかもわからない状況になってきた。金融政策の変更に込められた、日銀の建前と本音の二つの意図を読み解くことが重要になってくる。第6章、第7章では、デフレ脱却の建前に隠れた、日銀の本当の意図を読み解くことも試みた。

いつ終わるとも知れなかったデフレ戦争だが、ここにきて転機が到来している。物価安定目標達成の可能性が高まってきたからだ。物価が上がり始めると、「デフレは悪」「デフレ脱却は重要」という空気が一変してくる。第8章「終結に向かうかもしれないデフレ戦争」では、デフレ戦争の本質を再確認しながら、金融政策を取り巻く環境の急変を整理した。

いまや、デフレ戦争を続けることへの批判すら出てくるようになった。しかし、空気に押されてデフレ戦争を終結させるのではなく、デフレとの20年戦争の総括と反省が必要だ。それを怠ると、風向きが変わったときに再び不毛のデフレ戦争に逆戻りしてしまうからだ。第9章「デフレ戦争を終わらせるには」では、ようやく到来したデフレ戦争終結のチャンスに、日銀がどう行動すべきか考えてみた。日銀が中央銀行としての本来あるべき姿を取り戻し、日本経済が競争力と成長力を高めて、本当の意味でのデフレ脱却を実現することが重要だ。

本書の作成にあたっては、三菱UFJリサーチ&コンサルティング調査部の皆さんのさまざまなサポートやディスカッションを通した知的刺激が不可欠であった。特に、丸山健太研究員にはデータの整理・解釈や図表の作成などでおおいに助けられた。このように、さまざまな支えがあったからこそ本書を出版することができた。あらためて心からの感謝の意を表したい。

2022年10月

鈴木　明彦

目次

第2章 第一次デフレ戦争（2001年3月～2006年3月）

第3章　つかの間の休戦と次なる戦いへの道

第4章 終わりのない第二次デフレ戦争の始まり

第5章　アベノミクス登場でデフレ戦争は泥沼の戦いに

第6章 戦線不拡大方針への転換

第7章 短期決戦で臨んだ新型コロナとの戦い

第9章 デフレ戦争を終わらせるには

〈本書の留意事項〉

① わかりやすさを優先したために、一部省略・簡略化した表現を用いています。

② 意見に当たる部分は筆者個人の見解であり、筆者が所属する組織を代表するものではありません。

③ 一般的な知識を説明したものであり、特定の商品・サービスなどの勧誘を目的とするものではありません。

④ 本書に掲載されている内容は執筆当時のものです。

第1章

20年戦争となった デフレとの戦い

2001年春に最初のデフレ宣言が出されて以降、日本ではほぼ一貫してデフレとの戦いが続いてきた。デフレ戦争が続くのは、物価がなかなか上がらないからだが、ここまで泥沼化してしまうというのは想定外の出来事だったかもしれない。しかし、そこには泥沼化をもたらすだけの理由があった。

一方で、世界的なインフレ圧力が高まってくるなかで、デフレ戦争を続けることがむずかしくなってきた。物価が上昇しただけでは本当のデフレ脱却ではないという指摘はもっともだが、デフレ戦争が大きな転機を迎えようとしているのは間違いない。

1 デフレ戦争はなぜ始まる

敵がいなければ始まらないデフレ戦争

デフレとは持続的に物価が下落する状況を指す。デフレ戦争とはデフレを終わらせて物価を上げるための戦いだ。日本では、経済成長力の低下に加えて、円高による輸入物価下落の影響もあり、2000年前後から物価の下落が続くようになった。もっとも、冷静に考えれば、物価は景気動向を反映して変動する遅行指標であり、デフレは結果として生じる現象である。そう割り切ってしまえば、デフレ戦争は始まらない。

デフレ戦争が始まるのは、デフレが日本経済の低迷をもたらしている元凶であるとみなすからだ。そうすることによって、デフレは戦うべき敵となる。デフレを放置していれば、実質金利の上昇によって企業の投資活動が抑制される、価格の下落を待って消費が先延ばしされる、といったデフレの問題点が指摘されるようになると、デフレを脱却することが重要という認識が強まってくる。１９９０年代後半になって、円高の進展も影響してデフレ傾向が強まるにつれて、デフレを放置してはいけないという認識が強まってきた。

デフレを敵とみなすデフレ宣言

デフレを日本経済の敵と位置づけることによってデフレ戦争が始まるが、その役割を果たすものが政府によるデフレ宣言であり、デフレ宣言がデフレへの宣戦布告となる。初めてデフレ宣言が出されたのは２００１年の春であった。そこから一時的な休戦を挟みながら、いまでもデフレとの戦いは続いており、デフレ戦争は開戦から20年を超えている。

ところで、デフレ宣言といっても、政府が正式に決定して出す宣言ではない。同じ宣言でも新型コロナウイルスの感染拡大を受けて出される緊急事態宣言とは異なる。宣言といっても実際には宣言など出されていないといってもよいくらいだ。

休戦を挟んでいるということからも想像できるように、デフレ宣言はこれまで2回出ている。2001年春に出た初めてのデフレ宣言とは、同年3月の政府による月例経済報告の資料に緩やかなデフレであるという分析が掲載され、翌4月には本文に「緩やかなデフレにある」という記述が現れたことを指す。

2回目のデフレ宣言が出たのは2009年11月だ。この月の政府の月例経済報告で消費者物価の判断を前月の「緩やかに下落している」から「緩やかな下落が続いている」に変更した。これだけであればデフレという言葉は出てこないが、この判断に「物価の動向を総合してみると、緩やかなデフレ状況にある」という記述がさりげなく加わった。

そして、月例経済報告の発表に先立って、朝の閣議後の記者会見で菅直人副総理兼経済財政担当大臣（当時）が「緩やかなデフレ状況にある」と表明した。

宣言と呼ぶには実に地味な記述と記者会見だが、後はメディアが「デフレ宣言が出た」と大々的に報道してくれる。想像だが、就任からまだ日も浅い時に、デフレ宣言を出した菅大臣に、その後10年以上も続く二度目のデフレ戦争の火蓋を切ってしまったという認識はあまりなかったのではないか。ひょっとすると、デフレ宣言を出したという認識すらあまりなかったかもしれない。

デフレ宣言は日銀に対する宣戦布告

デフレ宣言は、日本銀行（以下、「日銀」）に対して金融緩和を迫る最後通牒の役割をもっている。また、実際に金融政策に与えるデフレ宣言の威力は絶大だ。日銀は、自らの意思で始めた戦争でなくても参戦せざるをえなくなる。2回のデフレ宣言が出された後、どちらも日銀は金融緩和に乗り出さざるをえなくなる。

２００１年春の1回目のデフレ宣言のときは、日銀はその直後の3月19日の金融政策決定会合で金融市場調節の操作目標を日銀当座預金残高に変更し、日銀にとって初めてとなる量的緩和政策に移行した。このときの量的緩和政策は、戦後最長の景気回復が続いていた２００６年春まで続くことになる。

２００９年11月20日の2回目のデフレ宣言のときは、日銀は、12月1日に臨時の金融政策決定会合を開き、金融緩和強化のための新しい資金供給手段の導入を決めた。このとき始まった2回目のデフレ戦争が、アベノミクスの登場とともに異次元金融緩和という泥沼の戦いとなり、いまに至っている。

この２００９年12月の金融政策決定会合で重要なことは、日銀の発表文に「日本経済がデフレから脱却し、物価安定のもとでの持続的成長経路に復帰することが極めて重要な課題であると認識している。そのために、中央銀行として最大限の貢献を続けていく方針である」との文言が入ったことだ。

それまで日銀はデフレという言葉は使わなかったのだが、政府のデフレ宣言によってそうした対応は許されなくなった。デフレ戦争が再開したことにより、日銀も、おそらくその意に反してであろうが、政府に追随してデフレという言葉を使うようになり、デフレと戦っている姿勢を示さざるをえなくなった。

2 デフレ戦争はなぜ続く

「デフレは悪」という空気の怖さ

デフレ戦争は一度始めてしまうとなかなか終わらない。それは、デフレが続いているからだが、同時に「デフレは悪」という空気をつくりだしてしまい、反論を許さないムードができあがってしまうからだ。この空気をつくるという意味で、デフレ宣言の威力は絶大だ。

「物価は遅行指数であって、デフレは景気低迷の結果として生じているものだ」「緩やかな物価下落であれば、それほど経済に悪影響を及ぼさない」「日銀当座預金残高あるいはマネタリーベースを増やしても経済に与える影響はほとんどなく、物価を上げる効果はない」といった意見は通らないというだけではなく、口にすることすらはばかられるようになってしまう。

また、日本経済をダメにしているのはデフレであり、デフレが続いているうちは日本経済が元気にならない。デフレ脱却こそが日本経済を救うという常識が世の中を支配するようになり、メディアの報道では「デフレで苦しむ」というフレーズが、日本経済の枕詞として使われるようになる。

日銀に金融緩和を続けさせるデフレ脱却のスローガン

ここ20年ほどは、デフレ脱却のスローガンが日本の経済政策の柱となった感もあるが、デフレは貨幣的な現象であり、これを脱却する仕事はもっぱら金融政策の役割となっている。これを象徴するものが、デフレ脱却に向けての政府と日銀の連携を謳った2013年1月の政府と日本銀行の共同声明（いわゆる〝アコード〟）だ。この共同声明のなかで、日銀が2％の物価安定の目標を掲げ、強力な金融緩和を推進することを約束することになった。

一方、政府は、同じ共同声明のなかで、「わが国経済の再生のため、機動的なマクロ経済政策運営に努める」「日本経済の競争力と成長力の強化に向けた取組を具体化し、これを強力に推進する」と明言した。

もちろん本当に日本経済の競争力と成長力が強化できるのであればすごいことだが、そのための方策としては、革新的研究開発への集中投入、イノベーション基盤の強化といった、いつもながらの抽象的なスローガンが並ぶだけで、実際には、何も約束していないのに等しかった。

また、日銀が強力な金融緩和を続ける一方で、政府は、「財政運営に対する信認を確保する観点から、持続可能な財政構造を確立するための取組を着実に推進する」という、金融と財政の政策連携も謳われたが、政府は、すでに決まっていた消費税率の10％への引上げを、先延ばしたうえで実現しただけだ。デフレ脱却のために、強力な金融緩和を実施することが、長期金利を含めて超低金利を常態化させ、財政支出の拡大や財政構造の悪化に歯止めがかからなくなることが懸念されたわけだが、そうした懸念を払拭するような対応はとられなかった。

政府にとってデフレ脱却より大事なことは金融緩和の継続

そもそも、政府は、2％の物価安定目標の達成にはあまり興味がなく、とにかく金融緩和が続くことが大事と思っていたのではないか。実際、デフレ脱却を標榜する割には、政府の経済対策は物価押下げに作用するものが結構ある。2019年10月の幼児教育無償化や2020年4月の高等教育無償化による教育関連の価格急低下、さらにGo To トラベルによる旅行宿泊価格の急低下などは、消費者物価を押し下げた。政策ではないが、政府が要請していた携帯電話料金の引下げも消費者物価を押し下げた。

特別な要因で特定の項目の価格が下がるのは相対価格の変化であり、日本が苦しんでいる全般的な物価下落、つまりデフレとは違う話だということになるのだが、相対価格の変化も全体の物価水準に影響する。特別な要因によるものだから一時的な物価下落かもしれないが、1年間は続く。

物価動向をみるときは、政策など特別な要因で生じた物価下落や原油価格の急落の影響も外して考えるから問題ないという指摘もあるが、物価が下がることが経済に悪影響を与えるというのであれば、特別な理由があるから除外するというのもしっくりこない。

一方で、経済にとってプラスに働く政策であれば、物価を下げる効果があるからやらないというのもおかしな話だ。しかし、そうであればコンマ以下でも物価が下がることはけしからん、物価は2%を超えて上がっていなければいけない、というロジックも説得力を失ってくる。

3 終わらなくてもよかったデフレ戦争

デフレとの戦いは続けることに意義がある

デフレ脱却が日本経済を活性化させると政府や政治家がどこまで信じていたか疑問だ。むしろ、デフレ脱却のスローガンは、日銀に金融緩和を迫るための手段として効果的であることが重要だったのだろう。

中央銀行の独立性がさほど尊重されているとも思えない日本においては、政府や政治家が日銀に金融緩和を迫るというのがお定まりの構図であった。金利自由化前の日本では大蔵省が日銀の金融政策に注文をつけ、金利自由化後も為替をつかさどる大蔵省が円高阻止を理由に日銀に対して金融緩和すべきという圧力をかけてきた。

最近は、２００１年の省庁再編で経済企画庁が内閣府となり、政策官庁としての性格を強め、財務省に変わって日銀に金融緩和を迫る役割を担うようになった。内閣府には、かつての大蔵省のように規制金利をつかさどる、あるいは為替の安定に責任をもつといった、金融政策にかかわる制度的なバックグラウンドがあったわけではないが、デフレ脱却という錦の御旗をつくりあげ、デフレ宣言という武器を行使するという権限を得て、さらに、自らが事務局となっている経済財政諮問会議を、金融政策を検証する場にすることで、日銀に金融緩和を迫る役割を担うことが可能になった。

前出の政府と日銀のアコードは、内閣府、財務省、日銀の三者による共同声明であるが、日銀の金融政策を縛る枠組みをつくるうえで、内閣府は大きな役割を果たしたと推測できる(注1)。

デフレ脱却のスローガンが日銀に金融緩和を迫るための手段であるとすると、デフレとの戦いは、それに勝利してデフレを脱却することよりも、続けることに意義がある。やや、乱暴にいってしまえば、とても達成できないような2％の物価安定目標を日銀に掲げさせておけば、半永久的に日銀に金融緩和を求めることができた。

武器がないまま二度のデフレ戦争を戦った日銀

続けることに意義がある戦争であれば、長期化して泥沼状態となるのは、ある意味自然な成り行きだ。すでに述べたように、デフレ宣言が2回出ており、それに続いて二度のデフレ戦争を戦っている。

２００1年春の1回目のデフレ宣言を受けて始まったデフレ戦争を第一次デフレ戦争、２００9年11月の2回目のデフレ宣言を受けたデフレ戦争を第二次デフレ戦争とすると、第一次デフレ戦争は初めての量的緩和政策が終わる２００6年3月まで5年間続いた。第二次デフレ戦争は、開戦から10年以上が経過したいまも続いている（図表1－1）。

第一次、第二次と、二つのデフレ戦争の違いは後で詳しく述べるが、どちらの戦争も長く続いたことに変わりはない。

第二次デフレ戦争が泥沼化した理由など、デフレ戦争が長期化する理由はいくつか考えられる。まず、先ほども述べたように、政府サイドからみると、デフレ戦争は続けることに意義がある。最初から長く続くことが想定されていた。

また、日銀には戦う武器がない。デフレ戦争は２０００年代の金融政策が直面したゼロ金

図表１－１　二度のデフレ戦争と消費者物価

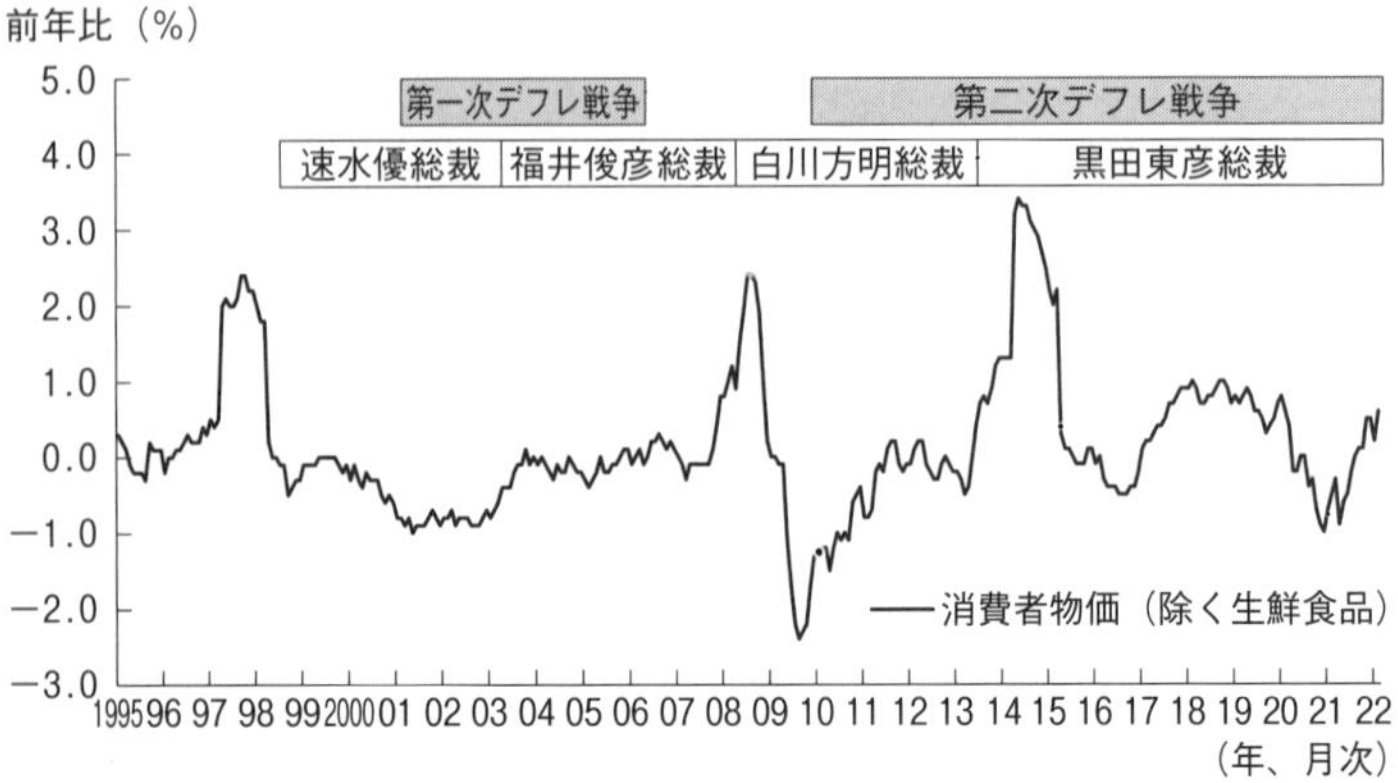

（出所）　総務省「消費者物価統計月報」より筆者作成

利制約との戦いともいうことができる。ゼロ金利制約とは、名目金利はゼロパーセントより下に下げられず、そこから先の金融緩和効果は期待できないというものだが、２０００年代の日銀はこの問題に直面していた。

金利をゼロまで下げても物価が下がっていれば、実質金利はプラスが続く。金融緩和効果を出そうとすれば、物価が上昇していないと困る。日銀にとっては２％程度物価が上昇していたほうがありがたい。しかし、すでにゼロ金利制約に直面して戦う武器を失っていた日銀が、デフレ脱却のために戦うというのは無理のある話だ。デフレ戦争が長期化しても不思議ではない。

日銀当座預金残高やマネタリーベースを目標とするごまかし

ゼロ金利制約を克服する手段として量的金融緩

和が打ち出されたが、日銀が調節することができるのは、日銀が金融機関に直接供給するお金である日銀当座預金やマネタリーベースである。その先の、金融部門から経済全体に供給されている通貨の総量であるマネーストックの伸びに影響を及ぼすことはむずかしい。金融緩和効果が出てくるということは、マネーストックの伸びが高まったときであり、マネタリーベースが急拡大しただけでは意味がない。

量的緩和政策で設定された目標は、第一次デフレ戦争のときは日銀当座預金残高であり、第二次デフレ戦争のときはマネタリーベースの残高であった。どちらも、日銀が操作できる残高を目標にしていたが、金融緩和効果と関係してくるマネーストックの残高を目標にしなかったことは、日銀自身が量的緩和の効果に懐疑的であったことの表れだ。

仮に、金融緩和効果が出てくるとしてもまず景気動向である。景気が過熱してくれば物価を押し上げる効果が出てくるが、そうなる可能性はかなり低いものだった。また、景気の遅行指数である物価を目標とすることに無理があり、仮に物価が上がってきたとして、日銀が目標とする水準で物価の上昇が止まる保証はまったくない。

デフレは悪というスローガンが先行し、勝算がないままデフレ宣言を出してデフレに宣戦布告し、いやいやながら参戦した日銀は戦う武器もないまま、ひたすらマネタリーベースを拡大させる。こうした戦争が泥沼化し出口がないまま続くのは、当然の帰結ともいえよう。

4 強制終了するかもしれないデフレ戦争

デフレ戦争が続いてもすぐに困る人はいない

デフレとの戦いが長期化しても厭戦《えんせん》気分は出てきにくい。デフレ戦争が泥沼化して、大量の国債購入によってマネタリーベースが急増し、低金利も影響して財政赤字が拡大しても、消費者物価が上がっていないのならば、国民にとって不満はない。また、物価安定目標を達成していなくても、低金利、円安、株高が維持されているのであれば、政治家にとってもありがたい世界だ。

2%の物価安定目標が達成できずに、なかなかデフレを脱却できないことに対する批判や疑問はよく聞かれたが、多くの人にとっては、所得が増えていないのに、物価が上がったら逆に困るというのが正直な気持ちだったのではないか。

「デフレは悪」という空気が支配し、「デフレ脱却」が日本を救う切り札という共通の認識が広がることが、デフレ戦争の戦意を高めるのだが、それは金融政策を取り巻く狭い世界の話であって、1人の消費者としては、物価が上がることが人事という理屈にはついていけないだろう。デフレ脱却のスローガンにあえて異を唱えなかったのは、どうせ物価なんか上げられない、あるいは、上げられるものなら上げてみな、という冷めた感情をもっていたからかもしれない。

デフレという平和な時代

デフレが続くというのはある意味平和な時代だ。物価が上がらないということは、経済活動が活気に満ちていることはないかもしれないが、激しいインフレのように景気の腰折れをもたらすわけでもない。デフレが続いていても、景気は緩やかな回復を続けるというのは珍しい話ではない。

激しいデフレは、経済が混乱状態に陥っている結果であり論外としても、ゼロ～マイナス1％程度の緩やかなデフレ状態であれば、景気は回復と後退という通常の景気循環を続けている。それでも、物価が安定的に2％という目標を達成するまでは、金融緩和を続けなければいけないというのがデフレ戦争だ。

デフレ戦争が続けられるというのは平和な時代だからだ。新型コロナウイルスの感染拡大のような一大事が生じると、誰もデフレ脱却などと口にしなくなる。誰がみても、それより大事な問題がいまそこに起こっているからだ。

平和な時代が突然終わる？

新型コロナショックが収束して平和な時代が戻れば、またデフレ戦争が再開するはずだった。しかし、世界的にインフレ圧力が高まり、欧米ではインフレを抑えるために金融政策は引締めに大きく舵を切ることになった。日本は、欧米ほどには物価が上がっていないといっても、世界的なインフレ圧力から無縁ということはない。原材料など川上から物価上昇圧力が強まるなか、デフレとの戦いを再開するという雰囲気は後退している。

むしろ、所得が上がっていないのに、2％はもちろんのこと、わずかでも物価が上がることは問題という雰囲気すら出てきている。実際、2％を超えて物価が上がれば、個人消費にはかなりマイナス効果が出てくるだろう。

これまで、日銀の金融政策に対しては、2％の物価安定目標をなぜ達成できないのかという批判が多かったが、そもそもなぜ2％の目標にこだわるのかという批判が出てくることになろう。途中短い休戦を挟んで、20年以上にわたって続いてきたデフレ戦争は、大きな転機を迎えており、予期せぬかたちで終わるかもしれない。

第2章以降では、デフレ戦争のこれまでの道のりを振り返ることにしたい。

【注】

1　白川方明日本銀行前総裁はその著書『中央銀行―セントラルバンカーの経験した39年』（2018年、東洋経済新報社）のなかで、民主党政権時代の日銀総裁、財務大臣、内閣府経済財政担当大臣による「デフレ脱却に向けた取組について」を作成するための事務方レベルでの交渉に関連して、「当時の記憶として今も強く残っていることは、内閣府の事務方が財務省の事務方に比べて、つねにリフレ派的な主張をしていたことである」と記している。

第2章

第一次デフレ戦争
（2001年3月～2006年3月）

2001年3月から始まった第一次デフレ戦争では、初めて量的緩和政策が採用された。これはデフレ脱却のために量的緩和政策の導入を迫る政府の要求に対して、日銀が金融システム不安回避のための潤沢な資金供給で応じたものだ。速水優日銀総裁（注1）のときは、金融システム不安の回避が主たる目的で、量的緩和の拡大に慎重であったが、福井俊彦総裁（注2）が就任すると、デフレ脱却を前面に出して積極的な量的緩和を推進した。

金融システム不安が後退してくると、金融政策決定会合の場では量的緩和を段階的に縮小すべきとの意見も出てきたが、日銀は景気の回復と物価の上昇を確認しながら、一気に第一次デフレ戦争を終結にもっていく道を選んだ。さらに、量的緩和政策終了に際しては、「中長期的な物価安定の理解」を決定し、物価目標導入に向けての布石を打った。

1 呉越同舟で始まった第一次デフレ戦争

初めての量的緩和政策がスタート

2001年3月の政府の月例経済報告に「緩やかなデフレ」という分析資料が載り、翌4月には報告の本文に「緩やかなデフレにある」という記述がなされた。多くの人にとってまったく重要とは思えない出来事かもしれないが、これが第一次デフレ戦争の始まりとなった最初のデフレ宣言だ。この宣言を受けて、日銀は金融緩和の強化に踏み出さざるをえなくなる。

日銀は、3月19日の金融政策決定会合において、次の①～④の金融政策の変更を決定した。

① 金融市場調節の操作目標の変更
② 実施期間の目処として消費者物価を採用
③ 日銀当座預金残高の増額と市場金利の一段の低下
④ 長期国債の買入れ増額

まず、金融市場調節の操作目標が、それまでの無担保コールレート（翌日物）から日銀当座預金残高に変更された（①）。操作目標を金利（無担保コールレート）から量（日銀当座預金残高）に変えることによって、日銀は初めて量的緩和政策に踏み切ることになった。

また、新たな金融市場調節方式は、消費者物価指数（全国、除く生鮮食品）の前年比上昇率が安定的にゼロパーセント以上となるまで継続されることが決まった（②）。これは、物価の下落が続いているうちは量的緩和政策を続けることを約束する時間軸政策であり、いまも行われているフォワードガイダンスあるいはコミットメントの先駆けとなる政策といえよう。金融政策変更の条件として消費者物価を使っているという点では、時限的ではあるが事実上の物価目標（インフレターゲット）の採用と考えることもできそうだ。

新たに操作目標となった日銀当座預金残高については5兆円程度に増額することになり、その結果、無担保コールレート（翌日物）は、それまでの誘導目標であった0・15％から低下し、ゼロパーセント近傍で推移するものと予想されるとされた（③）。

日銀当座預金残高は、政策変更前は4兆円強であり、すでに潤沢な資金供給が行われていた。残高の増加幅は1兆円程度であり、量的緩和の採用といっても潤沢な資金供給の強化という程度のものであった。むしろ、金利は目標ではなくなったとはいえ、事実上のゼロ金利政策の復活と評価することもできよう。時間軸政策としては、量的緩和政策とゼロ金利政策の両方の継続を約束したといえる。

もっとも、日銀当座預金残高の目標はその後徐々に引き上げられ、2004年1月の金融政策決定会合以降は30兆～35兆円にまで拡大し名実ともに量的緩和政策となっていた。

日銀当座預金残高の増加目標を達成するには、長期国債の買入れを増やさなければいけないが、これについては、日銀当座預金を円滑に供給するうえで必要と判断される場合には、月4000億円ペースで行っている長期国債の買入れを増額することとなった（④）。実際に、長期国債の買入れは、その後何度か増額され、2002年10月の金融政策決定会合では月1兆2000億円まで増額ペースが高まった。ただし、日銀の長期国債の保有残高には、量的緩和政策導入当初から銀行券発行残高を上限とするという歯止めがつけられていた。

デフレ宣言で量的緩和を迫った政府

第一次デフレ戦争は、２００６年3月8・9日の金融政策決定会合で量的緩和の終了が決まり、金融市場調節の操作目標が、無担保コールレートに戻るまで続く。5年間も続いたのだから長い戦争ということになるが、出口のない戦いにはならなかった。第4章以降でみる第二次デフレ戦争が、２００９年11月の開戦から10年以上が経過しても、出口がないまま泥沼の膠着状態が続いているのとは対照的である。

第一次デフレ戦争を何とか終えることができた理由としてはいくつか考えられるが、日銀と政府の対立が決定的なものにならず、呉越同舟ながらも双方の妥協点を見つけることができたことも、理由の一つになったと考えられる。

政府の意向で始まってしまうデフレ戦争に日銀が積極的に参加することはないのだが、第一次デフレ戦争のときは、政府・日銀双方の思惑が接点を見出して、呉越同舟ながらデフレ戦争を戦うことになる。

まず政府は、デフレ宣言を出すことによって、日銀に対してデフレを脱却するために一段の金融緩和を求めた。日銀はこのときすでに、政策金利を0・15％まで下げて、国債買入れを増やして潤沢な資金供給を行っていた。つまり、一段の金融緩和とは、政策金利をゼロパーセントまで下げたうえで、量的緩和に踏み切ることを意味していた。

金融システム不安回避の潤沢な資金供給で応じた日銀

こうした政府の圧力に対して日銀は、デフレ脱却を理由に量的緩和に踏み切ることは本意ではなかっただろう。物価は景気に遅行する指標であり、量的緩和政策が景気やその先にある物価に与える影響には懐疑的だったと推測できる。量的緩和といっても、量を増やせるのは、日銀が直接金融機関に供給している日銀当座預金のようなマネタリーベースであり、金融部門から経済全体に供給されているマネーストックを調節することはできないことを、日銀はよく理解しているからだ。

しかし、世界的なＩＴブームが終わって景気後退が続いており、実体経済面からは追加の金融緩和の必要性を認識していたはずだ。ゼロ金利政策に復帰したとしても、金利の下げ幅は0・15%であり、追加の金融緩和というには小幅すぎた。すでにこれ以上金利を下げられず、追加の金融緩和効果も期待できないというゼロ金利制約に直面していた日銀にとって、初の量的緩和政策の採用という外向けにアピールする看板が必要だった。

また日銀は、２０００年8月にゼロ金利政策を解除して、無担保コールレートの誘導目標を0・25%前後に引き上げていた。日銀はゼロ金利政策を１９９９年2月から続けており、当時としては前例のない政策を解除するのが日銀の悲願であったわけだが、解除のタイミングが悪すぎた。ゼロ金利政策を解除したときには、世界的なＩＴブームが終わろうとしており、日本の景気もゼロ金利政策解除から数カ月後の2000年11月に山をつけて後退期に入ってしまった。

しかも、大蔵省や経済企画庁（当時、現内閣府）からの出席者が、ゼロ金利政策解除の議決を次回金融政策決定会合まで延期することを求めたのに対して、これを否決したうえでの解除であった。0・25％の利上げが景気を腰折れさせた原因とは考えにくいが、このタイミングの悪さと政府の反対を押し切っての異例の決定が、日銀の金融政策に対する批判を巻き起こしてしまった。デフレ宣言を受けて日銀が量的緩和などの金融政策に踏み切らないという選択肢はなかった。

もっとも、日銀が量的緩和政策に踏み切ることに消極的だったわけではない。そのときすでに、日銀がかなり潤沢な資金供給を行っていたのは、金融機関の不良債権処理を進めるうえでそれが必要だったからだ。この頃、金融機関の不良債権問題が続いており、その処理を加速することが求められていた。不良債権処理を進めながら金融システムの安定を維持するために量的緩和政策を始めることは、日銀としても躊躇する理由はなかった。

デフレ脱却のために量的緩和を迫る政府に対して、日銀は景気の低迷と金融システム不安解消という観点から量的緩和政策に踏み切って応じたといえそうだ（Ｂｏｘ１）。

こうして、第一次デフレ戦争は政府と日銀が呉越同舟で戦うこととなった。

2

せめぎあいの場は金融政策決定会合に

金融システム不安の解消には効果があった量的金融緩和

第一次デフレ戦争は、表向きはデフレ脱却を目的にして、実は不良債権処理を円滑に進め金融システム不安を回避するために強力な金融緩和を行うものであった。このスタイルは、その後の海外の中央銀行の金融政策にも影響を与える先駆けになったといえそうだ。金融システム不安を回避するために金融緩和を行いますといえば、かえって金融市場に不安感を広げてしまうかもしれない。デフレ脱却のためという表看板を掲げておけば、スムーズに金融システム不安回避のための政策を実行することができる。

目的が何であれ、役に立つ武器がなければ戦争は戦えないが、市場に潤沢に資金を供給する量的緩和策は、金融システム不安を回避するうえでは有効な武器であった。金融市場に不安感が広がると、信用力に不安がある金融機関には資金が流れなくなり、資金繰りに窮した金融機関は破綻してしまう。一つでもそういう金融機関が出てくると、破綻の連鎖が広がってしまう。資金をとり漏れる金融機関が出ないように、金融市場に資金をたっぷり供給することは効果的だ。

しかし、金融緩和の本来の目的である景気刺激という点では量的金融緩和は役に立つ武器ではなかった。量的金融緩和によって日銀が増やすことができるのは金融機関が日銀に預けている日銀当座預金までだ。一方、景気がよくなるためには、金利が低下して資金調達コストが減少することによって、企業の借入需要が刺激されなければならない。結果として、金融機関からの企業への貸出も増加することによってマネーストックの伸びも高まってくる。

金利がゼロまで下がって、これ以上は金融効果を望めないゼロ金利制約に直面していた日本では、いくら量的緩和を強化してもそれによって景気がよくなることもない。景気がよくならないのであれば、物価が上昇してデフレを脱却する効果など期待できない。

量的緩和政策の拡大に慎重だった速水総裁

政府と日銀の呉越同舟で始まった量的緩和政策であったが、その拡大という点ではさっそく意見の相違が現れてくる。量的緩和政策を採用したといっても、日銀は量の拡大には慎重だった。政府が目指すようにデフレ脱却のために量的緩和政策を採用したのであれば、物価が上がるまで高めの目標を掲げて積極的に資金供給を拡大すべきということになる。これに対して、金融システム不安回避のためであれば、金融市場の資金需要にあわせてそれを上回る程度の潤沢な資金供給をすればよいということになる。資金需要とかけ離れた目標を設定しても意味がなく、またそうした目標を達成することはむずかしい面もある。

実際、金融システム回避を目指す日銀は量的緩和政策の拡大に慎重であり、それに対する政府サイドからの不満は強かった。

こうした意見の対立は金融政策を決める金融政策決定会合内でも生じており、政府の考え方に近い中原伸之委員（注3）が積極的な緩和を主張する役割を担った。中原委員は量的緩和政策が導入される前から積極的な緩和を主張していたが、量的緩和政策導入後は、常に執行部案を上回る日銀当座預金残高目標を提案し、物価目標の導入の提案を続けた（図表2－1）。

追加緩和に慎重な議長案vs緩和を先導する中原委員案

量的緩和政策の導入が決まった2001年3月の金融政策決定会合では、5兆円程度という議長案に反対し、中原委員は、①長期的な物価安定の目標（2002年10～12月期平均の消費者物価（除く生鮮食品）の前年同期比が0・5～2・0％）の導入、②次回決定会合までの日銀当座預金残高を平残ベースで7兆円程度まで引き上げ、その後も継続的に増額していくことにより、2001年7～9月期のマネタリーベース（平残）が前年同期比15％程度に増加するよう量的緩和を図る、という議案を提出した。

2001年8月の金融政策決定会合で目標が「6兆円程度」に引き上げられたときも、中原委員は議長案に反対し、①目標の「7兆円程度」への引上げ、②量的緩和政策導入時に決めた「日本銀行が保有する長期国債の残高は、銀行券発行残高を上限とする」という但し書きの削除、を提案した。同時に、物価目標については、③2003年1～3月期平均の消費者物価指数（除く生鮮食品）の前年比上昇率をゼロパーセント以上とすることをターゲットとして金融市場調節を行うことを提案した。

また、翌9月の金融政策決定会合では、それまでつけていた「なお、資金需要が急激に増大するなど金融市場が不安定化する場合には、上記目標にかかわらず、いっそう潤沢な資金供給を行う」というなお書きを外したうえで、目標を「6兆円を上回る」と変える、という議長案に反対した。そのうえで中原委員は、①なお書きを残したうえで、目標を「8兆円程度」に上げる、②前回8月の会合でも提案した「銀行券発行残高を上限とする」という但し書きの削除を提案した。

物価目標については、③2001年1～3月期平均の消費者物価指数（除く生鮮食品）のレベルを基準として、2003年1～3月期平均の同指数について、その基準レベルを維持ないしはそれ以上に引き上げることを目的として金融市場調節を行うことを提案した。実質的には前回の会合で提案した物価目標と同じ内容であるが、中原委員はこれを物価水準ターゲットとして提案した。

翌10月の金融政策決定会合でも中原委員は現状維持の議長案に反対し、同時に日銀当座預

況（2001年3月～2003年3月）

その他決定事項		日銀審議委員の就任・退任
決定事項	採決	
・新しい金融市場調節方式は、消費者物価指数（全国、除く生鮮食品）の前年比上昇率が安定的にゼロパーセント以上となるまで継続。 ・日銀当座預金残高を5兆円程度に増額する結果、無担保コールレート（翌日物）は、これまでの誘導目標である0.15%からさらに大きく低下し、通常はゼロパーセント近辺で推移するものと予想される。 ・日銀当座預金を円滑に供給するうえで必要と判断される場合には、長期国債の買入れを増額する。ただし、日本銀行が保有する長期国債の残高は、銀行券発行残高を上限とする。	賛成8、反対1（篠塚英子委員）	

図表２－１　金融政策決定会合の議長案と審議委員の提案とその採決状

開催日		当面の金融政策運営について		
		議長案		委員提出議案
年	月日	決定事項	採決	議案
2001年	3月19日	日本銀行当座預金残高が5兆円程度となるよう金融市場調節を行う。 なお、資金需要が急激に増大するなど金融市場が不安定化するおそれがある場合には、上記目標にかかわらず、いっそう潤沢な資金供給を行う。	賛成8、反対1（篠塚英子委員）	【篠塚英子委員（賛成1、反対8）】 無担保コールレート（翌日物）を平均的にみて0.15%以下で推移するように促すとともに、この措置を消費者物価指数（除く生鮮）の前年同期比が安定的にゼロパーセント以上になるまでの間継続し、その際に金融市場調節のいっそうの機動性を確保する観点から、長期国債の買入れ金額を現在の月4千億円程度から、当面は月8千億円程度とする。 【中原伸之委員（賛成1、反対8）】 長期的な物価安定目標として2002年10～12月期平均のCPI（除く生鮮）の前年同期比が0.5～2.0%となることを企図して、次回決定会合までの当座預金残高を平残ベースで7兆円程度にまで引き上げ、その後も継続的に増額していくことにより、2001年7～9月期のマネタリーベース（平残）が前年同期比で15%程度に上昇するよう量的緩和

その他決定事項		日銀審議委員の就任・退任
決定事項	採決	
		退任：篠塚英子（～3／31） 就任：須田美矢子（4／1～）
		退任：武富将（～6／16） 就任：中原眞（6／17～）
・これまで月4千億円ペースで行ってきた長期国債の買入れを、月6千億円ペースに増額する。		

開催日		当面の金融政策運営について		
		議長案		委員提出議案
年	月日	決定事項	採決	議案
				（マネタリーベースの拡大）を図る。なお資金需要が急激に増大するなど金融市場が不安定化するおそれがある場合には、上記マネタリーベースの目標等にかかわらず、それに対応して十分な資金供給を行う。
	4月12・13日	同上	全員一致	
	4月25日	同上	全員一致	
	5月17・18日	同上	全員一致	
	6月14・15日	同上	全員一致	
	6月28日	同上	全員一致	
	7月12・13日	同上	全員一致	
	8月13・14日	日本銀行当座預金残高が6兆円程度となるよう金融市場調節を行う。 なお、資金需要が急激に増大するなど金融市場が不安定化するおそれがある場合には、上記目標にかかわらず、いっそう潤沢な資金供給を行う。	賛成8、反対1（中原伸之委員）	【中原伸之委員（賛成1、反対8）】 2003年1～3月に同時期平均の消費者物価指数（全国、除く生鮮食品）の前年比上昇率をゼロパーセント以上とすることをターゲットとして金融市場調節を行う。 【中原伸之委員（賛成1、反対8）】 日本銀行当座預金残高が7兆円程度となるよう金融市場調節を行う。なお、資金需要が急激に増

その他決定事項		日銀審議委員の就任・退任
決定事項	採決	
・公定歩合を0.15%引き下げ0.10%とする。	賛成8、反対1（中原伸之委員） 反対理由：①金利変動の余地が小さくなりすぎてしまう。②公定歩合は、モラルハザードを防ぐという観点から、市場金利より十分高くあるべき。	

開催日		当面の金融政策運営について		
		議長案		委員提出議案
年	月日	決定事項	採決	議案
				大するなど金融市場が不安定化するおそれがある場合には、上記目標にかかわらず、いっそう潤沢な資金供給を行うとともに、これを円滑に実施するため、3月19日決定の金融市場調節方式のうち「ただし、日本銀行が保有する長期国債の残高は、銀行券発行残高を上限とする」の部分を削除する。
	9月18日	当面、日本銀行当座預金残高が6兆円を上回ることを目標として、潤沢な資金供給を行う。	同上	【中原伸之委員（賛成1、反対8）】 2001年1～3月期平均の消費者物価指数（全国、除く生鮮食品）のレベルを基準として、2003年1～3月期平均の同指数について、その基準レベルを維持ないしはそれ以上に引き上げることを目的として、金融市場調節を行う。 【中原伸之委員（賛成1、反対8）】 日本銀行当座預金残高が8兆円程度となるよう金融市場調節を行う。なお、資金需要が急激に増大するなど金融市場が不安定化するおそれがある場合には、上記目標にか

その他決定事項		日銀審議委員の 就任・退任
決定事項	採決	

開催日		当面の金融政策運営について		
		議長案		委員提出議案
年	月日	決定事項	採決	議案
				かわらず、いっそう潤沢な資金供給を行うとともに、これを円滑に実施するため、3月19日決定の金融市場調節方式のうち「ただし、日本銀行が保有する長期国債の残高は、銀行券発行残高を上限とする」の部分を削除する。
	10月11・12日	日本銀行当座預金残高が6兆円を上回ることを目標として、潤沢な資金供給を行う。	同上	【中原伸之委員（賛成1、反対8）】 2001年1～3月期平均の消費者物価指数（全国、除く生鮮食品）のレベルを基準として、2003年1～3月期平均の同指数について、その基準レベルを維持ないしはそれ以上に引き上げることを目的として、金融市場調節を行う。 【中原伸之委員（賛成1、反対8）】 日本銀行当座預金残高が10兆円程度となるよう金融市場調節を行う。なお、資金需要が急激に増大するなど金融市場が不安定化するおそれがある場合には、上記目標にかかわらず、いっそう潤沢な資金供給を行うとともに、これを円滑に実施す

<table>
<tr><th colspan="2">その他決定事項</th><th rowspan="2">日銀審議委員の
就任・退任</th></tr>
<tr><th>決定事項</th><th>採決</th></tr>
<tr><td></td><td></td><td></td></tr>
<tr><td></td><td></td><td></td></tr>
<tr><td></td><td></td><td></td></tr>
</table>

開催日		当面の金融政策運営について		
		議長案		委員提出議案
年	月日	決定事項	採決	議案
				るため、3月19日決定の金融市場調節方式のうち「ただし、日本銀行が保有する長期国債の残高は、銀行券発行残高を上限とする」の部分を削除する。
	10月29日	同上	同上	同上
	11月15・16日	同上	同上	【中原伸之委員（賛成1、反対8）】 2001年1～3月期平均の消費者物価指数（全国、除く生鮮食品）のレベルを基準として、2003年1～3月期平均の同指数について、その基準レベルを維持ないしはそれ以上に引き上げることを目的として、金融市場調節を行う。 【中原伸之委員（賛成1、反対8）】 日本銀行当座預金を円滑に供給するうえで必要と判断される場合には、実務体制等の準備が整い次第、外債の買入れを開始する。 【中原伸之委員（賛成1、反対8）】 日本銀行当座預金残高が10兆円程度となるよう金融市場調節を行う。なお、資金需要が急激に増

その他決定事項		日銀審議委員の就任・退任
決定事項	採決	
・これまで月6千億円ペースで行ってきた長期国債の買入れを、月8千億円ペースに増額する。 ・資産担保CP（ABCP）をCP買現先オペの対象および適格担保とするため、実務的検討を早急に進めること。 ・適格担保となる適格担保債券（ABS）の範囲を拡大するため、実務的検討を早急に進める。	賛成8、反対1（中原伸之委員） 反対理由：①中央銀行が企業金融の分野に踏み込むことは適当でない。②ABS等の市場規模は小さく限界的な効果しかもたない。	

開催日		当面の金融政策運営について		
		議長案		委員提出議案
年	月日	決定事項	採決	議案
				大するなど金融市場が不安定化するおそれがある場合には、上記目標にかかわらず、いっそう潤沢な資金供給を行う。
	11月29日	同上	賛成7、反対1（中原伸之委員）	同上。ただし採決は賛成1、反対7
	12月18・19日	日本銀行当座預金残高が10兆～15兆円程度となるよう金融市場調節を行う。 なお、資金需要が急激に増大するなど金融市場が不安定化するおそれがある場合には、上記目標にかかわらず、いっそう潤沢な資金供給を行う。	賛成8、反対1（中原伸之委員）	【中原伸之委員（賛成1、反対8）】 2001年7～9月期平均の消費者物価指数（全国、除く生鮮食品）のレベルを基準として、2003年7～9月期平均の同指数について、その基準レベルを維持ないしはそれ以上に引き上げることを目的として、金融市場調節を行う。 【中原伸之委員（賛成1、反対8）】 日本銀行当座預金を円滑に供給するうえで必要と判断される場合には、実務体制等の準備が整い次第、外債の買入れを開始する。 【中原伸之委員（賛成1、反対8）】 日本銀行当座預金残高が15兆円程度となるよう金融市場調節を行う。な

<table>
<tr><th colspan="2">その他決定事項</th><th rowspan="2">日銀審議委員の
就任・退任</th></tr>
<tr><th>決定事項</th><th>採決</th></tr>
<tr><td></td><td></td><td></td></tr>
<tr><td>・オペ対象資産・適格担保の拡大、他を公表（前回会合の決定に基づくもの）</td><td></td><td></td></tr>
<tr><td></td><td></td><td></td></tr>
</table>

開催日		当面の金融政策運営について		
		議長案		委員提出議案
年	月日	決定事項	採決	議案
				お、資金需要が急激に増大するなど金融市場が不安定化するおそれがある場合には、上記目標にかかわらず、いっそう潤沢な資金供給を行う。
2002年	1月15・16日	同上	同上	同上
	2月7・8日	同上	同上	【中原伸之委員（賛成1、反対8）】 ①2003年10～12月期平均の消費者物価指数（全国、除く生鮮食品）の前年同期比を1.0～3.0%にすることを目的として、金融市場調節を行う。 ②日本銀行当座預金を円滑に供給するうえで必要と判断される場合には、実務体制等の準備が整い次第、外債の買入れを開始する。 【中原伸之委員（賛成1、反対8）】 日本銀行当座預金残高が18兆円程度となるよう金融市場調節を行う。なお、資金需要が急激に増大するなど金融市場が不安定化するおそれがある場合には、上記目標にかかわらず、いっそう潤沢な資金供給を行う。

その他決定事項		日銀審議委員の就任・退任
決定事項	採決	
・長期国債の買入れを、これまでの月８千億円ペースから月１兆円ペースに増額する。		
		退任：三木利夫・中原伸之（〜３／31） 就任：春英彦・福間年勝（４／５〜）

開催日		当面の金融政策運営について		
		議長案		委員提出議案
年	月日	決定事項	採決	議案
	2月28日	日本銀行当座預金残高が10兆～15兆円程度となるよう金融市場調節を行う。 なお、当面、年度末に向けて金融市場の安定確保に万全を期すため、上記目標にかかわらず、いっそう潤沢な資金供給を行う。	同上	【中原伸之委員（賛成1、反対8）】 ①2003年10～12月期平均の消費者物価指数（全国、除く生鮮食品）の前年同期比を1.0～3.0%にすることを目的として、金融市場調節を行う。 ②日本銀行当座預金を円滑に供給するうえで必要と判断される場合には、実務体制等の準備が整い次第、外債の買入れを開始する。 【中原伸之委員（賛成1、反対8）】 日本銀行当座預金残高が20兆円程度となるよう金融市場調節を行う。なお、資金需要が急激に増大するなど金融市場が不安定化するおそれがある場合には、上記目標にかかわらず、いっそう潤沢な資金供給を行う。
	3月19・20日	同上	同上	同上
	4月10・11日	日本銀行当座預金残高が10兆～15兆円程度となるよう金融市場調節を行う。 なお、資金需要が急激に増大するなど金融市場が不安定化するおそれがある場合には、上	全員一致	

その他決定事項		日銀審議委員の就任・退任
決定事項	採決	
・これまで月１兆円ペースで行ってきた長期国債の買入れを、月１兆２千億円ペースに増額する。		

開催日		当面の金融政策運営について		
		議長案		委員提出議案
年	月日	決定事項	採決	議案
		記目標にかかわらず、いっそう潤沢な資金供給を行う。		
	4月30日	同上	同上	
	5月20・21日	同上	同上	
	6月11・12日	同上	同上	
	6月26日	同上	同上	
	7月15・16日	同上	同上	
	8月8・9日	同上	同上	
	9月17・18日	同上	同上	
	10月10・11日	同上	同上	
	10月30日	日本銀行当座預金残高が15兆～20兆円程度となるよう金融市場調節を行う。 なお、資金需要が急激に増大するなど金融市場が不安定化するおそれがある場合には、上記目標にかかわらず、いっそう潤沢な資金供給を行う。	同上	
	11月18・19日	同上	同上	
	12月16・17日	同上	同上	
2003年	1月21・22日	同上	同上	
	2月13・14日	日本銀行当座預金残高が15兆～20兆円程度となるよう金融市場調節を行う。 なお、当面、年度末に向けて金融市場の安定確保に万全を期すた	同上	

その他決定事項		日銀審議委員の 就任・退任
決定事項	採決	

金残高の目標を「10兆円程度」に引き上げたうえで、9月と同じ内容の提案を行った。さらに、11月の2回の金融政策決定会合では、銀行券発行残高に係る但し書き削除の提案を取り下げたうえで、日銀当座預金の目標達成のために外債の買入れ開始を提案した。

12月の金融政策決定会合では、日銀当座預金残高の目標を「10兆～15兆円程度」に引き上げ、9月の会合で外したなお書きを復活させることが決

開催日		当面の金融政策運営について		
		議長案		委員提出議案
年	月日	決定事項	採決	議案
		め、必要に応じ、上記目標にかかわらず、いっそう潤沢な資金供給を行う。		
	3月4・5日	3月31日までは、日本銀行当座預金残高が15兆～20兆円程度となるよう金融市場調節を行う。4月1日以降は、日本郵政公社の発足に伴い、日本銀行当座預金残高が17兆～22兆円程度となるよう金融市場調節を行う。 なお、当面、年度末に向けて金融市場の安定確保に万全を期すため、必要に応じ、上記目標にかかわらず、いっそう潤沢な資金供給を行う。	同上	

（出所）　日本銀行資料より筆者作成

まったが、このときも中原委員は議長案には反対する一方、目標に幅をもたせるのではなく「15兆円程度」とすることを提案した。また、11月の会合に続いて外債の買入れ開始を提案する一方、物価水準ターゲットについては、基準（2001年7～9月期）と目標（2003年7～9月期）のタイミングをそれぞれ6カ月ずらしたうえで、それまでと同様の提案を行った。

2002年2月7・8日の金融政策決定会合で

は金融政策の変更はなかったが、中原委員は日銀当座預金残高の目標を「18兆円程度」に引き上げることを提案した。また、引き続き外債買入れの開始を提案すると同時に、物価目標については、それまでの2年先を目標にした物価水準ターゲットから物価上昇率の前年比を目標にした通常のインフレターゲットに戻し、2003年10～12月期平均の消費者物価指数の前年同期比を1・0～3・0%にすることを目的とし、金融市場調節を行うことを提案した。

2月28日と3月の決定会合では、日銀当座預金残高の目標を「10兆～15兆円程度」で据え置いたまま、なお書きを、年度末を迎えることにあわせて「なお、当面、年度末に向けて金融市場の安定確保に万全を期すため、上記目標にかかわらず、いっそう潤沢な資金供給を行う」に変更した。金融政策としては、あまり意味のある変更ではないが、中原委員はこの執行部案にいつものように反対した。そのうえで、物価目標と外債の買入れについては従来の提案を続け、日銀当座預金残高については「20兆円程度」への引上げを提案した。

企業金融の分野に踏み込むことには慎重だった中原委員

日銀当座預金残高の目標は、量的金融緩和スタート時の「5兆円程度」から、中原委員在任中に「6兆円程度（2001年8月14日）」→「6兆円を上回る（同年9月18日）」→「10兆～15兆円程度（同年12月19日）」と引き上げられていくが、中原委員は常に実勢重視の議長案を上回る提案を続け、積極緩和派の役割を担った。

また、表現は微妙に異なるが、物価目標の導入を毎回主張し、物価目標を達成するために必要な日銀当座預金残高の目標を設定するという主張を続けた。その議案が可決されることはなかったが、デフレ脱却のための量的緩和政策としては当然の主張であり、いまの日銀の金融政策につながるものといえる。

中原委員が２００２年3月末で退任してからは、議長案に反対する委員はいなくなり、全員一致での決議が続いた。２００１年中は徐々に引き上げられてきた日銀当座預金残高の目標は、２００２年10月30日の政策決定会合において全員一致で「15兆～20兆円程度」に引き上げられただけであった。

なお、速水総裁の最後の金融政策決定会合となる２００３年3月の会合では、同年4月以降の目標を「17兆～22兆円程度」に引き上げることが決まったが（注4）、これは日本郵政公社の発足に伴う技術的な対応であり、金融政策の変更ではない。

ところで、物価目標の導入と量的金融緩和の拡大に積極的であった中原委員であるが、それはもっぱら日銀による国債購入と、実現しなかったが外債の購入を前提にしたものであり、企業金融の分野に踏み込むことには慎重であった。２００１年12月の金融政策決定会合では、①資産担保ＣＰ（ＡＢＣＰ）をＣＰ買現先オペの対象および適格担保とするため、②適格担保となる適格担保債券（ＡＢＳ）の範囲を拡大するため、の実務的検討を進めることが決まったが、中原委員はこの執行部案に対して反対している（注5）。

日銀による長期国債の買入れペースについては、量的緩和政策を導入したときに、日銀当座預金を円滑に供給するうえで必要と判断される場合には、当時の月4000億円の買入れペースを増額することが決まっていた。この決定に基づいて、その後は日銀当座預金残高目標の引上げに連動するかたちで国債買入れペースは引き上げられた。

具体的には、残高目標を6兆円程度に引き上げた2001年8月の金融政策決定会合で月6000億円へ、10兆～15兆円程度に引き上げられた同年12月の決定会合で月8000億円へ買入れペースが高まった。2002年2月28日の決定会合では残高目標は10兆～15兆円程度で変わらないが、年度末に向けて金融市場の安定確保に万全を期す姿勢を示すためか、買入れペースを月1兆円に引き上げた。さらに、同年10月30日の決定会合で残高目標が15兆～20兆円程度に高められると、買入れペースも1兆2000億円に引き上げられた。

3 福井総裁のもとで始まった積極的な緩和

就任1年で倍増した日銀当座預金残高目標

量的緩和政策を導入した速水優総裁、藤原作弥・山口泰両副総裁の執行部は導入から2年

図表2－2　日銀当座預金残高と残高目標の推移

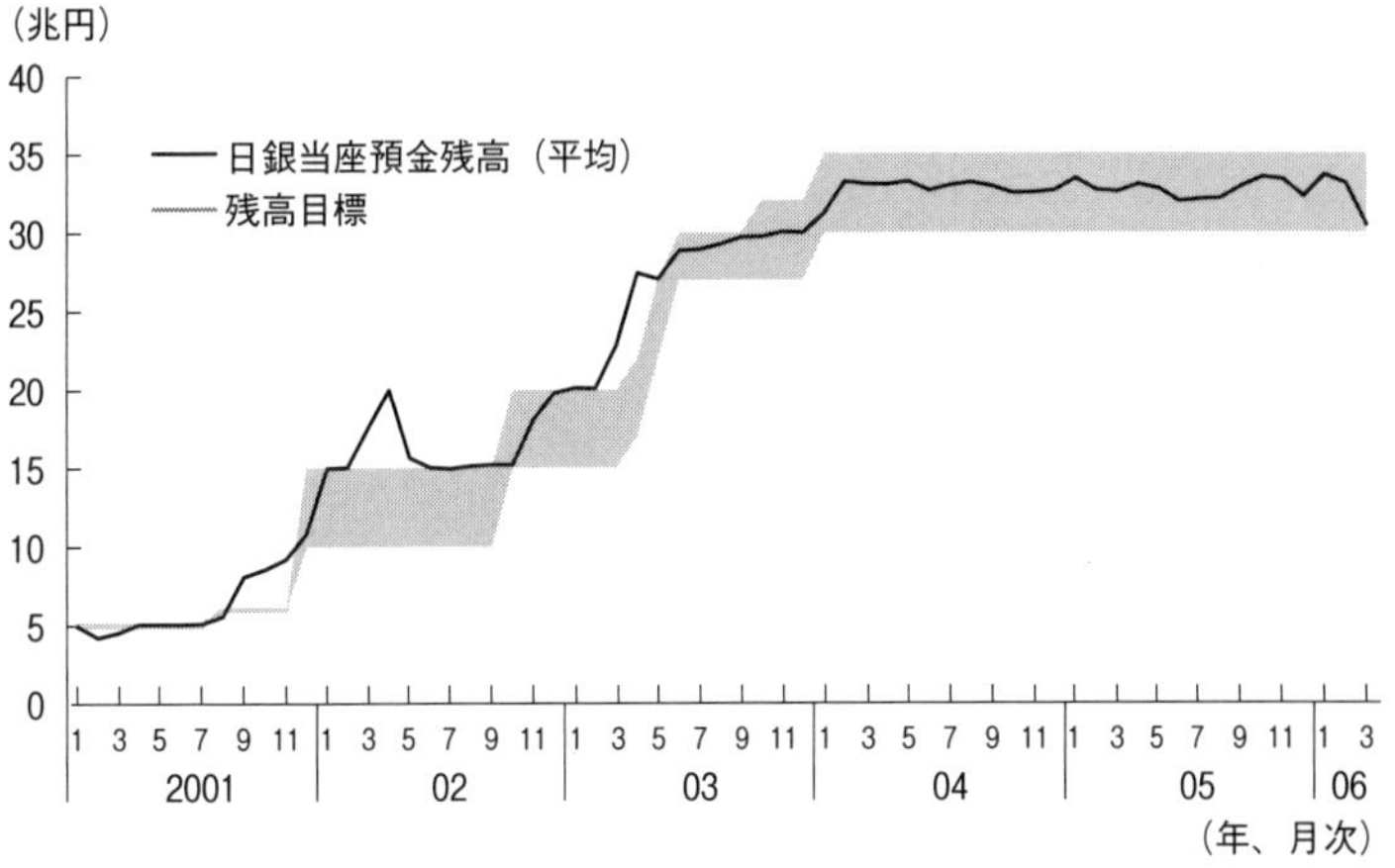

（出所）　日本銀行「マネタリーベース」より筆者作成

となる2003年3月19日に退任し、翌3月20日から福井俊彦総裁、岩田一政・武藤敏郎両副総裁の執行部がスタートする。

速水総裁のもとでは、量的緩和政策はデフレ脱却よりも、金融システム不安を回避することを目的に運営され、量的緩和の拡大には慎重なスタンスであった。これに対して、福井総裁のもとで、日銀当座預金残高の目標が急ピッチで引き上げられることになった。

2003年4月30日の決定会合で「22兆～27兆円程度」、次の5月19・20日の決定会合では「27兆～30兆円程度」、10月9・10日の決定会合では「27兆～32兆円程度」、2004年1月19・20日の決定会合では「30兆～35兆円程度」と総裁就任から1年足らずで残高目標がほぼ2倍になった。

ここで、日銀当座預金残高と残高目標の推

況（2003年３月〜2004年12月）

委員提出議案	その他決定事項		日銀審議委員の就任・退任
議案	決定事項	採決	
			退任：速水優総裁、藤原作弥・山口泰副総裁（〜３／19） 就任：福井俊彦総裁、岩田一政・武藤敏郎副総裁（３／20〜）
【福間年勝委員（賛成１、反対８）】 日本銀行当座預金残高が25兆〜30兆円程度となるよう金融市場調節を行う。	・金融緩和の波及メカニズムを強化する観点から、資産担保証券市場を通じた企業金融円滑化の具体的な方法として、次のような要件（注６）を満たす資産担保証券のうち一定の信用度を有するものを、金融調節上の買入れ対象資産とすることについて、検討を進める。	賛成８、反対１ （須田美矢子委員）	

図表２－３　金融政策決定会合の議長案と審議委員の提案とその採決状

開催日		当面の金融政策運営について	
		議長案	
年	月日	決定事項	採決
2003年	３月25日	３月31日までは、日本銀行当座預金残高が15兆～20兆円程度となるよう金融市場調節を行う。４月１日以降は、日本郵政公社の発足に伴い、日本銀行当座預金残高が17兆～22兆円程度となるよう金融市場調節を行う。 なお、当面、国際政治情勢など不確実性の高い状況が続くとみられることをふまえ、金融市場の安定確保に万全を期すため、必要に応じ、上記目標にかかわらず、いっそう潤沢な資金供給を行う。	同上
	４月７・８日	日本銀行当座預金残高が17兆～22兆円程度となるよう金融市場調節を行う。 なお、当面、国際政治情勢など不確実性の高い状況が続くとみられることをふまえ、金融市場の安定確保に万全を期すため、必要に応じ、上記目標にかかわらず、いっそう潤沢な資金供給を行う。	賛成８、反対１ （福間年勝委員）
	４月30日	日本銀行当座預金残高が22兆～27兆円程度となるよう金融市場調節を行う。 なお、当面、不確実性の高い状況が続くとみられることを	

委員提出議案	その他決定事項		日銀審議委員の就任・退任
議案	決定事項	採決	
【福間年勝委員（賛成1、反対8）】 日本銀行当座預金残高が30兆～35兆円程度となるよう金融市場調節を行う。なお、資金需要が急激に増大するなど金融市場が不安定化するおそれがある場合には、上記目標にかかわらず、いっそう潤沢な資金供給を行う。			

開催日		当面の金融政策運営について	
		議長案	
年	月日	決定事項	採決
		ふまえ、金融市場の安定確保に万全を期すため、必要に応じ、上記目標にかかわらず、いっそう潤沢な資金供給を行う。	全員一致
	5月19・20日	日本銀行当座預金残高が27兆～30兆円程度となるよう金融市場調節を行う。 なお、資金需要が急激に増大するなど金融市場が不安定化するおそれがある場合には、上記目標にかかわらず、いっそう潤沢な資金供給を行う。	賛成7、反対2 (田谷禎三委員、須田美矢子委員) 【主な反対理由】 ・短期金融市場が不安定化しているわけではない。 ・予防的に当座預金残高目標を引き上げることが市場との対話をむずかしくするおそれ。 ・目標引上げではなく、「なお書き」での対応が適当。
	6月10・11日	同上	全員一致
	6月25日	同上	同上
	7月14・15日	同上	同上
	8月7・8日	同上	同上
	9月11・12日	同上	賛成8、反対1 (福間年勝委員)

委員提出議案	その他決定事項		日銀審議委員の就任・退任
議案	決定事項	採決	
	・「金融政策の透明性の強化について」（全員一致）		
	・資産担保証券の買入れ基準の見直し（全員一致）		

開催日		当面の金融政策運営について	
		議長案	
年	月日	決定事項	採決
	10月9・10日	日本銀行当座預金残高が27兆～32兆円程度となるよう金融市場調節を行う。 なお、資金需要が急激に増大するなど金融市場が不安定化するおそれがある場合には、上記目標にかかわらず、いっそう潤沢な資金供給を行う。	賛成6、反対3 （田谷禎三、須田美矢子、植田和男） 【主な反対理由】 ・現状程度の調節の変動幅で特段の不都合はない。 ・政策変更の意図を説明するのがむずかしく、政策運営の透明性を低める。
	10月31日	同上	全員一致
	11月20・21日	同上	同上
	12月15・16日	同上	同上
2004年	1月19・20日	日本銀行当座預金残高が30兆～35兆円程度となるよう金融市場調節を行う。 なお、資金需要が急激に増大するなど金融市場が不安定化するおそれがある場合には、上記目標にかかわらず、いっそう潤沢な資金供給を行う。	賛成7、反対2 （田谷禎三、須田美矢子） 【主な反対意見】 ・当座預金残高目標の引上げの効果が期待できず、さまざまな誤解を生むおそれ。 ・金融システム不安はかなり後退し、当座預金需要が減る兆候もみられる。
	2月4・5日	同上	全員一致
	2月26日	同上	同上
	3月15・16日	同上	同上
	4月8・9日	同上	同上
	4月28日	同上	同上
	5月19・20日	同上	同上
	6月14・15日	同上	同上
	6月25日	同上	同上
	7月12・13日	同上	同上
	8月9・10日	同上	同上

	その他決定事項		日銀審議委員の就任・退任
委員提出議案			
議案	決定事項	採決	
			退任：田谷禎三（～12／2） 就任：水野温氏（12／3～）

移をみると、速水総裁のときは日銀当座預金残高の増加を追認するように目標が引き上げられ、残高目標の引上げには慎重であった。

これに対して福井総裁のときには、日銀当座預金残高を上回る目標が設定され、デフレ脱却のために高めの残高目標を設定して、そこに向けて日銀当座預金残高を増やしていくスタイルに変わってきたことがわかる（**図表2－2**）。

この間、中原伸之審議委員と交代で審議委員に就任した福間年勝委員が、2003年4月7・8日の会合で「25兆～30兆円程度」、同年9月11・12日の会合で「30兆～35兆円程度」という目標の引上げを提案（**注7**）しており、執行部案はこの福間案を2回ずつに分けて実現していったともいえるが、速水総裁のときに中原委員の目標引上げの提案が受け入れられなかったのに比べると、福井総裁に変わってから緩和姿勢が積極的になったと評価することができる。

開催日		当面の金融政策運営について	
		議長案	
年	月日	決定事項	採決
	9月8・9日	同上	同上
	10月12・13日	同上	同上
	10月29日	同上	同上
	11月17・18日	同上	同上
	12月16・17日	同上	同上

（出所） 日本銀行資料より筆者作成

むしろ、この積極的な執行部の緩和姿勢に対して、他の審議委員の間に反対意見が広がった。「22兆～27兆円程度」への引上げこそ全員一致で決まったが、「27兆～30兆円程度」への引上げでは田谷禎三委員と須田美矢子委員が反対し、「27兆～32兆円程度」への引上げではこの2名に加えて植田和男審議委員も反対に回り、「30兆～35兆円程度」の引上げでは田谷、須田委員が反対した（**図表2－3**）。

それぞれの委員が反対した理由はさまざまであるが、金融システム不安を回避するための量的緩和であれば、金融市場の資金需要を大きく上回る目標を設定する必要はなく、仮に流動性に対する需要が増加することがあってもなお書きで対応できる、といった意見に集約できる。デフレ脱却のための量的緩和という福井総裁はじめ多数派の委員とは、量的緩和の目標は何かという点で意見の相違があった。

デフレ脱却に目標を置き換えた福井総裁

見方を変えれば、福井総裁の就任以降、議長案は、速水総裁のときの金融システム不安回避を目的としたものから、デフレ脱却を目指すための量的金融緩和政策に転じたようにもみえる。もっとも、福井総裁が本当にデフレ脱却を目指すために量的緩和政策を推進したとまでは言い切れない。

すでにみてきたように、中原伸之氏が金融政策決定会合のメンバーであった頃は、量的緩和政策の目的をめぐるデフレ脱却派と金融システム不安回避を目指す金融秩序維持派の対立があったが、中原委員退任後は政策委員会のメンバーは金融秩序維持派としてまとまった。

しかし、デフレ脱却派である政府との対立は続いたままだった。量的緩和政策を導入するときは、政府・日銀の阿吽の呼吸で、呉越同舟で始まったが、この対立を残したままでは、量的緩和政策を終了するときに足かせになりかねない。

デフレ脱却は表の看板であって、実際は金融システム不安を回避するために量的緩和を行っているとしても、量的緩和政策を消費者物価が前年比で安定的にゼロパーセント以上となるまで続けると約束している以上、デフレが続いているうちは、金融システム不安が解消したからといって、量的緩和を止めるわけにはいかない。

後述するように、金融市場が落ち着いてくれれば、金融機関の資金需要も減少してくるので、日銀当座預金残高の目標を下げるべきという意見が審議委員の間にも出てくる。量的緩和政策は続けているので、約束を破ることにはならないが、物価が上がらないのに目標を下げることには政府サイドからの反発は避けられない。

また、金融市場の動向をみながら徐々に目標を下げていくプロセスを始めてしまうと、量的緩和政策導入前の状態に戻るまでにはかなり時間を要することになる。その間に、金融市場や物価情勢に変化があれば、出口戦略はとん挫する。

量的緩和政策を終わらせるという大きな目標を達成するためには、政府と歩調をあわせてデフレと戦う姿勢を鮮明にして、そのうえで物価が上がってくるタイミングをとらえて一気に量的緩和政策を終わらせるほうが現実的という判断が福井総裁の頭のなかにはあったのかもしれない。

デフレと戦う姿勢のアピール

日銀当座預金残高の「27兆〜32兆円程度」への引上げを決定した2003年10月9・10日の金融政策決定会合では、「金融政策の透明性の強化について」という文書が発表され、そのなかで、量的緩和政策継続のコミットメントの明確化がなされた。「消費者物価指数の前年比上昇率が安定的にゼロパーセント以上となるまで」という量的緩和政策継続のコミットメントについて、次の3点が明示された。

① 単月ではなく基調的な動きとしてゼロパーセント以上であると判断できることが必要

② 先行き再びマイナスとなると見込まれないことが必要である。この点は、「展望レポート」における記述や政策委員等の見通し等により、明らかにしていく

③ こうした条件は必要条件であって、経済・物価情勢によっては、量的緩和政策を継続することが適当であると判断する場合もある

さらに、2005年4月5・6日の金融政策決定会合では、年2回（4月と10月）公表している経済・物価情勢の展望（展望レポート）」が対象とする期間について、それまで当該年度の見通ししか示していなかった4月公表分においても翌年度の見通しを公表することにした。これによって、前述②の明確化を強化する効果があったと考えられる。

もっとも、この決定に関しては、須田美矢子、中原眞、水野温氏3名の委員が反対した。反対理由として、見通し計数が政策の目標値であると誤解されるおそれをあげる委員もいた。物価目標に対する金融政策決定会合内の抵抗も強いなかで、デフレ脱却を目指す量的緩和政策への転換が進んだといえよう。

また、量的緩和政策に関しては、量の拡大と同時に波及メカニズムの強化が重要という認識が審議委員のなかにあった。日銀当座預金残高の目標が賛成多数で「30兆～35兆円程度」に引き上げられた2004年1月19・20日の金融政策決定会合では、金融緩和効果の浸透を図るためには、金融資本市場の機能が十分に発揮されることが不可欠であるとして、資産担

保証券の買入れ基準を緩和する方向で見直しすることが全員一致で決まった。

一方で、日銀による長期国債の買入れ額は、福井総裁になってから据え置かれたままであった。すでに、日銀が保有する長期国債の残高は銀行券発行残高に近づいており、買入れペースを高めることは限界に近づいていた。かつて中原委員が主張したように、この上限を撤廃してしまうということは、歯止めなき拡大につながってしまい、量的緩和政策の終了をむずかしくするおそれがあった。

もっとも、銀行券の発行残高を日銀保有の長期国債残高の上限の目途とする考え方は、黒田東彦総裁（注8）の登場によってあっさり否定されることになる。それが後述する第二次デフレ戦争を泥沼化させる要因の一つになったともいえよう。

量的緩和縮小の誘惑に負けず

2005年になると、2002年1月を底にした景気回復は長期拡大の様相を呈し、金融市場も落ち着いて流動性に対するニーズが減少してくる。金融システム不安を回避するために大量の資金供給を行う必要性が低下してきたことを受けて、金融政策決定会合では「30兆～35兆円程度」としている日銀当座預金残高目標の引下げを主張する委員が出てくる（図表2－4）。

福間年勝委員は、前述のとおり2003年には残高目標の引上げを先導していたが、

況（2005年１月～2006年３月）

委員提出議案	その他決定事項		日銀審議委員の就任・退任
議案	決定事項	採決	
【福間年勝委員（賛成１、反対８）】 日本銀行当座預金残高が27兆～32兆円程度となるよう金融市場調節を行う。なお、資金需要が急激に増大するなど金融市場が不安定化するおそれがある場合には、上記目標にかかわらず、いっそう潤沢な資金供給を行う。	・展望レポート（「経済・物価情勢の展望」）の対象期間延長について ～４月公表分についても翌年度を含める	賛成６、反対３（須田美矢子、中原眞委員、水野温氏委員）	
【福間年勝委員（賛成２、反対７）】 日本銀行当座預金残高が27兆～32兆円程度となるよう金融市場調節を行う。なお、資金需要が急激に増大するなど金融市場が不安定化するおそれがある場合には、上記目標にかかわらず、いっそう潤沢な資金供給を行う。			退任：植田和男（～４／７） 就任：西村清彦（４／８～）
同上			

図表2－4　金融政策決定会合の議長案と審議委員の提案とその採決状

開催日		当面の金融政策運営について	
		議長案	
年	月日	決定事項	採決
2005年	1月18・19日	同上	同上
	2月16・17日	同上	同上
	3月15・16日	同上	同上
	4月5・6日	同上	賛成8、反対1 (福間年勝委員)
	4月28日	同上	賛成7、反対2 (福間年勝委員、水野温氏委員)
	5月19・20日	日本銀行当座預金残高が30兆～35兆円程度となるよう金融市場調節を行う。なお、資金需要が急激に増大するなど金融市場が不安定化するおそ	同上

委員提出議案	その他決定事項		日銀審議委員の就任・退任
議案	決定事項	採決	
【福間年勝委員（賛成1、反対8）】 日本銀行当座預金残高が27兆〜32兆円程度となるよう金融市場調節を行う。なお、資金需要が急激に増大するなど金融市場が不安定化するおそれがある場合には、上記目標にかかわらず、いっそう潤沢な資金供給を行う。 【水野温氏委員（賛成1、反対8）】 日本銀行当座預金残高が25兆〜30兆円程度となるよう金融市場調節を行う。			
同上			
同上			
同上			
同上			
同上			
同上			
【福間年勝委員・水野温			

開催日		当面の金融政策運営について	
		議長案	
年	月日	決定事項	採決
		れがある場合には、上記目標にかかわらず、一層潤沢な資金供給を行う。また、資金供給に対する金融機関の応札状況などから資金需要が極めて弱いと判断される場合には、上記目標を下回ることがありうるものとする。	
	6月14・15日	同上	同上
	7月12・13日	同上	同上
	7月27日	同上	同上
	8月8・9日	同上	同上
	9月7・8日	同上	同上
	10月11・12日	同上	同上
	10月31日	同上	同上
	11月17・18日	同上	同上

委員提出議案	その他決定事項		日銀審議委員の就任・退任
議案	決定事項	採決	
氏委員（賛成2、反対7)】 日本銀行当座預金残高が27兆～32兆円程度となるよう金融市場調節を行う。なお、資金需要が急激に増大するなど金融市場が不安定化するおそれがある場合には、上記目標にかかわらず、いっそう潤沢な資金供給を行う。また、資金供給に対する金融機関の応札状況などから資金需要が極めて弱いと判断される場合には、上記目標を下回ることがありうるものとする。			
同上			
同上			
同上			
	・「金融市場調節方針の変更について」 ・「新たな金融政策運営の枠組みの導入について」	どちらも全員一致	

開催日		当面の金融政策運営について	
		議長案	
年	月日	決定事項	採決
	12月15・16日	同上	同上
2006年	1月19・20日	同上	同上
	2月8・9日	同上	同上
	3月8・9日	無担保コールレート（翌日物）を、おおむねゼロパーセントで推移するよう促す。	賛成7、反対1（中原眞委員)、欠席1（福間年勝委員） 【主な反対意見】 ・消費者物価指数の実績が安定的にプラスであると判断するには、もう少し検証するほうがよい。 ・先行き消費者物価がマイナスになることがないかどうかを判断するには展望レポートに準じた慎重な分析と検証が必要である。

（出所） 日本銀行資料より筆者作成

２００５年4月以降、目標を「27兆～32兆円程度」に下げる議案を提出するようになり、水野温氏委員もこれに賛成してくる。両委員の主張に若干の違いはあるものの、どちらも金融システム不安が後退するもとで、金融機関の流動性需要が減少し資金余剰感が強まっている状況をふまえての引下げ提案であった。

こうした意見も考慮して、２００５年5月の金融政策決定会合の議長案では、目標を「30兆～35兆円程度」に据え置いたまま、次回会合までの金融市場調節方針の「資金需要が急激に増大するなど金融市場が不安定化するおそれがある場合には、上記目標にかかわらず、一層潤沢な資金供給を行う」というなお書きに加え、「また、資金供給に対する金融機関の応札状況などから資金需要が極めて低いと判断される場合には、上記目標を下回ることがありうるものとする」という、目標を下回る場合を想定した一文がつけられた。しかし、両委員ともなお書きの追加による対応には満足せず、議長案への反対を続けた。

同年6月から10月までの金融政策決定会合では、福間委員が従来の議案提出を続ける一方で、水野委員は上下両方向のなお書きを外して目標を「25兆～30兆円程度」へ引き下げる議案を提出するようになり足並みが乱れたが、同年11月以降は両委員が意見をすり合わせたのか、共同で議長案と同じ上下両方向のなお書きを入れたうえで「27兆～32兆円程度」への目標引下げを提案するようになった。もっとも、それでも賛成者が広がることはなかった。

２００５年時点では、景気回復が続き、金融市場も落ち着いて資金需要が減ってきていたが、物価はまだ小幅な低下を続けていた。金融システム不安を回避するために量的緩和政策を行っているという立場に立てば、目標を引き下げるのは自然であり、速水総裁のときであればそうした主張が広がりをみせたかもしれない。福井総裁のもとで、量的緩和政策の目標をデフレ脱却と、より明確に位置づけるようになっている以上、デフレが続いているのに目標を引き下げるというのは、とるべき選択肢とはならなかった。

また、物価が運よく上昇してきても、それがずっと続く保証はない。展望レポートで翌年度までの物価見通しがプラスであっても、そこから先は、またデフレに戻る可能性が小さくない。また、見通しに反して早期に物価が下がってくる可能性も否定できない。そうであれば、物価が小幅でも上がってきたチャンスをとらえて一気に量的緩和政策を終わらせなければならない。小刻みに目標を下げていても終了はおぼつかない。量的緩和を終わらせるという大きな目標を達成するためには、小刻みに目標を下げられるという目先の小さな誘惑にうかつには乗れなかったのではないか。

4 終結に向かった第一次デフレ戦争

物価の上昇をとらえて一気に撤収

２００５年終わり頃から、消費者物価が小幅ながら上昇し始める。日銀はようやく到来したチャンスをとらえて、一気に量的緩和政策の解除に向けて動き出す。当時の金融経済月報の消費者物価の記述をみると、まず現状判断については、２００５年11月まで「小幅のマイナス」という判断が続いたが、12月の月報では「これまで小幅なマイナスを続けてきたが、10月はゼロパーセントとなった」と判断が上方修正され、翌年1月の月報では、「若干のプラスに転じている」、2月は「若干のプラスで推移している」と矢継ぎ早に上方修正された。さらに、量的緩和政策の解除に踏み切った3月の月報では「1月はプラス幅が拡大した」という記述になり、翌4月の月報以降は「プラス基調で推移している」という判断が続く。

先行きの予想についても確認すると、２００５年8月の月報までは「（当面は）小幅のマイナスで推移する」という予想であったが、9月には「年末頃にかけてゼロパーセントないし若干のプラスに転じていく」、12月には「若干のプラスに転じていく」、２００６年1月には「プラス基調になっていく」と上方修正された。さらに、3月の月報では「若干の振れを伴いつつも、プラス基調で推移していく」として、物価上昇が続くという見通しに基づき量的緩和政策の解除に踏み切ることになる。

量的緩和解除後も続いたゼロ金利政策

量的緩和政策の解除は、次の①および②という内容であった。

① 金融市場調節の操作目標を日銀当座預金残高から無担保コールレート（翌日物）に変更

② 無担保コールレートをおおむねゼロパーセントで推移するよう促す

さらに、③および④という激変緩和措置もとられることになった。

③ 目標でなくなった日銀当座預金残高の削減は、数カ月程度の期間を目途としつつ、短期金融市場の状況を十分に点検しながら進めていく

④ 日銀当座預金残高の削減は、短期の資金オペレーションにより対応する。長期国債の買入れについては、当面は、これまでと同じ金額、頻度で実施していく

量的緩和政策が始まったときには、無担保コールレートの水準が0・15%からゼロパーセントまで下がり、ゼロ金利政策への移行が同時に起こったわけだが、解除にあたっては量的緩和政策の枠組みがなくなるだけで、金利政策としてはゼロ金利政策が続くことになり、金

融政策の連続性が保てるように工夫されていた。

結果として量的緩和政策解除によって、金融市場が混乱することはなかった。また、激変緩和措置により、日銀当座預金残高や長期国債の買入れも時間をかけて元に戻ることになった。

物価目標に向けた布石となった「中長期的な物価安定の理解」

さらに、量的緩和解除にあわせて、「新たな金融政策運営の枠組み」の導入が決まった。この枠組みでは、日銀としての物価の安定についての基本的な考え方を整理し、金融政策運営にあたり、政策委員が中長期的にみて物価が安定していると理解する物価上昇率（「中長期的な物価安定の理解」）が示されることになった。

さらに、こうした考え方や理解を念頭に置いたうえで、経済・物価情勢を点検しながら、金融政策運営を行うことになった。この枠組みは、金融政策運営方針の決定に際し、物価安定のもとでの持続的な経済成長を実現するという観点から点検するもので、物価目標を設定して金融政策を運営するいまのスタイルの原型となるものであった。

物価安定の理解としては、「消費者物価指数の前年比が0～2％程度であれば、各政策委員の中長期的な物価安定の理解の範囲と大きく異ならない。委員の（理解の）中心値は大勢としておおむね1％の前後で分散」とまとめられた。ここで採用された「中長期的な物価安定の理解」がその後変遷を経て、いまの2％の物価安定目標となっていく。

消費者物価の基準改定を待っていたら終わらなかった第一次デフレ戦争

金融政策決定会合の採決では中原眞委員が反対したが、その理由は、①消費者物価指数の実績が安定的にプラスであると判断するには、もう少し検証するほうがよい、②先行き消費者物価がマイナスになることがないかどうかを判断するには展望レポートに準じた慎重な分析と検証が必要である、といったものであった。

たしかに、もっともな指摘であるが、日銀にはやや強引にでも量的緩和政策を一気に解除したい事情があったのではないか。よく知られているところだが、量的緩和政策が解除された数カ月後に、5年に一度の消費者物価の基準改定が行われ、指数が下方修正され、実は量的緩和政策を解除したときには物価は上がっていなかったという数字が出てきた。これをもって解除決定は拙速であったという批判が出てくる。

しかし、基準改定による下方修正の可能性を日銀が想定していなかったということはあるまい。そうした数字が出てくる前に、あるいは下方修正されそうだという思惑が出てくる前に、ようやく訪れたチャンスをとらえて、解除に踏み切ったということだろう。中原委員の指摘はもっともだが、それをしてしまうと、解除のチャンスは当分やってこなくなる可能性があったわけだ。

基準改定によって消費者物価指数が下方シフトしても、景気の回復基調が続いていれば、消費者物価が低下トレンドに戻ることはなく、いずれまた上がってくると想定して、量的緩和解除に踏み切ったということだろう。実際、景気はその後も回復を続けリーマンショック前の2008年2月に山をつけるまで6年強も続く長期拡大となり、物価も小幅ではあるが上がってくる。デフレ脱却のために量的緩和を行うというスタンスを明確にし、金融システムの安定を背景に量的緩和政策を小刻みに縮小するという誘惑を断って、物価上昇という数少ないチャンスをとらえて一気に量的緩和政策を終わらせたお手並みは見事であった。

【注】

1 速水優（はやみまさる）、日本銀行第28代総裁（1998年3月~2003年3月）。

2 福井俊彦（ふくいとしひこ）、日本銀行第29代総裁（2003年3月~2008年3月）。

3 中原伸之（なかはらのぶゆき）、東亜燃料工業（現ENEOSホールディングス）の社長を務めた後、1998~2002年まで日本銀行政策委員会審議委員を務めた。

4 2003年3月4・5日の金融政策決定会合において、日銀当座預金残高の目標を3月31日までは15兆~20兆円程度、4月1日以降は17兆~22兆円程度とすることを決定した。

5 次の2002年1月の金融政策決定会合でオペ対象資産・適格担保の拡大等が公表された。2001年12月の金融政策決定会合における中原委員の反対理由は、①中央銀行が企業金融の分野に踏み込むことは適当でない、②ＡＢＳ等の市場規模は小さく、限界的な効果しかもたない、というものだった。

6　具体的には以下の2つの要件がある。①銀行等の自己査定による正常先に相当する中堅・中小企業関連資産（中堅・中小企業から買い取った売掛債権や中堅・中小企業向け貸付債権）を主たる裏付けとしたものであること。②裏付け資産全体のリスクを、リスクの異なる複数の階層に再構成しているものであること。

7　どちらの議案も賛成1、反対8で否決。

8　黒田東彦（くろだはるひこ）、日本銀行第31代総裁（2013年3月～2023年4月）。

Box1　コインの裏表だったゼロ金利政策と量的緩和政策

2001年3月に日本初となる量的緩和政策がスタートした。金利目標から量の目標へ金融政策の一大転換ではあるのだが、日銀は「量的緩和」という言葉を使うことにあまり抵抗がなかったのではないか。日銀は、ゼロ金利政策を続けていた1999年9月の金融政策決定会合で決めた「当面の金融政策運営に関する考え方」のなかで「量的緩和」という表現を使っている。具体的には、「支払い準備を1兆円ほども上回る資金供給を続けて」いる状況を指していたと推測される。

もっともこのときは、「日本銀行が供給した余剰資金の7〜8割は、資金仲介を行っている短資会社等に積み上がっているのが実情で」、量的緩和は効果的でないという文脈で使われていたが、デフレ脱却や景気刺激には効果がなくても、金融システム不安の回避のためには、量的緩和は効果的であった。

ゼロ金利政策のときの支払準備（当時約4兆円）を1兆円ほど上回る5兆円ほどの資金供給とは、実は量的緩和政策を開始したときの状況と同じである。違いは、ゼロ金利政策が金融市場調節の操作目標を無担保コールレート（翌日物）ゼロパーセントと設定し、その調節の結果として日銀当座預金残高が5兆円程度になったのに対して、量的緩和政策は、操作目標を日銀当座預金残高5兆円程度と設定し、そのための調節の結果として無担保コールレートはゼロパーセントまで下がるということだ。

つまり、初の量的緩和政策の導入といっても、そのスタートはかつて行っていたゼロ金利政策を量的緩和政策と名前を変えて再登場させたと考えることができる。

第3章

つかの間の体戦と次なる戦いへの道

２００６年3月に第一次デフレ戦争が終わり、２００９年11月に第二次デフレ戦争が始まるまでの間、つかの間の休戦となる。もっとも平穏であったのは、戦後最長の景気拡大が続き、2回の利上げを行った２００７年前半まででであった。同年後半になると、米国のサブプライムローンの不良債権化に加え、原油価格高騰、さらにそれによる世界経済の先行き不安が広がった。

２００８年にリーマンショックが起こると、世界経済の変調と金融市場の混乱は決定的となり、日銀は海外の中央銀行と協調して、世界の金融市場を安定化させるための対策を打ち出すとともに、金融政策では利下げに舵を切る。

一方、第一次デフレ戦争の終結に不満を募らせた内閣府は、次なるデフレ戦争を日銀の判断で終わらせないための手を打ちつつ、消費者物価の下落傾向をにらみながら第二次デフレ戦争の開戦の準備を始める。

1 なぜ第一次デフレ戦争を終えることができたか

政府との協調体制が築けた日銀

第一次デフレ戦争の終結まで5年の歳月を費やしたとはいえ、それでも終わらせることができた。これに対して、第4章以降でみていく第二次デフレ戦争は、開戦から10年以上経過してもまだ続く膠着状態となってしまった。この違いはどこから来るのか。第一次デフレ戦争を終えることができた理由としては次のようなことがあげられる。

まず、前章でも述べたように、量的緩和政策が目指す目標について、金融システム不安の回避を目指す日銀と、あくまでデフレ脱却を目指す政府との間で意見の相違はあったものの、互いに接点を見出して共同歩調をとることができた。

日銀は、第一次デフレ戦争のときは戦う意志があり、そのための武器もあった。デフレ脱却のために量的緩和政策を採用するのは乗り気でなかったが、金融システム不安を回避するために量的緩和政策を採用することにはむしろ積極的であった。また、日銀当座預金残高を拡大させるような潤沢な資金供給は、金融機関の流動性需要を満たすという点で金融システム不安を回避するために効果的な武器であった。

もちろん、政府と日銀の目的が違ったままでは、次第に齟齬が生じてくる可能性があった。実際、金融システム不安が後退しても、物価が相変わらず下落している状況では、量的緩和政策を縮小させようという意見が一部の日銀審議委員の間に現れる一方で、まだ量的緩和を続けるべきという政府との意見の違いが拡大する危険性があった。

しかし、福井総裁の登場により、日銀がデフレ脱却を目的とした量的緩和政策に歩み寄っていたため、こうした問題が回避され、物価の上昇を確認しながら一気に量的緩和政策を終えることができた。これについては、第2章でみたとおりである。

戦争終結への道を考えていた日銀

次に、デフレ脱却のハードルが低かった。言い換えると、デフレを脱却したと判断できる基準が達成可能なレベルであった。量的緩和政策に関する日銀の約束は、消費者物価の前年比上昇率が安定的にゼロパーセント以上となるまで、量的緩和政策を続けるというものだった。運も味方して消費者物価が上がったといってもゼロパーセント台の小幅な上昇だったが、それでも量的緩和政策終了の条件は満たしていた。いまのように2%の物価安定目標があったら、量的緩和政策を終わらせることはできなかったのだ。

これに関連して、デフレを脱却したという判断を日銀自身が行うことができるようにしたことも重要だ。前章でみたように、2003年10月に発表した「金融政策の透明性の強化について」において日銀は、消費者物価の前年比上昇率が安定的にゼロパーセント以上となったと判断する基準をいくつかあげて、デフレ脱却の判断基準を示した。物価が上昇して量的緩和政策の解除が可能になる日に備えて、自らデフレ脱却の基準を示すことによって、量的緩和政策終了の主導権を握ることができた。

同時に、量的緩和政策をむやみに拡大して泥沼の戦線から退却できなくならないように注意を怠らなかった。量的緩和が始まり、日銀当座預金残高の引上げにあわせて、日銀は長期国債の買入れペースを徐々に速めていったが、当初から日銀が保有する長期国債の残高は、銀行券発行残高を上限とするという歯止めを設けていた。

福井総裁は、2003年3月の総裁就任から1年足らずの間に日銀当座預金残高の目標を2倍ほどに引き上げたが、すでに日銀券の発行残高に近づいていた長期国債の買入れペースは据え置いたままにして、短期の資金オペレーションによって日銀当座預金残高を拡大した。歯止めを越えて長期国債の買入れを増やしてしまえば、収拾がつかなくなり、量的緩和政策をスムーズに解除できなくなる。黒田総裁の時代になって、異次元の金融緩和と称して歯止めなく日銀の資産を拡大してしまえば、出口が遠のくのは当然だ。

世界経済と政治環境もフォローの風

そして、日銀を取り巻く環境も味方した。まず、世界経済の状況が味方した。2000年代半ばの世界経済の成長率は5％程度という30年ぶりの好況が続いていた。世界経済の好調を背景に、日本でも長期の景気拡大が続き、小幅ながら消費者物価が上昇してきた。量的金融緩和が効果を発揮するのは金融システム不安を後退させることだ。残念ながら景気刺激や物価の押上げにはあまり効果が期待できないのだが、世界的な好況が日本経済の拡大を後押しした。

さらに味方となったのは経済・物価動向だけではなかった。2001年4月の小泉純一郎内閣誕生以来、経済財政政策担当大臣として経済財政諮問会議を運営し、デフレ脱却のための金融緩和を求めてきた竹中平蔵氏が、郵政民営化の是非を問うて解散したいわゆる郵政選挙後の2005年10月の第三次小泉内閣の内閣改造で総務大臣として郵政民営化を担当することになった。一方、竹中氏の後任として経済財政政策担当大臣には与謝野馨氏が就任することになった。

与謝野氏は、日銀に金融緩和を迫るのが仕事と考える政治家が多いなかで、珍しく日銀の金融政策に対する理解がある政治家であった。日銀が量的緩和政策の解除を考え始めたとき、竹中氏はもちろんのこと政治家の多くは解除に反対であっただろう。このタイミングで、与謝野氏の経済財政政策担当大臣就任は、日銀にとっては千載一遇のチャンスであったのではないか。

少なくとも、デフレファイターであった竹中氏がそのまま経済財政政策担当大臣を続けていたら、量的緩和の解除はかなり難航し、5年に一度の基準改定で消費者物価が大幅に下方修正された時点で、解除の試みは白紙になったことだろう。福井総裁と与謝野大臣の信頼関係が、第一次デフレ戦争の終結を可能にしたといっても過言ではない。

2 日銀によるデフレ戦争終結が不満だった内閣府

内閣府の巻き返し

政府サイドでデフレ脱却の旗を振り、日銀に金融緩和を迫ってきた内閣府は、日銀の判断による量的緩和政策の終了に不満だったはずだ。ちなみに、内閣府の月例経済報告では、デフレの文言が量的緩和政策終了後も2006年6月まで続いた。

また、量的緩和政策が終了した直後となる2006年3月15日の参議院予算委員会に内閣府はデフレ脱却についての資料を提出する。

図表3－1　内閣府が示したデフレ脱却の基準

1　「デフレ脱却」とは、「物価が持続的に下落する状況を脱し、再びそうした状況に戻る見込みがないこと」
2　その実際の判断にあたっては、足元の物価の状況に加えて、再び後戻りしないという状況を把握するためにも、消費者物価やGDPデフレーター等の物価の基調や背景を総合的に考慮し慎重に判断する必要がある
3　その他考慮すべき指標として、たとえば、需給ギャップやユニット・レーバー・コスト（単位当り労働費用）といったマクロ的な物価変動要因があげられる

（出所）　内閣府「2016年度経済財政白書」より筆者作成

その内容は**図表3－1**に示したものだ。2003年10月の「金融政策の透明性の強化について」で日銀が示した基準と考え方は同じであるが、判断基準をさらに厳しくしたものであった。

より重要なことは、内閣府がデフレ脱却の基準を示したということだ。これは、デフレを脱却したかどうかという判断は、日銀が単独で行えるものではなく、政府すなわち内閣府が行うべきものと宣言したのに等しい。

デフレ戦争終結の道を奪われた日銀

第一次デフレ戦争のときはデフレ宣言を出して日銀に金融緩和を迫ったわけだが、内閣府がデフレ脱却の基準を示したことによって、政府がデフレ脱却宣言を出すまで、日銀は金融緩和を続けざるをえなくなったということだ。

また、内閣府が考えたデフレ脱却の基準は厳しすぎて、実際にデフレ脱却宣言を出すのは容易ではない。デ

フレ脱却を「物価が持続的に下落する状況を脱し、再びそうした状況に戻る見込みがないこと」と定義するのは、「金融政策の透明性の強化について」で、日銀が示した考え方と同じだが、その判断基準を日銀が消費者物価に絞っていたのに対し、内閣府は、消費者物価に加えてGDPデフレーター等の物価の基調や背景を総合的に判断する必要があるとしたうえで、その他考慮すべき指標として、需給ギャップやユニット・レーバー・コスト（単位当り労働費用）といった指標を例示している。

たしかに、これらの指標は物価情勢をみるうえでチェックすべきものである。しかし、たとえば原油等原材料価格が高騰したときに、それらを輸入している日本ではまずGDPデフレーターは低下する。国内の物価に転嫁されてくるとGDPデフレーターや消費者物価を上げる要因になるが、消費者物価が上昇していても、GDPデフレーターは下がっていることは容易に起こりうる。つまり、参考指標も含めてここまで列挙してしまうと、すべての指標が物価の上昇を示したときには、デフレではなくインフレを懸念すべき状況になっている可能性が高い。

また、デフレ脱却の判断にあたっては、物価の基調や背景を総合的に考慮し慎重に判断する必要があるとしている。これも当たり前のことに思えるかもしれないが、こう書かれてしまうと、2年ごとに異動している官僚が、自分が担当するときにリスクをとってデフレ脱却宣言を出そうという気持ちにはまずならないだろう。自分の在任中にデフレ脱却宣言を出したいという強い信念をもった大臣が就任しない限りは、デフレ脱却宣言が出されることはない。結果として、「デフレではないが、デフレは脱却していない」という禅問答のような状況が続くことになる（Box 2）。

消費者物価の基準改定がもたらした日銀不信

日銀は、政策委員の多くが、見通し期間において、消費者物価指数の前年比上昇率がゼロパーセントを超える見通しを有していることを、再びデフレに戻らないと判断する基準にしていた。そうすることによって日銀の判断でデフレ脱却の判断ができるようにした。日銀の判断基準は甘すぎてすぐデフレが再燃してしまうという見方もあろうが、その判断は物価の番人である日銀が行うべきものだろう。

いまの日本でデフレを完全になくしてアフターデフレの日本をつくりだすという発想に無理があるのではないか。デフレにまた戻ることもあるというウイズデフレを前提にするほうが現実的だ。

しかし、政府の日銀への不信感を増大させたのが、前章でも触れた量的緩和終了後の消費者物価指数の基準改定だ。2006年3月に量的緩和政策が終了して間もない同年8月に、5年に一度の消費者物価の基準改定が行われた。この2005年基準への改定によって、2006年前半の指数が0・5ポイントほど押し下げられ、2000年基準への改定に比べてもやや大幅な下方修正となった。

日銀が量的緩和政策終了の基準としていた消費者物価指数（全国、除く生鮮食品）の前年比で比べると、２００６年前半の消費者物価は２０００年基準でみると前年比０・５％前後の上昇を続けて終了の基準を満たしていたが、２００５年基準ではゼロパーセント前後での推移となり、基準を満たしていないことになってしまった。基準改定で指数が下方修正されることは当然日銀も想定していたが、日銀が想定していたなかでは最も大幅な下方修正だったかもしれない（**注1**）。

その後、日本経済は日銀が想定したように景気回復を続け、新基準でも物価は上昇するようになる。それでも、量的緩和終了の判断が間違っていたという批判が出てくるのは避けられず、政府サイドの日銀に対する不信感を強める結果となったことは間違いない。デフレ脱却の基準を決めることによって、デフレ戦争を始めるだけでなく、終わらせる権限も手中に収めた内閣府は、次のデフレ戦争では日銀の思うようにはさせないという決意を強くしたことだろう。

その後２００８年2月には長期の景気拡大も終わり、リーマンショックを経て景気が急減速するなか、日銀の量的緩和終了が早すぎたという批判はさらに強まる。第一次デフレ戦争が終わった時に官房長官であった安倍晋三氏もそうした不満をもったのではないか。こうした政治サイドの不満が、第二次デフレ戦争においては、日銀の金融政策の自由度を奪うような強硬な対応をもたらし、日本は終わりのみえない戦いに突き進むことになった。

3 つかの間の休戦

ゼロ金利政策の解除

量的緩和政策終了後もしばらくは景気の拡大が続き、小幅ではあるが消費者物価が上昇するのにあわせて小刻みな利上げを行い、金融政策はつかの間の正常化への道を歩んだ。

前章でみたように、量的緩和政策の終了によって、金融市場調節の操作目標が日銀当座預金残高から無担保コールレート（翌日物）に戻ったが、しばらくは潤沢な資金供給を続ける激変緩和措置がとられ、また新たな操作目標となった無担保コールレートは量的緩和政策終了前後で変わらぬゼロパーセントで推移した。

このように、金融政策が変更されても、3カ月ほどは同じような金融緩和状況が続いたが、2006年7月13・14日の金融政策決定会合で、0・25％の利上げが全員一致で決まった。さらに、翌2007年2月20・21日の金融政策決定会合では、無担保コールレート（翌日物）の誘導目標を0・5％に引き上げることが賛成多数で決まった。このとき反対したのは岩田一政副総裁であった。

総裁・副総裁の執行部内で意見が割れるというのはあまりないことだが、岩田副総裁は反対理由として、①賃金、個人消費の弱めの動きが払拭されておらず、IT部門を中心に生産面で、軽度ではあれ踊り場となる可能性が高いという状況のもとで、物価上昇率の先行きに不透明感が強いこと、②物価の先行きについて、「展望レポート」などで丁寧に説明する必要があることをあげた。

政治環境が厳しくなった二度目の利上げ

実は、その前の月の2007年1月17・18日の金融政策決定会合で利上げをするのではないかという市場の見方が強かったが、このときは議長案の提出はなかった。おそらく、このときも岩田副総裁は利上げに反対であり、執行部内での意見の相違が表面化するのを避けた可能性がある。政府は、消費などの経済指標の弱さを理由に、利上げには反対だったようだが、内閣府出身の岩田副総裁は政府と考え方が近かったと推測できる。

この1月の決定会合では、政策変更なしという議長案に、須田美矢子、水野温氏、野田忠男の3名の委員が反対し、この3名で委員提案として0・5%への利上げが提案され反対多数で否決された。このような利上げを主張する意見をふまえて、2月の決定会合では、岩田副総裁の反対をやむなしとして、利上げを決定することとなった。

0・5%への追加利上げが難航した要因として、一度目の利上げから間もない2006年9月の第一次安倍内閣の誕生があげられよう。安倍内閣の誕生に伴って、経済・財政政策担当大臣が与謝野氏から民間出身の大田弘子氏へかわる。大田氏は小泉内閣のときの竹中平蔵経済・財政担当大臣のもとで、内閣府の参事官、審議官、政策統括官を務め、金融政策に関しては竹中氏や内閣府事務方の考え方に近かったと推測できる。与謝野大臣のときの一度目の利上げよりも、二度目の利上げに対する政府の反対は強かっただろう。

経済の先行き不安から利上げ打ち止め

利上げは0・5%で打ち止めとなった。水野温氏委員は2007年7月11・12日の金融政策決定会合で、①経済情勢の現状判断として、4月の展望レポート時点の想定をいくぶん上回るか、少なくとも見通しに沿って推移していることに加え、展望レポートで指摘した下振れ要因が顕現化する蓋然性が特に高まっていないこと、②経済情勢に基づいて政策変更が可能との判断に至った場合には、すみやかに決定し、実行すべきこと、を理由に、政策変更なしの議長案に反対し、0・75%への利上げを提案した。その年の11月12・13日の決定会合まで6会合連続で同じ提案をしたが、水野委員以外に賛成が広がることはなかった。

景気は、景気基準日付上は翌2008年の2月まで回復を続けるが、米国では2007年夏頃から不動産価格の下落を背景に、その後のリーマンショックにつながるサブプライムローン（信用力がやや劣る層への住宅ローン）の不良債権化問題が現れ始め、世界経済の先行きへの不安が広がり始めていた。

また、２００５年基準に改定された後の消費者物価は、２００６年後半にはプラスに浮上したものの前年比ゼロパーセント近傍の推移にとどまり、２００７年になるとまた水面下に沈んでくる。実質金利を考えれば、０・５％への利上げにも政府が反対していたのもある意味当然であった。０・75％への利上げはさすがにむずかしく、水野委員も12月の政策決定会合からは、０・75％への利上げを取り下げるようになった。

次に述べるように、この後世界経済はリーマンショックによる大混乱を経験することになる、世界の金融市場が危機的状態になるなか、日本も含め世界各国が金融緩和に大きく舵を切ることになる。そうしたなか、０・５％しか利下げ余地のなかった日銀は、世界的な利下げへの協調もむずかしく、日銀のそうした対応に対して消極的だという批判も出てくることになる。しかし、日本の物価動向を考えれば、０・５％までの利上げが限界であり、海外中銀との協調利下げの余地は限られていた。

4 リーマンショック以降の金融緩和

政治に翻弄された白川日銀の船出

量的緩和政策の拡大と解除、そして政策金利の引上げを行った福井総裁と岩田・武藤両副総裁は2008年3月19日に任期満了で退任するが、その後任人事が難航する。総裁・副総裁をはじめ日銀政策委員の就任は衆参両院での同意が必要となる。しかし、前年7月の参議院選挙で与党が惨敗し、過半数を割れるねじれ国会となっていた。

副総裁については、前日銀理事で京都大学教授であった白川方明氏とすでに審議委員であった西村清彦氏が副総裁に就任することがなんとか決まったが、総裁については、武藤副総裁の昇格案や財務省ＯＢの就任案が参議院の同意を得られず、日銀総裁が不在という異例の状況になってしまった。

その後、白川副総裁が総裁に昇格することで、総裁の空席は解消したが、日銀理事であった山口廣秀氏が同年10月27日に就任するまで副総裁1名が空席のままとなった。その後も審議委員の空席が続くなど、白川総裁の新体制は政治に翻弄される多難な船出となった。その後、デフレ脱却のスローガンのもと政府から強烈な金融緩和を迫られ、中央銀行の独立性を失っていく日銀の姿を予感させるものであった。

世界金融不安に対応した潤沢な資金供給

一方で、内外の経済・金融市場の動向は待ったなしの政策対応を迫る緊迫した情勢となってくる。２００７年後半になると、米国のサブプライムローンの不良資産化問題に加えて、原油価格の急騰が影響して、世界経済に減速感が広がってくる。２００８年に入ると、日本の輸出や生産もピークをつけ、景気は同年2月を山に後退局面に入った。

世界の金融市場では、サブプライムローンが証券化商品に組み込まれ、世界に拡散していたことを背景に、世界の金融市場で不安が広がり、グローバルに展開する大手金融機関の経営不安問題が重なった。同年9月のリーマンショックで世界金融市場は大きく変動し、世界経済は失速する。日銀の金融政策も世界の中央銀行と歩調をあわせて金融緩和に舵を切る。日銀の対応は、各国中銀との協調姿勢をアピールしながら、ドル資金を中心に潤沢に資金を供給して、欧米発の金融市場の混乱が日本の金融市場に及ばないようにすることに重点が置かれた。

２００８年9月15日にリーマンブラザースが破綻すると、3日後の9月18日に臨時の金融政策決定会合を開催し、先進各国の中央銀行と協調して米ドル供給オペレーションを導入することを決定し、同月29日にも臨時の金融政策決定会合を開催し、各国中央銀行と協調して同オペレーションの拡充を決定した。

また、10月14日にも臨時の金融政策決定会合を開催し、ドル供給オペの拡充に加え、国債レポ市場における流動性改善のための措置、企業金融円滑化のための措置、年末越え資金の積極的な供給からなる「金融市場の安定確保のための金融調節面での対応策」を決定した。さらに、12月2日にも臨時の金融政策決定会合を開催し、民間企業債務の担保適格範囲の拡大やそれを活用した新たなオペレーションの実施など「企業金融円滑化のための金融調節面での対応を決定した。

このように、金融市場への資金供給という点では迅速に対応したのに比べると、金利引下げには慎重であった。その背景としては、リーマンショックの震源となった欧米に比べて、日本の金融市場は安定していたこと、国内の景気は減速してきたが、リーマンショックの影響はまだ経済指標には表れていなかったこと、さらに政策金利である無担保コールレート（翌日物）は0・5％と、他国に比べて低く、協調利下げの余地は限られていたことなどがあげられよう。

早々に利下げカードを使い切る

2008年10月8日に米国、欧州、カナダ、英国、スウェーデン、スイスの中央銀行が共同声明を発表したうえで政策金利の引下げを行ったが、日銀はこれには加わらず、各国の対応に強い支持を表明するにとどめた。こうした日銀の対応には、前述のような理由があるにしても消極的であるとの批判が出てくる。それが影響したかは不明だが、同月31日の金融政策決定会合では、無担保コールレート（翌日物）の誘導目標を「0・3％前後」に引き下げることが決まった。この議長案の採決は賛成4、反対4の同数となり、議長の判断で決まるというきわどい決定であった。

もっとも、4名の反対委員のうち利下げに反対したのは水野委員のみで、須田委員・中村清次委員・亀崎英敏委員の3名は、利下げ幅をこれまで同様に0・25％とすべきという主張であり、3名共同で、誘導目標を0・25％前後とする案を提出した（賛成3、反対5で否決）。つまり、利下げ自体に対する反対はほとんどなかった。水野委員が利下げに反対した理由は、現下の政策課題は政策金利の引下げよりも、各種レポ市場等の現状をふまえた資金の目詰まり対策であり、利下げ効果が期待できないというものであった。

さらに、同年12月18・19日の金融政策決定会合では、誘導目標を「0・1％前後」とするという追加利下げが決まった。この議長案は賛成7、反対1で決まった。10月の利下げに反対した3名の委員は賛成に回ったが、野田忠男委員が反対した。野田委員は反対理由として、①0・1％への利下げは景気刺激効果が限定的である一方で、②補完当座預金制度の適用利率（0・1％）とのスプレッドがなくなってしまうため、金融機関が資金を市場に放出するインセンティブが損なわれ、市場取引が不活発になるリスクが高いこと、などをあげた。

補完当座預金制度という新兵器の登場

補完当座預金制度は0・3％への利下げが実施された10月31日の金融政策決定会合で導入が決まった。補完当座預金制度は、本来無利子である日銀当座預金のうち、いわゆる超過準備（準備預金制度に基づく所要準備を超える金額）に利息をつける制度である。その利率は、誘導目標であった無担保コールレート（翌日物）から日銀が定めるスプレッドを差し引いて計算することとなった。本制度開始に際しては、0・3％の無担保コールレートから0・2％のスプレッドを差し引いて0・1％となった。

この制度を日銀が導入した理由は、国際金融資本市場での緊張が続くなか、年末、年度末に向けて積極的な資金供給を行っていくと、無担保コールレートが誘導目標を大きく下回ってしまうおそれがあったからだ。超過準備に0・1％の利息がつくのであれば、それを下回る金利で資金を出す必要がなくなるので、0・1％が無担保コールレートの下限金利の役割を果たすことになる。

0・3％への利下げ幅が0・2％と変則的になったのは、補完当座預金制度の導入が重なったためである。0・25％幅で利下げすると、無担保コールレートと日銀当座預金への付利0・1%との十分なスプレッドが確保できないという懸念が理由であった。

もっとも、その2カ月後には0・1%への利下げを余儀なくされ、スプレッドはゼロとなってしまった。下限金利の役割はなんとか果たせる一方で、政策金利と同じ、あるいはそれを下回る水準で金融機関が市場に資金を出すインセンティブがなくなり、市場機能が低下する。0・1%への利下げに野田委員が反対したのはこのためだ。

量的緩和推進兵器に転用される補完当座預金制度

補完当座預金制度は年末や年度末の金融市場の安定確保を目指し、実施期限を導入決定後の2008年11月の準備預金積み期(2008年11月16日~12月15日)から2009年3月の準備預金積み期(3月16日~4月15日)までに限定した措置であった。

しかしその後、実施期限の延長がなされていく。まず、2009年2月18・19日の金融政策決定会合で上期末を超える10月15日(9月の準備預金積み期)まで半年間延長され、同年7月14・15日の金融政策決定会合で年末を越える2010年1月15日(12月の準備預金積み期)までの再延長が決まった。

さらに、10月30日の金融政策決定会合では、期限を当分の間延長することが決まった。こうして、補完当座預金制度は、いまも続く恒久的な制度となっていく。同時に本制度の目指すところも変わってくる。本制度を当分の間延長する理由として、日銀は、「金融市場における需要を十分満たす潤沢な資金供給を行いつつ、円滑な金融市場調節を実施する観点」をあげている。

金融機関の資金供給のインセンティブを保ちながら、無担保コールレートの下限金利を設けるという当初の目標から離れて、超過準備に付利することによって、金融市場における需要を上回る金額の供給を可能にすることを目指すようになった。この後、日銀当座預金残高は異次元の増加を遂げるわけだが、この補完当座預金制度がなければ、こうした増加は実現しなかっただろう（注2）。

利下げから資産積み増しに軸足を移す金融政策

補完当座預金制度の目的の変質からも推測できるように、二度の利下げで政策金利の下げ余地がなくなった日銀は、資産の買入れ拡大に金融政策の軸足を移していく。0・1％への利下げを決めた2008年12月18・19日の金融政策決定会合では、長期国債の買入れペースを月1・2兆円から1・4兆円ペースに高め、さらに2009年3月17・18日の金融政策決定会合では月1・8兆円ペースへの拡大が決まった。

長期国債の買入れと並行して、CPや社債の買入れにも踏み込んでいく。まず、2009年1月21・22日の金融政策決定会合において、CP等の買入れについて、買入れ総額の残高上限（3兆円）と買入れ実施期限（同年3月31日まで）をつけて開始することを決定した。また、2月18・19日の金融政策決定会合において、社債買入れについても、買入れ総額の残高上限（1兆円）と買入れ実施期限（同年9月30日まで）をつけて開始することを決定した。同時に、CP等の買入れについて期限を社債買入れと同じ9月30日に延長することが決まった。さらに、7月14・15日の金融政策決定会合において、CP等の買入れと社債の買入れ期限が12月31日まで延長されることになった。

5 再び低下し始めた物価

景気の持直しと重なったデフレの進行

日銀は、リーマンショックによる国際金融市場の混乱や世界経済の急減速、さらにそれが日本の経済や金融に及ぼす悪影響に対応するため、政策金利の引下げに加えて、金融市場への潤沢な資金供給やそれに伴う資産買入れを強化していった。結果的には量的緩和政策に逆戻りするような状況になったが、日銀としては緊急事態に対応するための時限的な措置と考えていただろう。

2009年に入ると金融市場も落着きをみせ、景気も持直しに転じてくる（注3）。

一方、物価は景気の動きとは関係なく、原油価格の高騰と急落に連動して上下する。消費者物価（除く生鮮食品）は、2007年の秋には前年比上昇に転じ、原油価格が1バレル＝100ドルを超えて推移するなか、リーマンショックが起きた2008年後半には2％を超える上昇となった。文句なしのデフレ脱却だが、俗な言葉でいえば悪いインフレであり、原油価格の高騰が世界や日本経済に与えるダメージが懸念されるなか、とてもではないが追加利上げができる状況ではなかった。

そして、原油価格高騰が一巡し、リーマンショックで世界経済が打撃を受けるなか、原油価格が大幅な下落に転じる。消費者物価も2009年になると下落基調が続くことになり、下落幅が2％を超える立派なデフレ状態となった。

一方で、景気はリーマンショックから持直しが始まっていた。景気の持直しとデフレの進行が重なる。こうした経済情勢の解釈をめぐる日銀と政府の認識の違いが広がり、特にデフレと戦う姿勢の違いが鮮明になってくる。

日銀と政府の認識ギャップが引き金となった第二次デフレ戦争

日銀としてはリーマンショック以降、一連の金融緩和措置の効果が現れて、2009年後半は金融市場も景気もようやく落ち着いてきたという認識であったろう。物価の下落については、原油価格の急落が影響したものであり、デフレ脱却のために金融緩和を強化する状況ではないと認識していたのではないか。むしろ、懸念材料であった原油価格の高騰が収まってきたのだから、日本経済にとってプラス材料ともいえる。しかし、「デフレは悪」である以上、「よいデフレ」という主張は許されなかった。

一方で、デフレを嫌う内閣府からみると、理由が何であれ、物価の下落は回避しなければいけないことであった。除く生鮮食品だけではなく、食料・エネルギーを除いたベースでみても、消費者物価が下落に転じており、物価の下落を単に原油価格の急落の影響として片づけるわけにはいかなかったのだろう。デフレ脱却のために日銀は金融緩和を強化すべきだというのが内閣府の認識であったと推測できる。

内閣府が、日銀の目からは唐突に映る二度目のデフレ宣言を出すことによって、日銀は、想定していなかった第二次デフレ戦争に巻き込まれていくことになる。

【注】

1　基準改定による下方修正が大幅になった理由として、当時統計局を担当する総務大臣に就任していた竹中平蔵氏の意向が働いたのではないかという噂もあったが、それはさすがに考えるべき話ではないだろう。

2　本来は利息がつかない日銀当座預金に所要準備を超える超過準備を残すことは、金融機関にとって不要なものであると同時にコスト増加要因となる。金融市場が不安定で、資金調達に不安が残るときは、多少多めの資金を日銀当座預金に残しておくとしても、コストを考えれば限度がある。日銀がどうしても日銀当座預金を積み上げたくて、また日銀当座預金に付利までするというのであれば、不要ではあるけど日銀に付き合って、当座預金を積み上げてあげるということになる。

3 内閣府経済社会総合研究所の景気基準日付では2009年3月が景気の谷となり、そこから回復が始まった。

Box2 「デフレではないが、デフレは脱却していない」とは？

第一次デフレ戦争では、デフレ脱却の判断基準は日銀が決めていた。消費者物価の上昇が続けばデフレではなくなり、物価の上昇が続くと日銀審議委員が想定することをもって、デフレを脱却したと判断した。デフレではない状況が続くのであれば、デフレは脱却しているという考えだった。

しかし、内閣府がデフレ脱却のとんでもなく厳しい基準を出してしまったので、うかつにはデフレ脱却とはいえなくなってしまった。小幅でも物価が上昇していれば、デフレではなくなり、内閣府の月例経済報告からも「デフレ」という言葉は消える。しかし、デフレ脱却宣言が出てこないのだから、デフレは脱却していないことになる。

実際、2013年12月以降は政府の月例経済報告で「デフレ」という言葉は使われなくなったのだが、それでもデフレ脱却宣言が出てこないので、「デフレではないが、デフレは脱却していない」という禅問答のような物価判断が続くことになってしまった。

仮に、川上の原材料価格の高騰が消費者物価を上昇させることになると、デフレではないどころかインフレというべき状況になる。

しかし、これは経済活動が活発になった結果としてのインフレではない。悪いインフレだからデフレ脱却ではないということになると、「インフレだが、デフレは脱却していない」という珍問答の物価判断が出てくることになる。

第4章

終わりのない第二次デフレ戦争の始まり

２００９年11月の二度目のデフレ宣言で始まった第二次デフレ戦争は、デフレとの戦いに消極的な日銀に対して不満をもつ内閣府と、唐突にデフレ宣言を出した内閣府に対して不信感をもった日銀との間の戦いでもあった。

デフレ脱却の錦の御旗を掲げた内閣府が攻勢に出て、日銀も少しずつ金融緩和策を出してきた。２０１０年10月に決まった「包括的な金融緩和政策」では、実質的なゼロ金利政策に戻り、金融緩和の軸足は金融資産の購入に移ってくる。同時に、物価目標導入に向けての歩みも徐々に強まり、第二次デフレ戦争は長期戦の様相を呈してくる。

1　呉越同舟にもなれなかった政府と日銀

政権交代直後の唐突なデフレ宣言

２００９年８月30日の衆議院選挙で自民党・公明党は議席数を大きく減らし、９月に鳩山由紀夫氏を首班とする民主党政権が誕生する。内閣府の経済財政担当大臣は菅直人副総理が兼務することになった。二度目のデフレ宣言が出てくるのは、政権交代からまだ日も浅い11月20日の月例経済報告の発表時であった。

月例経済報告の消費者物価に関する判断は、10月まで「緩やかに下落している」であったが、これを「緩やかな下落が続いている」に変更した。これだけでは判断の微修正にすぎないが、「こうした動向を総合してみると、持続的な物価下落という意味において、緩やかなデフレ状況にある」という一文を加え、デフレの条件である持続的な物価下落が起きていることを示した。そのうえで、総論の基調判断に「物価の動向を総合してみると、緩やかなデフレ状況にある」という判断を加えた。

さらに、月例経済報告の発表に先立って、朝の閣議後の記者会見で菅直人副総理兼経済財政担当大臣が「緩やかなデフレ状況にある」と表明した。そこまで演出すれば、後はテレビも新聞もデフレ宣言が出たと大々的に報道してくれる。ちなみにこのときの月例経済報告の基調判断は前月と変わらず、普通であれば大した話題にならないまま終わる内容であった。それだけに、デフレ宣言を盛り込ませるには都合がよかったのかもしれない。

それにしても、政権交代間もない民主党政権が、何はさておきデフレ宣言を出さなければいけないと考えたとは思えない。

そもそも、デフレ宣言がもつ意味を十分理解していたかどうかも疑問であり、少なくとも政治主導ではないだろう。デフレファイターの内閣府の官僚がデフレ宣言のお膳立てをして、政権交代間もない民主党政権の閣僚も日銀に金融緩和を迫る手段として使えると思ったのではないか。デフレ宣言をした記者会見で、菅大臣が「デフレ脱却には日銀にも協力してほしい」と注文をつけたことからもそれがうかがえる。

内閣府にとっては用意周到なデフレ宣言の演出であり、日銀にとっては不意を突かれて背後から殴られたような宣言であった（Ｂｏｘ３）。

デフレと戦う姿勢をみせない日銀に対する内閣府の不満

内閣府が、このタイミングでデフレ宣言を出してきたのはなぜか。原油価格の急落が影響しているとはいえ、消費者物価の下落が続いているのに、日銀はデフレに戻っているという認識が乏しいのではないか、という不満を内閣府が抱いていたのは間違いない。

景気に対する認識でも政府と日銀で温度差があった。デフレ宣言の前月となる２００９年10月の日銀の金融経済月報と内閣府の月例経済報告を比べてみると、10月15日に発表された金融経済月報の景気判断は「わが国の景気は持ち直しつつある」と2カ月連続で上方修正された（図表４－１）。

一方、翌16日に発表された月例経済報告の判断は、「景気は、持ち直してきているが、自律性に乏しく、失業率が高水準にあるなど依然として厳しい状況にある」と2カ月連続で下方修正された。結果として、8月時点では日銀より強気だった景気判断が10月時点では、日銀より厳しくなってしまった（注１）。

さらに、10月30日の金融政策決定会合では、リーマンショックに対応すべく行ってきた各

図表４－１　二度目のデフレ宣言（2009年11月20日）前後の政府と日銀の景気判断

	日銀の景気判断（金融経済月報）	政府の景気判断（月例経済報告）
2009年８月	わが国の景気は下げ止まっている	景気は、厳しい状況にあるものの、このところ持ち直しの動きがみられる
９月	わが国の景気は持ち直しに転じつつある	景気は、失業率が過去最高水準となるなど厳しい状況にあるものの、このところ持ち直しの動きがみられる
10月	わが国の景気は持ち直しつつある	景気は、持ち直してきているが、自律性に乏しく、失業率が高水準にあるなど依然として厳しい状況にある
11月	わが国の景気は、国内民間需要の自律的回復力はなお弱いものの、内外における各種対策の効果などから持ち直している	同上
12月	同上	同上

（出所）日本銀行、内閣府資料より筆者作成

種時限措置について、いくつか終了させることが決まった。具体的には、まず企業金融支援特別オペは12月末の期限を翌年３月末まで延長したうえで完了し、４月以降は、より広範な担保を利用できる共通担保オペ等の金融調節手段に移行することになった。

また、ＣＰ・社債買入れについては、ＣＰ・社債の発行環

境が大幅に好転し、CP・社債市場の機能回復という所期の目的を達成したことをふまえ、予定どおり12月末をもって終了することが決まった（注2）。

日銀としては、リーマンショック以降の一連の金融緩和措置は、金融市場における安定の確保と国内景気の持直しのために行っているものであり、金融市場が落ち着き、景気が持ち直してくれば、緩和は終了するという考えであったはずだ。これに対して、内閣府としては、景気は持ち直しているが日銀ほどは楽観的にはみておらず、加えてデフレ状態が再燃しているのであれば、それに対して日銀がなんらかの対応をすべきであり、少なくとも緩和を縮小すべきではないという考えであったようだ。

第一次デフレ戦争のときにもあった日銀と内閣府の認識ギャップだが、このときは金融市場が落ち着き、景気が持ち直す一方で、物価が下落するという状態になってしまったことが、二度目のデフレ宣言につながったと考えられる。デフレ脱却に燃える内閣府にとっては当然のデフレ宣言であるが、日銀にとっては寝耳に水のデフレ宣言となった。

デフレ宣言に対する日銀の不快感

内閣府のリフレ派官僚にしてみれば、「してやったり」というところだが、金融政策の主導権をどちらが握るかといったような日銀との鍔迫り合いに勝利したところで、デフレとの戦いがうまくいくわけではない。

第一次デフレ戦争のときには、政府と日銀が歩み寄る余地があり、互いに考えていることが違っていても、協調できる点を見出してデフレ戦争を戦ったわけだが、第二次デフレ戦争のときは、デフレ脱却の錦の御旗を掲げてひたすら日銀に圧力をかけて追加緩和を迫る内閣府と、デフレ脱却に消極的な悪者のレッテルを貼られて、内閣府が相談もなく始めた戦争をなぜ戦わないといけないのかという不信感をもった日銀とが決定的に対立することになった。

金融の専門家でない内閣府が出すデフレ宣言によって、金融緩和推進という基本方針が決まってしまう構図は、日銀として容認できるものではない。しかも、第3章でも述べたように、内閣府がデフレ脱却の定義まで示してしまったので、第一次デフレ戦争のときのように、日銀の判断でデフレ脱却を宣言することができなくなった。政府が、日銀に金融緩和を続けさせたいと思えば、デフレ脱却宣言を出さなければよい。金融緩和を始めるのも、終わらせるのも、政府が権限をもっていて、日銀は言われるままに金融緩和するしかないのでは、中央銀行の独立性などないも同然だった。

金融緩和の大義名分も武器もなかった日銀

第一次デフレ戦争のときは日銀に量的緩和政策という新たな分野に乗り出すための大義名分があった。まず、不良債権処理を円滑に進め金融システム不安を回避するために潤沢な資金供給が必要であった。また、景気後退が始まっていたが、金利に下げ余地がないので、量的緩和政策と称して潤沢な資金供給を続ける用意があった。政府がデフレ脱却のために金融緩和を求めてきたのに対して、それとは別の日銀なりの大義名分で金融緩和に乗り出すことが可能だった。

しかし、二度目のデフレ宣言のときは、デフレが始まっていることは同じでも、後の環境は違っていた。まず、日銀の認識では、景気は回復しており、金融緩和の必要性はなかった。また、リーマンショックは欧米の金融機関を中心に経営に深刻な問題をもたらし、世界的に金融不安が広がっていたが、日本の金融機関経営には大きな問題をもたらしていなかった（**図表4−2**）。

金融緩和の大義名分だけでなく、日銀には戦う武器もなかった。第一次デフレ戦争のときは量的緩和が金融システム不安の回避に有効な武器だったが、物価を上げる効果は期待できなかった。日銀に対しては、第一次デフレ戦争のとき以上に物価目標の採用を求める圧力が高まってくるが、物価目標を掲げれば物価が上がるわけではない。物価目標を掲げて、ひたすら量的緩和を推進すれば、効果がないまま日銀が保有する資産は膨張し、後戻りできなくなってしまう。日銀としてはそれをおそれていたのだろう。

図表４－２　第一次デフレ戦争と第二次デフレ戦争の比較

	第一次デフレ戦争	第二次デフレ戦争
デフレ宣言の時期	2001年３月16日の月例経済報告に「緩やかなデフレ」という分析資料 2001年４月13日の月例経済報告の本文に「緩やかなデフレにある」という記述 ・ITブーム崩壊による景気後退局面での宣言	2009年11月20日の月例経済報告の本文に「緩やかなデフレ状況にある」という記述 ・リーマンショックによる景気後退からの持直しが続く景気回復局面での宣言
「デフレ」の期間	2006年６月の月例経済報告まで「デフレ」の文言が続く（５年４カ月）	2013年11月の月例経済報告まで「デフレ」の文言が続く（４年１カ月）
デフレ宣言後の金融政策	2001年３月19日の金融政策決定会合 ・量的緩和政策に移行 ～金融市場調節の操作目標を無担保コールレート（金利）から日銀当座預金残高（量）に変更 2006年３月９日の金融政策決定会合 ・量的緩和政策が終了 ～金融市場調節の操作目標を日銀当座預金残高から無担保コールレートに戻す	2010年10月５日の金融政策決定会合 ・「包括的な金融緩和政策」 2013年１月22日の金融政策決定会合 ・政府・日本銀行の共同声明 ～２％の物価安定の目標 2013年４月４日の金融政策決定会合 ・「量的・質的金融緩和」
「デフレ脱却宣言」の縛り	デフレ脱却宣言の縛りはない。ただ、量的緩和政策終了直後の2006年３月15日の参議院予算委員会に「デフレ脱却」についての内閣府資料が提出され、その後の縛りとなった	デフレ脱却の判断は日銀から政府に移る。月例経済報告から「デフレ」の文言が消えても、デフレ脱却宣言が出るまでは、デフレとの戦いが続くため、金融政策に対しては引き続き緩和が求められる
政府・日銀の連携	以下の要因で、呉越同舟ながら量的緩和を始めることで政府・日銀の連携が可能となった 【政府】 デフレ脱却のために量的緩和など金融緩和を求める 【日銀】 ・景気の後退が始まったが、金利に下げ余地がない ・金融機関の不良債権処理を進めるうえで潤沢な資金供給が必要	大胆な金融緩和を求める政府に対して、日銀は以下の観点から慎重なスタンスを続けたが、政府・日本銀行の共同声明によって政府主導の一体体制ができあがった 【政府】 デフレ脱却のために量的緩和やインフレターゲットなどの金融緩和を求める 【日銀】 ・景気は回復しており、金融緩和の必要性はない ・リーマンショック後も日本の金融機関経営に深刻な問題は生じていない ・遅行指標である物価を目標とすることは、金融政策の機動性を損ねる ・資産購入を歯止めなく拡大させることは中央銀行のバランスシートを悪化させ、信認を低下させる

（出所）　日本銀行、内閣府資料などから筆者作成

デフレ脱却を理由に金融緩和したくなかった日銀

デフレ脱却のために金融緩和に乗り出すというのも日銀としては避けたい選択肢であった。遅行指標である物価を目標とすることは、金融政策の機動性を損ねるものと考えられた。物価を遅行指標と考えているのであれば、日銀はデフレが日本経済の低迷をもたらしているという考えには距離を置いていたはずだ。

物価目標にも消極的だったのは、1％なり、2％なり消費者物価が上がると、日本経済が活力を取り戻すとは考えていなかったからだろう。むしろこのときは、原油価格の高騰が収まって下落に転じ、消費者物価も低下し始めたのであれば、これは日本経済にとってプラス材料とすら考えていたのではないか。

金融緩和の大義名分もなく、物価上昇に有効な武器もなく、しかも、政府が勝手に始め、政府がデフレ脱却宣言を出すまで戦い続けなければいけないデフレ戦争に、日銀が前向きに参加することはなかった。二度目のデフレ宣言の威力は絶大で、日銀は否応なしにデフレ戦争に巻き込まれていくわけだが、日銀は、政府からの緩和圧力に最小限の対応で凌いでいく戦略に徹していた。

2

不本意ながら戦いを始めた日銀

二度目も強烈だったデフレ宣言の威力

二度目のデフレ宣言の威力も大きかった。宣言が出た日と重なる11月19・20日の金融政策決定会合では、金融政策の変更はなかったが、景気判断は「わが国の景気は、国内民間需要の自律的回復力はなお弱いものの、内外における各種対策の効果などから持ち直している」（注3）と、持直し判断は維持されたものの、民間需要の弱さに触れる表現を入れるなど、政府の月例経済報告の判断に近づいた。

また、12月1日には臨時の政策委員会・金融政策決定会合が開かれ、金融緩和の強化のための新しい資金供給手段の導入が決まった。もっとも、その内容は金利入札方式で行われていた共通担保資金供給オペレーションに固定金利方式を加えるというものであった。無担保コールレート（翌日物）の誘導目標（当時＋0・1％）と同じ金利で資金供給するので、長めの短期金利の低下を促す効果はあるものの、金融政策決定会合を臨時に開催するほどの内容ではない。推測だが、翌年3月末で終了する企業金融支援特別オペレーションの後継として、新たな資金供給手段を準備していたが、急遽それを前倒しで出してきたのではないか。

いずれにしても、臨時の金融政策決定会合を開催した理由は、このときの日銀の発表文にある。発表文の最後に日銀は、「日本経済がデフレから脱却し、物価安定の下での持続的成長経路に復帰することが極めて重要な課題であると認識している。そのために、中央銀行として最大限の貢献を続けていく方針である」という〝デフレ〟という言葉が入った一文を加えた。政府のデフレ宣言でデフレとの戦いが再開したことを受けて、日銀も、おそらくその意に反してであろうが、デフレと戦っているという姿勢を示す必要があった。

さらに、12月17・18日の金融政策決定会合では中長期的な物価安定の理解について、「消費者物価指数の前年比で2%以下のプラス領域にあり、委員の大勢は1%程度を中心と考えている（注4）」として、「ゼロパーセント以下のマイナスの値は許容していない」ことが示された。デフレと戦う姿勢を鮮明にするために、日銀に対して物価目標を採用すべしという圧力が強まってくる。

量的緩和や物価目標には消極的だった日銀

２０１０年に入ってからも日銀は金融緩和の強化を打ち出してくる。まず、前年12月に導入した「固定金利方式・共通担保資金供給オペレーション」の拡充である。3月16・17日の金融政策決定会合では、それまで10兆円程度としていた資金供給規模を20兆円程度まで増額することが決まった。

また、8月30日の金融政策決定会合では、それまで行っていた期間3カ月の資金供給に加えて、期間6カ月の資金供給を10兆円程度の規模で行うことも決まった。こうして30兆円程度の規模に拡大した同オペレーションは、後述するように「包括的な金融緩和政策」で創設される「資産買入等の基金」に組み込まれることになる。

6月14・15日の金融政策決定会合では、成長基盤強化に資すると判断される民間金融機関の融資を資金供給面から支援していくために、「成長基盤強化を支援するための資金供給」を決めた。これは共通担保を担保として用い、無担保コールレート（翌日物）の誘導目標で金融機関に資金を提供するという点で、固定金利方式の共通担保資金供給オペレーションと同じであるが、貸付期間を1年とし、3回まで借換えを可能とし、最長4年貸し付けることができた。

もっとも、日銀が打ち出したこうした金融緩和策は、リーマンショック後に行ってきた政策の延長上にあるもので、あくまで潤沢な資金供給によって金融市場の安定や、金融機関に円滑に資金がいきわたることによって経済成長力を高めることを主眼に置いたものであった。

つまり、デフレ脱却を確かなものにするための、大胆な量的金融緩和や物価目標の導入には慎重であった。この間、消費者物価は、原油価格が下げ止まりやや上昇してきたこともあって、前年比でみたマイナス幅を縮小させてきた。しかし、それでも小幅でも物価下落が続いていることを背景に、日銀に対してデフレとの戦いを強化するようにという圧力は強まってくる。こうしたなか、日銀は10月4・5日の金融政策決定会合で、「包括的な金融緩和政策」を打ち出してくる。

3 異次元緩和へと続く道

異次元緩和のもとになった「包括的な金融緩和政策」

「包括的な金融緩和政策」の柱は次の三つであった。

① 無担保コールレート（翌日物）を、0～0・1%程度で推移するように促す
・それまでの「0・1%程度で推移」から実質ゼロ金利政策へ移行

② 「中長期的な物価安定の理解」に基づく時間軸の明確化
・物価の安定が展望できる情勢になったと判断するまで、実質ゼロ金利政策を継続

③ 「資産買入れ等の基金」の創設（注5）
・国債（注6）・CP・社債・ETF・J－REITなど、金融資産の買入れのための基

金の創設

この「包括的な金融緩和政策」が白川総裁によるその後の一連の金融緩和策の出発点となると同時に、3年後に登場する黒田東彦総裁のもとでの「2％の物価安定の目標」「量的・質的金融緩和」につながっていったと考えられる。異次元の金融緩和とは、黒田総裁の金融政策を指す言葉であるが、そのもととなるスキームは白川総裁時代にできあがったといえる（**図表4－3**）。

まず、実質ゼロ金利政策に移行したことによって、これ以上の金利引下げがむずかしくなり、資産買入れによる長めの市場金利の低下とリスクプレミアムの縮小を促す方向に重点が置かれるようになる。実質ゼロ金利政策となり、金利の変更が凍結されるなか、金融緩和の強化はもっぱら買入れ枠の増額によって実行されるようになった。金融政策の調節対象が実質的に金利から量にシフトしたと考えることができよう。

これと並行して、物価目標導入に向けてのステップも本格化してくる。日銀が第一次デフレ戦争終結にあわせてつくっていた「中長期的な物価安定の理解」を物価目標に近いものに強化していき、その目標を達成するために金融緩和を続けるスキームができあがってくる。さらに、政府と日銀の間で金融政策についての共同文書や声明を出すことによって、政府の金融政策への関与を強め、中央銀行としての日銀の独立性はますます形骸化していった。

政府・日銀アコード	金利誘導目標
（2009年11月）	
	「実質ゼロ金利政策」 ・無担保コールレート（翌日物）の誘導目標0～0.1％
「デフレ脱却に向けた取り組み」について共同文書 （日本銀行総裁・経済財政担当大臣・財務大臣連名）	
「政府と日本銀行の共同声明」（アコード） （内閣府・財務省・日本銀行）	

図表４－３　異次元金融緩和へとつながった白川総裁の時の金融緩和

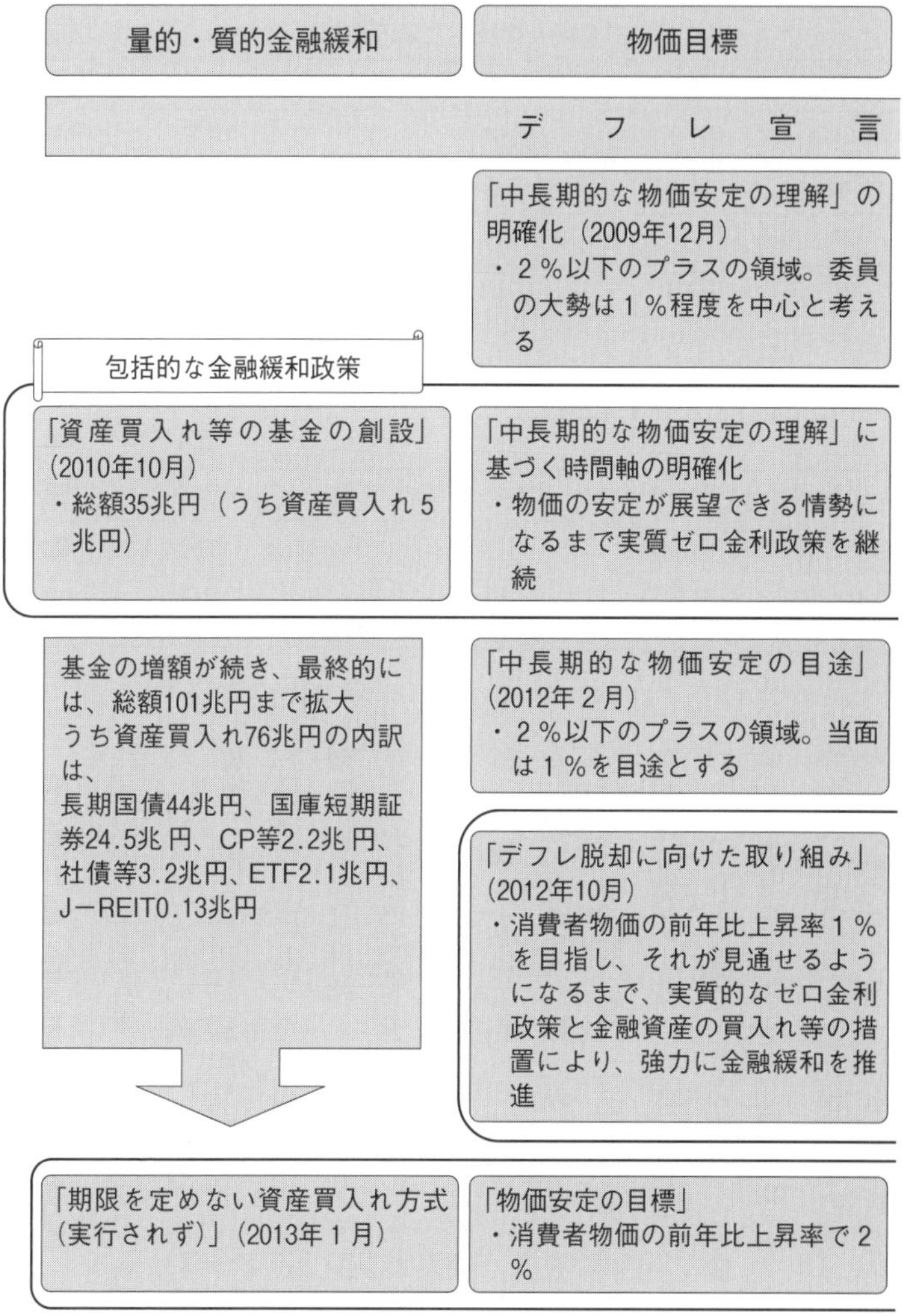
量的・質的金融緩和
物価目標
デ　フ　レ　宣　言
「中長期的な物価安定の理解」の明確化（2009年12月）
・２％以下のプラスの領域。委員の大勢は１％程度を中心と考える
包括的な金融緩和政策
「資産買入れ等の基金の創設」（2010年10月）
・総額35兆円（うち資産買入れ５兆円）
「中長期的な物価安定の理解」に基づく時間軸の明確化
・物価の安定が展望できる情勢になるまで実質ゼロ金利政策を継続
基金の増額が続き、最終的には、総額101兆円まで拡大
うち資産買入れ76兆円の内訳は、
長期国債44兆円、国庫短期証券24.5兆円、CP等2.2兆円、社債等3.2兆円、ETF2.1兆円、J－REIT0.13兆円
「中長期的な物価安定の目途」（2012年２月）
・２％以下のプラスの領域。当面は１％を目途とする
「デフレ脱却に向けた取り組み」（2012年10月）
・消費者物価の前年比上昇率１％を目指し、それが見通せるようになるまで、実質的なゼロ金利政策と金融資産の買入れ等の措置により、強力に金融緩和を推進
「期限を定めない資産買入れ方式（実行されず）」（2013年１月）
「物価安定の目標」
・消費者物価の前年比上昇率で２％

（出所）　日本銀行資料より筆者作成

（兆円）

買入れ残高上限の内訳					
長期国債	国庫短期証券	CP等	社債等	ETF	REIT
1.5	2	0.5	0.5	0.45	0.05
2(＋0.5)	3(＋1)	2(＋1.5)	2(＋1.5)	0.9(＋0.45)	0.1(＋0.05)
4(＋2)	4.5(＋1.5)	2.1(＋0.1)	2.9(＋0.9)	1.4(＋0.5)	0.11(＋0.01)
9(＋5)	4.5	2.1	2.9	1.4	0.11
19(＋10)	4.5	2.1	2.9	1.4	0.11
29(＋10)	4.5	2.1	2.9	1.6(＋0.2)	0.12(＋0.01)
29	9.5(＋5)	2.1	2.9	1.6	0.12
34(＋5)	14.5(＋5)	2.1	2.9	1.6	0.12
39(＋5)	19.5(＋5)	2.2(＋0.1)	3.2(＋0.3)	2.1(＋0.5)	0.13(＋0.01)
44(＋5)	24.5(＋5)	2.2	3.2	2.1	0.13

産別の内訳の合計は一致しないこともある。

日銀による資産購入の拡大

「包括的な金融緩和政策」で導入された「資産買入等の基金」は35兆円程度の規模でスタートするが、このうち30兆円程度はすでにあった「固定金利方式・共通担保資金供給オペレーション（貸付）」の組込みであり、資産買入れのための基金は5兆円程度の規模にとどまった**（図表4－4）**。

しかし、買入れ資産の対象は、それまで買入れ実績のあった国債（導入時買入れ限度2兆円、うち長期国債同1・5兆円）、CP（同0・5兆円）、社債（同0・5兆円）に加えて、相対的にリスク性の高い指数連動型上場投資信託（ETF、同0・45兆円）、不動産投資信託（J

図表４－４　資産買入れ等の基金の規模推移

決定日		買入れ期限目途	資産買入れ等の基金		
年	月日		基金の総額	貸付残高上限	買入残高上限
2010年	10月28日	2011年末	35	30	5
2011年	３月14日	2012年６月末	40(＋5)	30	10(＋5)
	８月４日	2012年末	50(＋10)	35(＋5)	15(＋5)
	10月27日	同上	55(＋5)	35	20(＋5)
2012年	２月14日	同上	65(＋10)	35	30(＋10)
	４月27日	2013年６月末	70(＋5)	30(－5)	40(＋10)
	７月12日	同上	70	25(－5)	45(＋5)
	９月19日	2013年12月末	80(＋10)	25	55(＋10)
	10月30日	同上	91(＋11)	25	66(＋11)
	12月20日	同上	101(＋10)	25	76(＋10)

（注）　カッコ内の数字は前回決定からの増加額。「買入れ残高上限」とその資
（出所）　日本銀行資料より筆者作成

－ＲＥＩＴ、同０・05兆円）にまで広げており、黒田総裁のもとで始まる量的・質的金融緩和の萌芽がみられる。

５兆円で始まった資産買入れ規模も国債を中心に拡大していき、２０１２年になるとほぼ２カ月おきに買入れ規模の拡大が決定されるようになってきた。同年12月19・20日の金融政策決定会合で最後の拡大が行われたときには、基金の総額は１０１兆円となり、「固定金利方式・共通担保資金供給オペレーション」がスタート時より縮小し25兆円となる一方で、買入れ残高の限度額は76兆円にふくれていた。このうち長期国債の買入れ限度が44兆円、短期国債が24・５兆円となっており、実態としては国債を中心とする量的・質的金融緩和の様相を呈して

図表4－5　日銀による長期国債買入れ残高

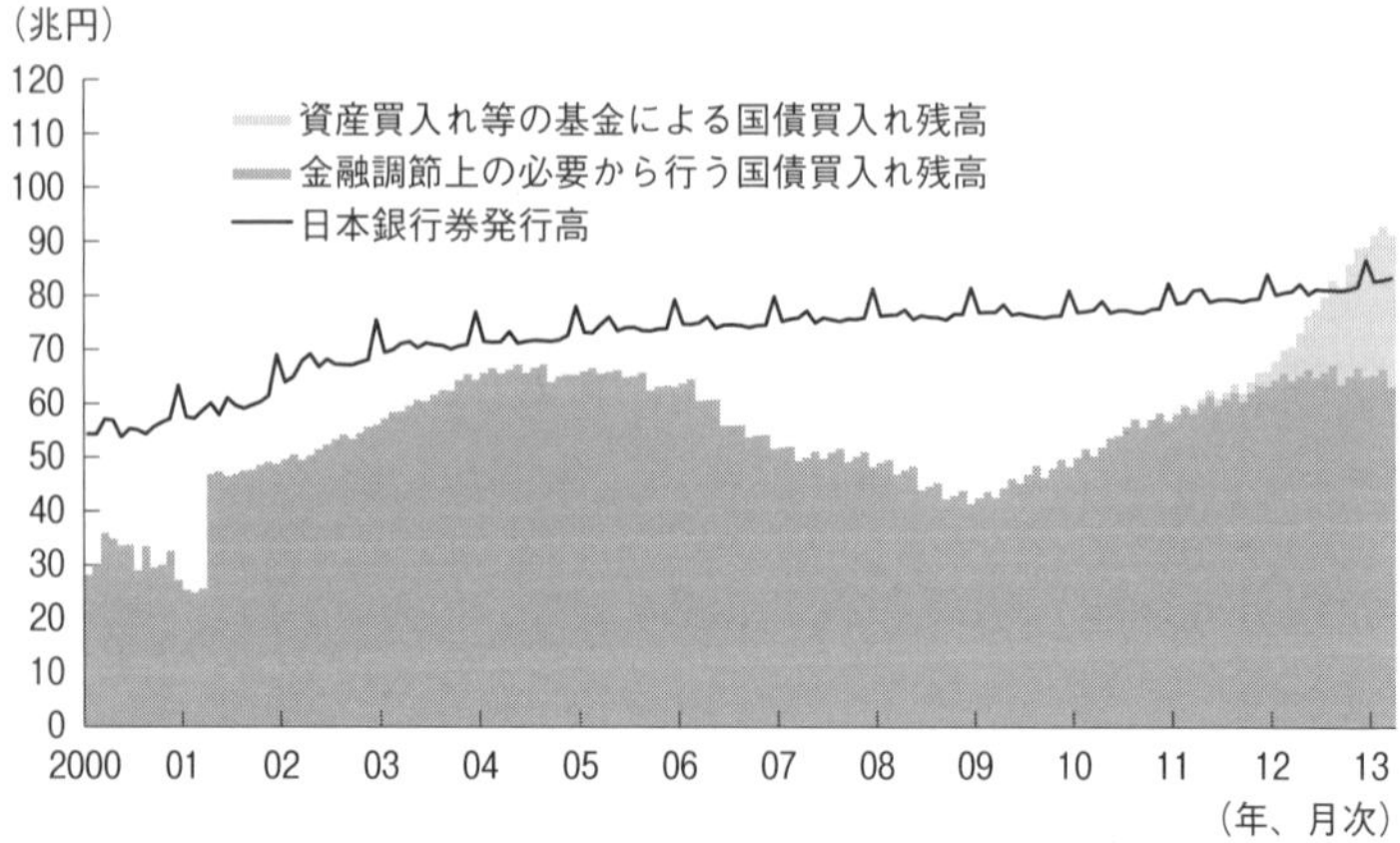

（注）　月末残高。
（出所）　日本銀行ホームページより筆者作成

いた。

ここで長期国債の買入れについて整理しておくと、第3章で確認したように、日銀はリーマンショックへの対応として、国債などの資産の買入れを強化していた。二度目のデフレ宣言が出たときには、月1・8兆円（年間21・6兆円）ペースで長期国債の買入れを行っていた。このため、第一次デフレ戦争終結以降減少傾向にあった日銀保有の長期国債残高は、2009年になると再び増加に転じていた。

日銀が買入れ上限として設定していた、銀行券発行残高にはまだ余裕があったが、量的緩和に踏み切ればこの上限を超えてしまうのは確実であった。そこで、基金の枠で買い入れる長期国債については、買入れ期限の目途を設けたうえで、その期間内で別途上限額を設定することによって、銀行券発行残高ルールが適用されない扱いとなっていた（図表4－5）。

物価目標への道

日銀に対して物価目標の採用を求める声はかなり前からあった。日銀は、物価目標の採用には消極的であったが、金融政策に係るコミットメントやガイダンスに物価を関係づけることで、部分的に物価目標の考え方を採用する試みがなされてきた（図表4－6）。

その萌芽は、1999年2月に始まったゼロ金利政策にみられる。このとき、日銀は「デフレ懸念の払拭が展望できるような情勢になるまで」ゼロ金利政策を続けることとした。デフレ懸念の払拭までという条件は、金融政策決定会合できちんと決議されたものではなかったが、その後の、速水優日銀総裁の記者会見での発言や「当面の金融政策運営に関する考え方（1999年9月21日）」といった文書で確認されることになった。ゼロ金利政策を続けている期間に限定されたコミットメントであり、またデフレ懸念払拭という表現があいまいだという批判はあったが、物価目標に向けての先駆けと位置づけることができよう。

ゼロ金利政策は2000年8月に解除されたが、2001年3月には、政府のデフレ宣言を受け止めるかたちで日銀当座預金残高を操作目標とする量的緩和政策が採用される。この第一次デフレ戦争のときは、すでにみたように、「消費者物価指数（全国、除く生鮮食品）の

図表4－6　日本の金融政策における物価目標に向けての歩み

年月日	金融政策	物価目標に向けての動き
1999年 2月12日	ゼロ金利政策	「デフレ懸念の払拭が展望できるような情勢になるまで」ゼロ金利政策を続ける
2001年 3月19日	量的緩和政策	「消費者物価指数（全国、除く生鮮食品）の前年比上昇率が安定的にゼロパーセント以上となるまで」量的緩和政策を続ける
2006年 3月9日	中長期的な物価安定の理解 （新たな金融政策運営の枠組み）	金融政策運営方針の決定に際し、物価安定のもとでの持続的な経済成長を実現するという観点から点検する枠組みを提示。物価安定の理解としては、「消費者物価指数の前年比が0～2％程度であれば、各政策委員の中長期的な物価安定の理解の範囲と大きく異ならない。委員の（理解）の中心値は大勢としておおむね1％の前後で分散」
2009年 12月18日	「中長期的な物価安定の理解」の明確化	中長期的な物価安定の理解について、「消費者物価指数の前年比で2％以下のプラスの領域にあり、委員の大勢は1％程度を中心と考えている」とし、「ゼロパーセント以下のマイナスの値は許容せず、中心は1％程度と考えている」ことを明確化
2010年 10月5日	「中長期的な物価安定の理解」に基づく時間軸の明確化 （包括的な金融緩和政策）	無担保コールレートの誘導目標を0～0.1％程度に引き下げ（実質ゼロ金利政策）、「中長期的な物価安定の理解」に基づき、「物価の安定が展望できる情勢になったと判断するまで」、実質ゼロ金利政策を継続
2012年 2月14日	中長期的な物価安定の目途	「中長期的な物価安定の理解」にかえて、「中長期的な物価安定の目途」を提示。物価安定の目途は、消費者物価の前年比上昇率で2％以下のプラスの領域にあると判断し、当面は1％を目途とする
2012年 10月30日	デフレ脱却に向けた取組みについて （日本銀行総裁、内閣府特命担当大臣（経済財政政策担当）、財務大臣）	「中長期的な物価安定の目途」に基づき、「消費者物価の前年比上昇率1％を目指して、それが見通せるようになるまで」、実質的なゼロ金利政策と金融資産の買入れ等の措置により、強力に金融緩和を推進
2013年 1月22日	政府・日本銀行の共同声明 （内閣府、財務省、日本銀行）	日銀は、「物価安定の目標を消費者物価の前年比上昇率で2％とする」ことを決定し、共同声明にも明記

（出所）　日本銀行資料より筆者作成

前年比上昇率が安定的にゼロパーセント以上となるまで、継続する」という量的緩和政策の実施期間のメドが、金融政策決定会合の決議を経たコミットメントとして明示された。

こちらも、量的緩和政策を続けている期間に限定されたコミットメントであったが、ゼロ金利政策のときに比べると、明確にかつ透明性をもって物価上昇率に基づく判断基準が示されるようになった。こうした対応は、期間限定ではあるものの、事実上の物価目標の採用に近づいたとみなすこともできよう。

量的緩和政策は2006年3月に解除されるが、日銀はこれにあわせて、「中長期的な物価安定の理解」を発表した。これは、金融政策運営にあたり、日銀政策委員が中長期的にみて物価が安定していると理解する物価上昇率を示すものであった。このときは、消費者物価指数の前年比が0～2％程度であれば、各委員の「中長期的な物価安定の理解」の範囲と大きく異ならないとし、委員の理解の中心値は大勢としておおむね1％の前後で分散していることを明らかにした。「理解」という表現では目標とはいえない、0～2％という範囲を示すだけでは、デフレ脱却を目指す決意としては弱すぎるといった批判はあったが、時限的ではない物価目標の採用にかなり近づいてきた。

2009年11月に、二度目のデフレ宣言が政府によって出されると、物価目標の採用を含めて日銀に対する金融緩和の圧力がさらに高まる。同年12月17・18日の金融政策決定会合では、中長期的な物価安定の理解について、「消費者物価指数の前年比で2％以下のプラス領域にあり、委員の大勢は1％程度を中心と考えている」として、「ゼロパーセント以下のマイナスの値は許容せず、中心は1％程度である」ことが明確化された（「中長期的な物価安定の理解」の明確化）。

翌10年10月の「包括的な金融緩和政策」では、すでに述べたように、無担保コールレートの誘導目標を0〜0・1％程度に引き下げ（変更前は0・1％前後）、実質ゼロ金利政策が始まった。そのうえで「中長期的な物価安定の理解」に基づいて時間軸が明確化され、「物価の安定が展望できる情勢になったと判断するまで、実質ゼロ金利政策を継続していく」ことになった。事実上の物価目標が導入されたと解釈することもできそうだ。

2012年2月には、それまでの「理解」に替えて、「消費者物価の前年比上昇率で2％以下のプラスの領域にあると判断しており、当面は1％を目途とする」という「中長期的な物価安定の目途」が示された。さらに同年10月30日に出された白川日銀総裁、前原経済財政担当大臣、城島財務大臣の連名による共同文書「デフレ脱却に向けた取組について」では、「消費者物価の前年比上昇率1％を目指して、それが見通せるようになるまで、実質的なゼロ金利政策と金融資産の買入れ等の措置により、強力に金融緩和を推進していく」と記されており、物価目標の色彩が一段と強まった。同時に、金融政策に対する政府の関与が一段と強まり、日銀が中央銀行としての独立性を維持して金融政策を行うことがますますむずかしい状況となってきた。

4 終わりなき戦いの始まり

終わる要素がなかった第二次デフレ戦争

唐突な二度目のデフレ宣言で始まった第二次デフレ戦争は、最初から終わる要素のない戦いであった。まず、デフレとの戦いの前に政府と日銀の間の不信感が激しかった。協力しあってデフレと戦う状況ではなく、内閣府はデフレと戦う姿勢をみせない日銀に対して不満をもち、日銀はといえば、デフレ脱却の旗を振りかざして、量的緩和や物価目標を迫ってくる内閣府に不信感をもっていた。

日銀の態度に不満だった内閣府はデフレ宣言によって日銀に金融緩和を迫る包囲網をつくることに成功したが、不信感を募らせた日銀は政府が期待するような思い切った量的緩和や物価目標の採用には慎重な姿勢を貫き、デフレとの戦いに消極的な姿勢を続けた。

日銀としては、物価目標を掲げて量的緩和を拡大しても、それで物価が上がるわけでもなく、さらにいえば物価が1～2％上がれば日本経済の構造問題が解決して成長力が増すとも考えていなかったのではないか。

量的緩和政策といっても掲げる目標は第一次デフレ戦争のときの日銀当座預金残高か、同じことではあるが、黒田総裁のときのようなマネタリーベースである。なぜこれらが目標となるかというと、日銀がコントロールできるのはそこまでだからだ。

本来、量的緩和で経済を活性化する、あるいは物価を上げようとするならば、少なくとも世の中に出回るお金であるマネーストックを目標にしなければならない。しかし、マネーストックをコントロールすることはできない。だから、日銀当座預金やマネタリーベースを目標にする。ここに量的緩和政策のごまかしがある。日銀はそれがわかっているから量的緩和政策に懐疑的なのだ。

ずるずる緩和を拡大した日銀

しかし、日銀がいくら抵抗しても、デフレ脱却という錦の御旗にかなうわけがない。政府からの緩和圧力を前に少しずつ緩和を拡大させてゆく。そのうちに景気がよくなってくれば、多少は物価も上がるだろうという期待があったかもしれないが、実際には物価はあまり上がることはなかった。

日銀にしてみれば、物価目標のようなものを掲げても、日銀が資産を購入してマネタリーベースを拡大させても、物価が上がらないのはわかっていたことなのだが、デフレ脱却の旗を掲げている以上、そういう弁解は許されなかった。「効果がないと思ってやっていても物価が上がるわけがない」「日銀が思い切った金融緩和策を打てば、必ず物価は上がる」といった精神論のような日銀批判が高まるだけであった。

そうしたなかで、日銀のささやかな抵抗は、後戻りできるように歯止めをつくっておくことだったのだろう。長期国債の買入れについては銀行券発行残高を上限としてそこを超えないようにする。あるいは、この上限を超えるケースは買入れ期限と別途上限を設けた資産買入れ等の基金による買入れに限定したのはその表れといえる。

また、CPや社債に加えてETFやJ－REITといったリスクが高めの資産の購入も始めたが、これも金額的には限定的な運用にとどめた。物価目標についても、なるべく金融政策の縛りにならないように表現は工夫された。

後戻りできなかったデフレ戦争

二度目のデフレ宣言から3年間戦ってもうまくいかなかったのだから、そもそも物価目標を掲げて量的緩和を拡大すれば、デフレを脱却できるという考え方は、無理があるのではないかという反省や検証があってもしかるべきだが、そうしたことは行われなかった。あったとしても、それは日銀の努力が足りないからだといった評価がほとんどで、デフレ脱却の意義を問うなどというそもそも論の議論が出てくる余地はなかった。

さらに、デフレ脱却が日本経済にとって一番の課題であり、徹底的に金融緩和すればデフレを脱却できると標榜するアベノミクスが登場し、安倍首相の意向を受け止めた黒田東彦氏が日銀総裁に就任した。金融緩和に最低限の歯止めをつけるという日銀のささやかな抵抗は一掃されるような異次元金融緩和が始まり、第二次デフレ戦争は泥沼の道に入っていく。

【注】

1　8月までの月例経済報告が自民・公明連立政権の、9月以降は民主党政権の景気判断となるわけだが、政権交代にあわせて前政権の景気判断を厳しくするという政治的な意向や官僚の忖度が働いたのではないかという憶測も出てくる。しかし、経済指標をもとに客観的に判断する景気判断が、政治の事情で左右される余地は小さいと考えたい。むしろ、デフレに逆戻りしてしまったのだから、景気にマイナス効果が働いてくるはずだという内閣府的な潜在意識が働いたのかもしれない。

2　水野温氏委員は、企業金融支援特別オペを翌年3月末で完了すること、および社債買入れについて12月末で完了することに反対した。

3　２００９年11月の金融経済月報（11月24日発表）に反映。

4　それまでの表現は、「0～2％程度の範囲内にあり、委員毎の中心値は、大勢として、１％程度となっている」。

5　正確には10月４・５日の金融政策決定会合で決まったのは「資産買入れ等の基金」の創設を検

討することであり、概要も含めて創設が決まったのは、10月28日に開催された次の金融政策決定会合であった。

6　須田美矢子委員は買入れ対象資産として国債を含めることに反対した。反対理由として、債券市場の過熱やバブルにつながるリスクが高いこと、財政ファイナンスを目的とするものとの誤解を与えかねないこと、をあげた。

Box3

政権をとったらあっさり主張を変えた民主党

政権交代早々にデフレ宣言を出し、日銀に一段の金融緩和を迫った民主党だが、野党時代の自分たちの主張をすっかり忘れてしまったようだ。第3章で述べたように、福井総裁と岩田・武藤両副総裁の後任人事は、ねじれ国会のなかで当時野党だった民主党の反対によって、政府が出す候補者が国会での同意が得られずおおいに難航した。

このとき、政府が最初に出してきた案が、総裁候補が武藤敏郎副総裁の昇格、副総裁候補は白川方明氏と東京大学教授で経済財政諮問会議の民間議員でもあった伊藤隆俊氏であった。このうち、白川氏の副総裁就任は同意が得られたが、武藤氏の総裁昇格と伊藤氏の副総裁就任については同意が得られなかった。民主党は、同意しなかった理由として、武藤氏については、財務省出身であり、大量の国債買切りオペを継続することで財政当局の国債管理を助けるおそれがあることをあげ、その後の日銀総裁・副総裁人事でも財務省OBの就任にことごとく反対した。

一方、伊藤隆俊氏については、インフレターゲット論や日銀による長期国債買入れ増額、ETFやREITの買入れ等、日銀の金融政策として必ずしも有効性が担保されていない政策手段を積極的に主張し、今後も主張していくとの立場を変えていないことを、同意しない理由としてあげた。

こうした不同意の理由が妥当なものかどうかは別にして、政権をとった途端に、野党時代の主張を180度変えて、1年前に反対していたはずの政策を日銀に求めていく。実際、民主党政権のときになって、伊藤氏が主張していた政策手段が実現していくことになる。どの政党が政権をとっても、政治家にとって金融政策は円安・株高・低金利の3点セットを実現するための打ち出の小槌でしかないようだ。

もちろん、日銀も民主党が政権をとれば、主張を変えてくることは十分想定していたはずだが、政権をとった直後の豹変ぶりは日銀にとっても想定以上の出来事だったかもしれない。

第5章

アベノミクス登場でデフレ戦争は泥沼の戦いに

第二次安倍晋三政権の誕生と黒田東彦日銀総裁の就任によって、日銀の金融政策は異次元の領域に入ってくる。大胆な金融緩和が影響した円安の進展により物価が上昇に転じ、企業収益の改善による株高なども追い風となって、デフレとの戦いで攻勢に出たかにみえた。しかし、2014年4月に消費税率が8％に引き上げられると景気は減速し、物価の上昇ペースも鈍ってくる。

2年間で2％の物価安定目標を達成するという期限が迫るなか、日銀は「量的・質的金融緩和」をさらに拡大し、マイナス金利政策の導入まで打ち出してくる。しかし、デフレ脱却のために大胆な金融緩和策を打ち出してきたのはここまでだった。物価が上がらないどころか、円安・株高効果もなくなり、「量的・質的金融緩和」の限界がみえてくるなか、デフレとの戦いは泥沼化してくる。

1 金融政策を経済政策の柱に据えたアベノミクス

デフレ脱却をスローガンにしたアベノミクス

民主党政権下でもデフレ脱却のための厳しい金融緩和圧力にさらされた日銀であるが、安倍政権が誕生してアベノミクスが始まると、日銀に対する圧力は一気に高まった。

政府や政治家が日銀に金融緩和を迫るのは昔から当たり前の光景であったが、かつては「金融政策は日銀の専管事項であるが」という明らかに本心ではない決まり文句を入れてから、緩和を迫っていた。しかし、民主党政権の頃からこうした決まり文句が口にされることもなくなり、デフレ脱却の錦の御旗を掲げて露骨に日銀に金融緩和を迫るようになっていた。さらに、安倍政権のもとでは、金融政策は経済政策の一つとして政府が基本方針を定めるものであり、日銀はその方針に従って政策を推進する政府の一部局の位置づけになった。

2012年12月の衆議院選挙で民主党が大敗し、選挙前からデフレ脱却のための金融緩和を主張していた第二次安倍晋三内閣が誕生すると、日銀に対する圧力はそれまでの比ではなくなる。安倍首相は、第一次デフレ戦争（量的緩和政策）が終了したときの官房長官であり、その後の二度の小幅利上げも官房長官さらに首相として経験している。安倍晋三氏は、これらの日銀の政策は明らかに誤りであり、デフレ脱却のためには、日銀に2％の物価目標を掲げさせて、強力な量的金融緩和を行わせる必要があると固く信じていた。

その安倍氏が、国民の圧倒的な支持を得て首相に就任した。安倍首相の経済政策となるアベノミクスは、その後三本の矢として示された「大胆な金融政策」「機動的な財政政策」「民間投資を喚起する成長戦略」を柱とするものであった。

これまでも政府の経済対策にあわせて日銀が金融緩和をして、政府と日銀の協調をアピールするということはあったが、政府が出す経済対策の柱のトップに金融政策をもってくるというのは、初めてのことだった。

挙国一致体制を迫る安倍政権

安倍政権の日銀の金融政策に対する姿勢は、政府との協調を迫るというレベルではなく、政府の政策に金融政策をしっかりと組み込み、デフレ脱却のための挙国一致体制をつくろうというものだった。しかも、必要な場合には日本銀行法の改正も視野に入れるという安倍政権の強硬な姿勢を前に、日銀に抵抗する道はほとんど残されていなかった。中央銀行の独立性といった発想で抵抗しようものなら、日銀の中央銀行としての存在そのものを否定されかねない情勢となった。

挙国一致体制への取組みは安倍政権誕生直後から始まった。その象徴的存在となったのが、2013年1月22日の「政府・日本銀行の共同声明（アコード）」だった（図表5－1）。第4章でみたように、民主党政権末期の12年10月に、白川日銀総裁、前原経済財政担当大臣、城島財務大臣が署名した「デフレ脱却に向けての取組について」において、消費者物価上昇率1％を目指していくこと、そのために強力な金融緩和を推進していくことを確認していたが、新たに合意された共同声明は、日銀、内閣府、財務省の組織としての共同声明であり、その内容もさらに日銀にとって厳しいものとなった。

図表５－１　政府と日本銀行の共同声明

デフレ脱却と持続的な経済成長の実現のための
政府・日本銀行の政策連携について（共同声明）

1．デフレからの早期脱却と物価安定の下での持続的な経済成長の実現に向け、以下のとおり、政府及び日本銀行の政策連携を強化し、一体となって取り組む。

2．日本銀行は、物価の安定を図ることを通じて国民経済の健全な発展に資することを理念として金融政策を運営するとともに、金融システムの安定確保を図る責務を負っている。その際、物価は短期的には様々な要因から影響を受けることを踏まえ、持続可能な物価の安定の実現を目指している。

日本銀行は、今後、日本経済の競争力と成長力の強化に向けた幅広い主体の取組の進展に伴い持続可能な物価の安定と整合的な物価上昇率が高まっていくと認識している。この認識に立って、日本銀行は、物価安定の目標を消費者物価の前年比上昇率で２％とする。

日本銀行は、上記の物価安定の目標の下、金融緩和を推進し、これをできるだけ早期に実現することを目指す。その際、日本銀行は、金融政策の効果波及には相応の時間を要することを踏まえ、金融面での不均衡の蓄積を含めたリスク要因を点検し、経済の持続的な成長を確保する観点から、問題が生じていないかどうかを確認していく。

3．政府は、我が国経済の再生のため、機動的なマクロ経済政策運営に努めるとともに、日本経済再生本部の下、革新的研究開発への集中投入、イノベーション基盤の強化、大胆な規制・制度改革、税制の活用など思い切った政策を総動員し、経済構造の変革を図るなど、日本経済の競争力と成長力の強化に向けた取組を具体化し、これを強力に推進する。

また、政府は、日本銀行との連携強化にあたり、財政運営に対する信認を確保する観点から、持続可能な財政構造を確立するための取組を着実に推進する。

4．経済財政諮問会議は、金融政策を含むマクロ経済政策運営の状況、その下での物価安定の目標に照らした物価の現状と今後の見通し、雇用情勢を含む経済・財政状況、経済構造改革の取組状況などについて、定期的に検証を行うものとする。

（出所）「デフレ脱却と持続的な経済成長の実現のための政府・日本銀行の政策連携について（共同声明）」（2013年１月22日）内閣府、財務省、日本銀行共同声明では、デフレからの早期脱却と物価安定のもとでの持続的な経済成長の実現に向け、政府・日銀は政策連携を強化するとして、日銀は、消費者物価の前年比上昇率で2%を物価安定の目標とすることを約束した。それまでの「目途」が「目標」となり、目指す水準は1%から2%に上がり、その目標は「中長期的」にではなく、「できるだけ早期に」実現するものという位置づけとなった。しかも、日銀独自の目標とはいえ、政府も関与した目標となることで、日銀は世界的にみてもかなり厳しい物価目標を採用させられることとなった。

もっとも、日銀としても政府の主張を100%受け入れたわけではない。まず、2%の物価安定目標達成の前提として、「日本経済の競争力と成長力の強化に向けた幅広い主体の取組の進展に伴い持続可能な物価の安定と整合的な物価上昇率が高まっていくと認識している」という一文があり、金融政策だけで物価目標は達成できないことを主張している。この考えに立てば、アベノミクス効果で円安が進んで一時的に物価が上がっても、それは競争力と成長力の強化に裏打ちされたものではないから、偽りの物価目標達成ということになろう。

さらに、共同声明で日銀は、2%の物価安定目標をできるだけ早期に目指すとしたが、その際、「金融政策の効果波及には相応の時間を要することを踏まえ、金融面での不均衡の蓄積を含めたリスク要因を点検し、経済の持続的な成長を確保する観点から、問題が生じていないかどうかを確認していく」とした。金融政策の効果が出てくるには時間がかかるという制約を認識したうえでの「できるだけ早期」という表現であった。

これに関して、白川氏はその著書『中央銀行』のなかで、日銀は「中長期的な物価安定」を主張したが、政府が2年という明示的な期限の設定に強くこだわり、日銀は前述のようなさまざまな断りを入れたうえで「できるだけ早期に実現することを目指す」という表現で決着した経緯を述懐している。もっとも、こうした白川氏の努力もむなしく、安倍首相の意向を受けた黒田東彦氏が総裁に就任することで、結局2年で2％という目標が設定されることになる。

中央銀行の独立性の喪失

「政府・日本銀行の共同声明」によって、政府は日銀の金融政策に強力に関与することになった。共同声明では、「デフレ脱却と持続的な経済成長の実現のため」政府・日本銀行は政策連携を強化することが謳われている。共同声明のなかで日銀は、物価安定の目標を2％とすることを宣言し、そのために金融緩和を推進し、物価目標を実現することを約束する。

一方、政府は、「経済の再生のため、機動的なマクロ経済運営に努め」「日本経済の競争力と成長力の強化に向けた取組を具体化し、これを強力に推進する」という従来、掲げているような基本方針を確認したにすぎなかった。そのうえで、日銀との連携強化にあたり、財政運営に対する信認を確保する観点から、「持続可能な財政構造を確立するための取組を着実に推進する」としていたが、財政再建目標が先送りされているようでは、政府の約束が実現したとはいえない。

「政府・日本銀行の共同声明」は、少なくとも政府がデフレ脱却を宣言するまで日銀の金融政策を縛るものとなった。共同声明で約束した以上、たとえ達成が困難だと判断しても日銀は2％の物価目標の旗を降ろすことはむずかしく、強力な金融緩和を続けなければならない。事実上、政府が金融政策の基本方針を決定することになり、日銀による金融政策の裁量の余地は狭まる。共同声明は、中央銀行の独立性を否定したかたちでの金融政策運営をもたらすことになった。

日銀は、共同声明の発表に先立って1月21・22日の金融政策決定会合において、2％の物価安定目標の設定と政府・日銀の共同声明について審議し、どちらも賛成多数（賛成7、反対2）で議長案を承認した。佐藤健裕委員と木内登英委員は、物価安定の目標を消費者物価の前年比上昇率で2％とすることに反対した。

佐藤委員と木内委員は反対した理由として、①消費者物価の前年比上昇率2％は、過去20年の間に実現したことがほとんどなく、持続可能な物価の安定と整合的と判断される物価上昇率を大きく上回ること、②中央銀行が2％という物価上昇率を目標として掲げるだけでは、期待形成に働きかける力もさほど強まらない可能性が高く、これを目指して政策を運営することは無理があること、③成長力強化に向けた幅広い主体の取組みが進む前に2％の目標値を掲げた場合、金融政策の信認を毀損したり、市場とのコミュニケーションに支障が生じるおそれがあること、などをあげた。いずれも、その後の日銀の金融政策の姿を見通したような指摘であるが、残念ながらこうした意見が通るような状況ではなかった。

幻に終わった「期限を定めない資産買入れ方式」

1月21・22日の金融政策決定会合では、「期限を定めない資産買入れ方式」の導入も決まった。日銀は、2％の物価安定の目標実現を目指し、実質的なゼロ金利政策と金融資産の買入れ等の措置を、それぞれ必要と判断される時点まで継続するとしたうえで、資産買入れ等の基金の運営について、期限を定めず毎月一定額の金融資産を買い入れることを全員一致で決定した（注1）。

それまで行っていた資産買入れは、すでにみたように、買入れ期限と買入れ額の上限を定めたものであり、これが2013年末まで続くことになっていた。これが終了する2014年初頭から、当分の間、毎月、長期国債2兆円程度を含む13兆円程度の金融資産を買い入れることを決めた。これによって2014年中に基金の残高は10兆円程度増加し、それ以降残高は維持される見込みとした。

これは、期限や買入れ額の上限を定めない思い切った措置ではあったが、黒田総裁の登場によって、これをはるかに上回る資産の買入れが行われることとなり、資産買入れ等の基金そのものが廃止され、この方式が実際に活用されることはなかった。

2 退路を断った異次元の金融緩和

短期決戦を目指した量的・質的金融緩和

2013年3月19日に白川方明総裁、山口廣秀、西村清彦両副総裁が退任し、翌20日に黒田東彦氏が総裁に、岩田規久男氏、中曽宏氏が副総裁に就任した。中曽副総裁は日銀出身であるが、黒田総裁、岩田総裁は長年日銀の金融政策に批判的であり、大胆な金融緩和によるデフレ脱却を目指す安倍首相の意向に沿う人事であった。黒田体制のスタートによって日銀の金融政策は大きく変わることになる。

黒田日銀総裁就任後初めてとなる同年4月3日・4日の金融政策決定会合において「量的・質的金融緩和」の導入が決まった。決定会合後の発表文で日銀は、消費者物価の前年比上昇率2％の「物価安定の目標」を、2年程度の期間を念頭に置いて、できるだけ早期に実現する。このため、マネタリーベースおよび長期国債・ＥＴＦの保有額を2年間で2倍に拡大し、長期国債買入れの平均残存期間を2倍以上に延長するなど、量・質ともに次元の違う金融緩和を行うとした。そのための「量的・質的金融緩和」の内容は以下のとおりであった。

①マネタリーベース・コントロールの採用
・金融市場調節の操作目標を無担保コールレート（金利）からマネタリーベース（量）に変更し、マネタリーベースが年間約60兆〜70兆円に相当するペースで増加するよう金融市場調節を行う
・この方針のもとで、マネタリーベース（2012年末実績138兆円）は2013年末200兆円、2014年末270兆円となる見込み

②長期国債買入れの拡大と年限長期化によりイールドカーブ全体の金利低下を促す
・日銀が保有する長期国債残高が年間約50兆円に相当するペースで増加するよう買入れを行う
・買入れの平均残存期間を国債発行残高の平均並みの7年程度（注2）に延長する。毎月の長期国債のグロスの買入れ額は7兆円強となる見込み

③ETF、J－REITの買入れの拡大（質的金融緩和）
・資産価格のプレミアムに働きかける観点から、ETFおよびJ－REITの保有残高が、それぞれ年間約1兆円、年間約300億円に相当するペースで増加するように買入

れを行う

・ＣＰ等、社債等については、２０１３年末にそれぞれ2・2兆円、３・2兆円の残高まで買い入れた後、その残高を維持する

④

・「量的・質的金融緩和」の継続

に持続するために必要な時点まで継続する

「量的・質的金融緩和」は、２％の「物価安定の目標」の実現を目指し、これを安定的に持続するために必要な時点まで継続する

これらのうち①〜③は全員一致で決まったが、④については木内委員が反対した。

これに関連して、木内委員から、発表文にある①「2年程度の期間を念頭に置いて」を削除し、②その次に、「2年間程度を集中対応期間と位置づけて『量的・質的金融緩和』を導入する」の一文を追加し、③2％の物価安定の目標実現を目指し、これを安定的に持続するために必要な時点まで継続するという「『量的・質的金融緩和』の継続」の段落を削除するという議案が出されたが、反対多数（賛成1、反対8）で否決された。

ただ、こうした部分的な反対意見はあっても、前回会合の白川総裁のときには考えられないような金融政策が、総裁が変わったからといって全員一致で決まるというのは驚きの採決といえよう。単に日銀総裁がかわったということだけではなく、その背後にある安倍政権の誕生が、金融政策の次元を大きく変えてしまったということだろう。

もともと無理があった2年間で2%の約束

量的・質的金融緩和では、マネタリーベースと長期国債・ETFの日銀保有額は2年間で2倍に拡大する計算になっていた。それ自体は高い目標とはいえ達成できるのだが、それがなぜ2%の物価上昇をもたらすのか。数字は同じ「2」であって語呂合わせとしてはわかりやすいかもしれないが、両者を結びつけるロジックはなかった（Box4）。

ちょっとずつ量を増やしても物価が上がってこなかったが、思い切って量を増やせば、人々のインフレ期待が高まり、物価は上がってくるはずだ、ということのようだ。しかしそうであれば、上がり始めた消費者物価が2%で止まる保証はない。慎重に実験しているときに効果がないということがわかってきたのに、止めることができずに、大胆な実験に移行してしまったと理解したほうがよさそうだ。

この大胆な実験は2年で成果を出すことを前提にしており、長期戦になることを想定していなかった。同時に、2年間で成果が出なかったから実験をやめるということでもなかった。実際、後述するように、デフレとの戦いが膠着状態になるにつれて、実験の規模を拡大したり、マイナス金利政策といった新たな実験に取り組んだりすることになった。

前述のように、木内委員が、「2年間程度を集中対応期間と位置づけて『量的・質的金融緩和』を導入する」という考え方を持ち出したのも、そうした危険性を認識していたからだと思われる。ただ、この考え方を採用してしまうと、2年後に2％の物価安定目標を達成できなかったときに、総裁・副総裁は進退窮まってしまう。そこまで退路を断つ覚悟はなかったということかもしれない。

結局、白川総裁があれほど回避しようと努力した2年間で2％の物価上昇を達成するという約束を、黒田総裁が看板として掲げたことにより、日銀は泥沼のようなデフレ戦争に突き進むことになる。

「量的・質的金融緩和」が異次元である理由

「量的・質的金融緩和」は異次元の金融緩和と呼ばれるが、第4章でみたように白川総裁の時代から少しずつ慎重に進められてきた施策がもとになっている。しかし、デフレ脱却をスローガンに掲げたアベノミクスのもと達成困難な物価安定目標が設定され、黒田総裁の登場で日銀保有の長期国債残高が際限なく膨張するようになり、異次元性が一気に増すことになった。

まず日銀は、2％の物価安定目標を導入し、政府・日銀の共同声明のなかでその目標をできるだけ早期に達成することを約束した。物価安定の水準をそれまでの1％から2％に引き上げ、またその位置づけを「目途」から「目標」にした。

2％という物価目標は、実際の日本の物価動向に比べると高く、またその目標を厳格に適用しようとした。それまでの1％の物価目標であれば、運がよければ達成できるレベルだが、2％に引き上げたことで達成のハードルはおおいに高まった。原油など資源価格の高騰や円の急落などによって、輸入物価が急上昇でもしない限り、達成できない水準だ。その後の物価動向をみても明らかなように、無謀な目標設定であった。達成困難な目標を設定すれば、いつまでも金融緩和を続けざるをえなくなる。

たとえ、景気が過熱しても物価が2％上がるまでは、バブルが発生するリスクも顧みず、強力な金融緩和を続けることになる。半永久的に金融緩和を続けるという意味において、異次元の金融緩和であったといえる。

次に、長期国債買入れの歯止めがなくなった。長期国債の買入れについては、白川総裁のときには、日銀が保有する長期国債残高は銀行券発行残高を上限とするという「銀行券ルール」**（注3）**が適用される買入れと、買入れ期限と買入れ額の上限を設定することで「銀行券ルール」の適用を除外する「資産買入れ等の基金」による買入れと二本立てで運用されてきた。

すでにみたように、白川総裁時代の2013年1月の金融政策決定会合で、日銀は、毎月、長期国債2兆円程度を含む13兆円程度の金融資産を買い入れるという「期限を定めない資産買入れ方式」の導入を決めた。これは、買入れ額の上限を定めず、2014年中に基金の残高は10兆円程度増加するという内容であったが、それ以降の残高は保有国債の償還が始

図表５－２　銀行券ルールを突破する日銀による長期国債買入れ残高

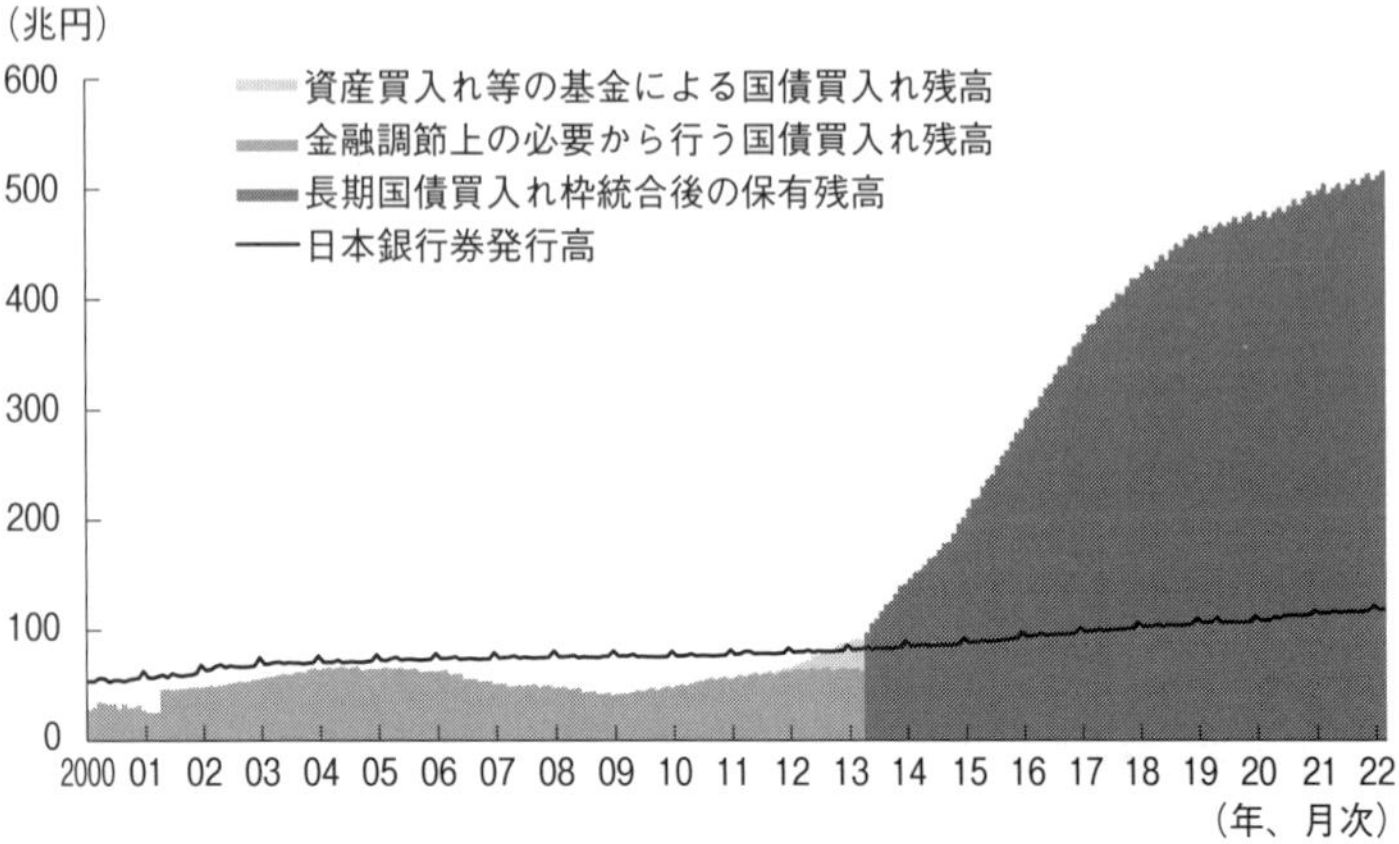

（注）　月末残高。
（出所）　日本銀行ホームページより筆者作成

まることにより、それ以上は残高が増加せず横ばいで推移するように計算されていた。

たしかに、期限や買入れ額の上限を定めない思い切った措置ではあったが、黒田総裁の考えに従えば、これまでの漸進的に、少しずつ量的・質的な緩和を拡大するやり方の域を出ていなかった。

「量的・質的金融緩和」では、「資産買入れ等の基金」が廃止され、金融調節上の必要から行う国債買入れは、年間約50兆円のペースで残高を増加させる長期国債の買入れに一本化されることになった。同時に長期国債買入れに適用されていた銀行券ルールを、「量的・質的金融緩和」の実施に際し、一時停止することになった（注4）。

日銀が、長期国債の買入れに銀行券ルールのような歯止めをつけていた理由は、歯止めなく国債を買い入れて保有すれば、それが財政赤字を補てんする財政ファイナンスとなってしまう、あるいはそうみなされてしまうことを回避したかったからだ。加えて、中央銀行が国債を大量に購入し資産を拡大させてしまうと、中央銀行の信用を損ない、金利上昇やインフレにつながるおそれがあること、また、ふくらんでしまった資産を圧縮することは容易ではないことなどを日銀は認識していたはずだ。

「量的・質的金融緩和」では、こうした日銀の資産膨張を防ぐための歯止めを取り払うことによって、日銀の長期国債保有残高、そしてマネタリーベースを急激に拡大させることを可能にした。まさしく異次元の金融緩和であった（図表5－2）。

3 緒戦は攻勢に打って出た「量的・質的金融緩和」

補完当座預金制度が可能にした大胆な量的緩和

「量的・質的金融緩和」の緒戦は順調であった。年間約50兆円のペースで残高を増やすことを目指した長期国債の買入れは滞りなく進み、マネタリーベースも目標の年間約60兆～70兆円のペースでの増加を達成した。「量的・質的金融緩和」が発表されたときに、その規模の大きさに市場は驚いたが、それはこんなことをやっても大丈夫なのかという驚きであって、その目標を達成すること自体はむずかしい話ではない。銀行は大量の長期国債を保有しており、日銀がありがたい価格で買い取ってくれるのなら最低限必要な分は残して売却に応じる。

さらに、白川総裁のときに導入された補完当座預金制度が順調な資産買入れに力を発揮した。第3章でみたように、補完当座預金制度は、所要準備を超える日銀当座預金の超過準備に0・1%の付利を行う制度として始まった。導入当初の目的は、当時の政策金利であった無担保コールレート（翌日物）が、年末や年度末に急低下しないように下限金利の役割を果たすことにあった。

しかし、その後無担保コールレートが0・1%前後、さらに0〜0・1%へと引き下げられると、下限金利としての役割を果たすことはできなくなり、金融市場の資金需要を上回る潤沢な資金を供給することに目的をシフトさせてくる。

日銀当座預金は本来利息がつかないので、銀行としては所要準備以上の資金を日銀当座預金に滞留させることを嫌う。しかし、購入価格を上回る価格で国債を売却して得た資金に0・1%でも利息がつくのであれば、日銀の国債買切りオペに入札するインセンティブになる。銀行が、日銀当座預金をひたすら増加させて、マネタリーベースを増加させる量的緩和が実体経済にプラス効果があると信じていたとは考えにくいが、日銀当座預金に0・1%付利するのであれば、日銀の大胆な実験なるものにお付き合いしてもよいかというところだったのではないか。それだけに、後になって付利がマイナス0・1%となるマイナス金利政策が出てくると、金融機関の不満が一気に出てくることになった。

円安・株高相場の演出に成功

大胆な金融緩和に乗り出したことは、円安・株高相場を演出するには効果的であった。為替市場では、衆議院解散が決まった2012年11月から、自民党の勝利と大胆な金融緩和を日銀に迫る安倍晋三氏の首相就任を織り込んで、急速な円安が進んだ。2012年後半は1ドル=70円台後半で推移していたが、量的・質的金融緩和の導入が決まった2013年4月以降も円安基調での推移が続き、2014年になると100円台での推移が続くようになる。

円安が進むと輸出企業の円建ての収益が改善するので、為替以外の業務環境が大きく変わらない短期でみると、株価が上昇する要因となった。これが円安・株高相場だ。1万円割れの水準で推移していた日経平均株価は、2014年になると1万3000円台まで回復してきた。一方、円安による輸入物価の上昇は、消費者物価も押し上げた。第二次安倍政権誕生時には小幅ながら下落していた消費者物価は、2014年4月に消費税率が8%に引き上げられる前になると1%台半ばで上昇するようになっていた。

しかし、円安による輸入物価の上昇が物価の上昇をもたらしたのであれば、それは政府・日銀の共同声明で謳われていた「日本経済の競争力と成長力の強化に向けた幅広い主体の取組の進展」に伴った持続可能な物価の安定とはいえない偽りのものであった。

景気もアベノミクスに味方

円安・株高相場をもたらして人々のマインドを改善させたことがアベノミクスの一番の功績といわれており、アベノミクスに対して否定的な見方をしている人のなかにも、円安と株高をもたらした点は功績として評価している人が少なくない。

もっとも、功績かどうかはさておき、アベノミクスによって円安がもたらされたというよりも、すでに東日本大震災の影響もあって日本が貿易赤字を計上するようになり、プラザ合意以降の長期の円高基調が終わりを告げたところに、大胆な金融緩和が始まったことによって、円安の動きが加速したと考えたほうがより正確だろう。

ところで、円安が進むと輸出企業の収益が改善するのは、円安でも現地の販売価格を変えていないからだ。そうであれば、円安にあわせて現地の販売価格を下げることによって輸出数量が増えるということはない。

つまり、円安によって輸出企業を中心に収益が改善して株価が上昇しても、輸出数量の拡大によって景気がよくなることは期待できないはずだ。

しかし、景気動向もアベノミクスに味方した。内閣府経済社会総合研究所の景気基準日付によると、景気は2012年11月、安倍政権誕生の前月に世界経済の回復に伴って底をつけて回復に転じた。つまり、アベノミクスがその後の景気回復をもたらしたわけではないが、絶妙のタイミングで景気回復が始まり、アベノミクスによる円安・株高相場の進展も味方して、メディアでは景気回復という言葉の前に「アベノミクス効果で」という枕詞をつけることが定着した。円安・株高相場が続き、景気が回復軌道に乗って、物価も上昇に転じてきたことを背景に、「量的・質的金融緩和」は幸先のよいスタートを切ったかのようにみえた。

4 消費税率引上げと「量的・質的金融緩和」の拡大

消費増税による幻の景気後退

2014年4月に消費税率が8%に引き上げられると、個人消費が大きく減少し、景気が減速してきた。政府は、8%への消費税率引上げが想定以上に個人消費を下押ししたという見解だが、消費者物価が1%台半ばで上昇しているところに消費増税でさらに2%ポイント上がって、3%台半ばで上昇すれば、所得がほとんど増えていない日本では、実質所得の減少に見合って消費が減るのは当然の結果であった。

景気動向指数（一致・CI系列）の推移で確認すると、2014年3月をピークに低下しており、2016年中頃まで景気が調整していたことがわかる。もっとも、この2014年3月を景気の山と認定するかどうかを決める景気動向指数研究会が開催されたが、山とは認定されなかった（注5）。結果として、いざなぎ景気を超える長期の景気拡大が続いたことになった。

もっとも、後退と認定されなくても、消費増税を境に景気が調整したことは政府も認識していたはずであり、その原因が3％を超える物価上昇が個人消費を減少させたことにあるのもはっきりしていた。

そうであれば、消費者物価が2％上がることが本当に日本経済にとってよいことなのか、政府内で疑問が湧いてきたとしてもおかしくない。「物価が上がるときに所得が増えないということはありません。消費者物価が2％上がるときには、日本経済も元気になっているはずです」という説明には疑問が湧いてくる。このときの教訓が影響したのか、デフレ脱却の旗を掲げながら、政府の経済政策には物価を下げる効果をもつ政策が含まれるようになってくる。

「量的・質的金融緩和」の拡大で戦線拡大

消費税率引上げを受けて景気が調整するなか、円安・株高相場も一服してきた。消費者物価は、消費増税の効果が一巡すると、景気が調整局面に入ったことや2014年後半になると原油価格が急落したことなどが影響して、上昇の勢いが鈍ってきた。2013年4月の「量的・質的金融緩和」導入時に2年間で2％の物価安定目標を達成するという期限が迫るなか、日銀は投入戦力の拡大で膠着した戦線を打開しようと試みる。

2014年10月31日の金融政策決定会合で、日銀は「量的・質的金融緩和」の拡大を決めた。具体的には、次の①～③という内容であった。

① マネタリーベース増加額の拡大
マネタリーベースの増加ペースの目標を、それまでの年間約60兆～70兆円から約80兆円に引き上げる。

② 長期国債買入れ額の拡大
長期国債の買入れの目標を、それまでの保有残高増加額年間約50兆円から約80兆円に引き上げる。また、買入れの平均残存期間をそれまでの7年程度から7～10年程度に延長する。

③ ＥＴＦ、Ｊ－ＲＥＩＴの買入れ拡大

ＥＴＦの買入れの目標をそれまでの保有残高増加額年間約1兆円から約3兆円に、Ｊ－ＲＥＩＴの目標をそれまでの年間300億円から約900億円に引き上げる。

量的目標を引き上げて、資産の買入れペースを拡大して、マネタリーベースの増加ペースを拡大するという、まさしく「量的・質的金融緩和」の拡大であった。引き上げた目標はまずは問題なく達成できるレベルであったが、このペースを維持しようとするといずれ市場の長期国債の玉が不足して、「量的・質的金融緩和」を継続することがむずかしくなるという問題を内包していた。

「量的・質的金融緩和」の拡大は、市場にはサプライズとして受け止められ、もう一段の円安・株高相場が始まる。しかし、それが景気や物価に影響を与えることはなく、景気は調整が続き、物価は2％の物価安定目標には遠く及ばない状況が続いた。

マネタリーベースや日銀が保有する長期国債残高を2倍にすれば、2年間で2％の物価目標を達成するというロジックに問題があったわけで、量の目標を高めたからといって、2％の物価目標を達成できると考えるのはそもそも無理があった。

日銀審議委員の間で広がった不協和音

「量的・質的金融緩和」が部分的な反対意見がありながらも、全員一致で決まったのに対して、その拡大については反対が広がり、賛成5、反対4の僅差の可決となった（注6）。

反対意見としては、「追加的な金融緩和による効果は、それに伴うコストや副作用に見合わない」という指摘が出てきた。

まず、追加緩和の効果については、「追加緩和によって金利は一段と低下すると見込まれるものの、名目金利はすでに歴史的な低水準にあり、実質金利も大幅なマイナスとなっていることや、資産買入れの効果はその進捗とともに累積的に強まる性質のものであり、経済・物価に対する限界的な押上げ効果は大きくない」「『量的・質的金融緩和』は導入時には人々の期待を変化させる効果をもったが、追加的にこれを拡大しても、その効果は導入時と比べてかなり限定的なものにとどまる」といった意見があった。

また、副作用としては、「（金利低下によって）ＭＭＦやＭＲＦなどで運用難のリスクが高まる可能性」「一段の金利低下が金融機関の収益や仲介機能に与える影響」「年間約80兆円の増加ペースで国債買入れを行うと、フローでみた市中発行額の大半を買い入れることになるため、国債市場の流動性を著しく損なうだけでなく、実質的な財政ファイナンスであるとみなされるリスクがより高くなる」「円安が進むことによる、これまで景気回復を下支えしてきた内需型の中小企業への悪影響」といった懸念が示された。

アベノミクスの登場と黒田総裁の誕生で、政府と日銀の挙国一致体制が強まったが、２年間で２％の物価安定目標の達成がむずかしくなるにつれて、日銀内の不協和音が強まってきた。

導入当初から2年間で2％の物価安定目標の達成に懐疑的であった木内委員は、「量的・質的金融緩和」導入後も一貫して、2％の物価安定の目標の実現は中長期的に目指すとしたうえで、「『量的・質的金融緩和』を2年間程度の集中対応措置と位置づけ、その後柔軟に見直すこととする」との議案を提出し続けた。

また、「量的・質的金融緩和」の拡大がなされた後、反対したほかの3委員が賛成に回っても、拡大前の金融市場調節方針が適当であるとして議長案に反対を続けた。さらに、2015年4月7・8日の金融政策決定会合以降は、導入から2年間程度の集中対応措置の期限がきたとして、マネタリーベースおよび長期国債保有残高の年間増加額を約45兆円に引き下げる議案を提出するようになる。

限界がみえてきた「量的・質的金融緩和」

「量的・質的金融緩和」の拡大が決定されてから1年が経過する頃には、当初から懸念されていたように、長期国債の多額の買入れを続けることの限界がささやかれるようになってきた。日銀は、2015年12月17・18日の金融政策決定会合で「量的・質的金融緩和」を補完するための諸措置の導入を決めた。

その内容は、設備・人材投資に積極的に取り組んでいる企業に対するサポートと「量的・質的金融緩和」の円滑な遂行のための措置の二つからなっていた。具体的には、まず、設備・人材投資に積極的に取り組んでいる企業に対するサポートとして、次の3点が決まった。

① 新たなETF買入れ枠の設定（賛成6、反対3）

年間約3兆円の買入れに加え、新たに年間約3000億円の枠を設け、「設備・人材投資に積極的に取り組んでいる企業」の株式を対象とするETFを買い入れる

② 成長基盤強化支援資金供給の拡充（全員一致）

成長基盤強化支援資金供給における適格投融資として、「設備・人材投資に積極的に取り組んでいる企業」を追加する

③ 貸出支援資金等の延長（全員一致）

「貸出増加を支援するための資金供給」「成長基盤強化を支援するための資金供給」などについて、受付期間を1年間延長する

さらに、「量的・質的金融緩和」の円滑な遂行のための措置としては、次の①から③が決定された。

① 日本銀行適格担保の拡充（全員一致）

長期国債買入れに伴って金融機関が保有する適格担保が減少していることをふまえ、外貨建て証書貸付債権を適格担保とするほか、金融機関の住宅ローン債権を信託等の手法を用いて一括して担保として受け入れることを可能とする制度を導入する

② 長期国債買入れの平均残存期間の長期化（賛成6、反対3）
長期国債のグロスの買入れ額が、保有国債の償還額の増加により、増大することが見込まれることから、買入れを柔軟かつ円滑に実施するため、平均残存期間を7～10年程度から、7～12年程度に長期化する

③ J－REITの買入れ限度額の引上げ（賛成6、反対3）
J－REITの銘柄別の買入れ限度額を当該銘柄の発行済投資口の総数の「5％以内」としているのを、「10％以内」に引き上げる

採決の結果をみるとわかるように、「量的・質的金融緩和」の拡大につながる項目については反対票が出てきた。「量的・質的金融緩和」の拡大に反対した、4名の委員のうち、森本委員はすでに退任しており、残りの石田、佐藤、木内の3委員が反対した。約束の2年が経過しても2％の物価安定目標が達成できないなか、安易な戦線拡大に対する審議委員の反対意見が強まってくる。

5 失敗に終わったマイナス金利作戦

反対を押し切って強行したマイナス金利政策

「量的・質的金融緩和」を拡大しても一向に上がる気配がない物価を前に、日銀は新たな実験的政策を打ち出す。マイナス金利政策の導入だ。

2016年1月28・29日の金融政策決定会合で「マイナス金利付き量的・質的金融緩和」の導入が決まった。これは拡大した「量的・質的金融緩和」はほぼそのまま継続したうえで、日銀当座預金の一部にマイナス0・1％の政策金利を付利するというものであった。ここでも補完当座預金制度が活用された。

具体的には、日銀当座預金残高を3段階の階層構造に分割し、それぞれの階層に応じてプラス金利、ゼロ金利、マイナス金利を適用することになった。3段階の階層構造とは以下のとおりであった。

① 基礎残高（プラス0・1％を適用）

「量的・質的金融緩和」のもとで各金融機関が積み上げた既往の残高。具体的には、

２０１５年１～12月積み期間における平均残高までの部分を、既往の残高に対応する部分としてプラス０・１％を適用する。

②　マクロ加算残高（ゼロパーセントを適用）

「所要準備額に相当する残高」と「貸出支援基金および被災地金融機関支援オペによる資金供給残高に対応する金額」の合計を当初の金額としてゼロパーセントを適用する。さらに、日銀当座預金残高が全体として増加することを勘案し、適宜のタイミングで「マクロ加算額（①基礎残高に掛目を掛けて算出）」を加算して、その金額にもゼロパーセントを適用する。

③　政策金利残高（マイナス０・１％を適用）

各金融機関の当座預金残高のうち、①基礎残高と②マクロ加算残高を上回る部分にマイナス金利（マイナス０・１％）を適用する。

読んだだけでは、理解するのはむずかしいが、マイナス金利を適用する金額を日銀がコントロールしたうえで、そこに政策金利としてマイナス金利が付利される。マイナス金利が付利された金融機関は、その負担を軽減するために、マイナス金利でコール市場での取引を行うため、コールレートや他の市場金利もマイナス金利が広がるという仕組みであった。

マイナス金利政策の導入も市場には驚きをもって受け止められ、イールドカーブ全体で金利が低下し、10年国債の利回りですらマイナスになってしまった。もっとも、マイナス金利政策の導入はさまざまな問題をもたらすことが当初から懸念されていた。

まず、安心安全な運用手段がなくなる。高齢化社会が進展し老後の備えが重要になるなかでこれは大きな問題だ。また、資金を調達する側は、ほとんどゼロコストで資金調達が可能になり、ビジネスのリスク管理が甘くなるおそれが出てきた。最大の資金調達者は政府である。借金がふくらみ国債を増発しても、利払い負担がふくらまないのでは、財政構造を改善しようというインセンティブがわいてこない。

金融機関からの反発もあった。金利が極端に低くなることによって、資産運用がむずかしくなることに加え、リスクに見合ったプレミアムをとって貸付を行うことができなくなり、収益環境が急速に悪化する。そもそも、利下げというのは金融機関の調達コストを下げるから金融緩和効果が出てくる。しかし、日銀当座預金は、金融機関からするとゼロ金利が通常とはいえ、調達金利ではなく運用利回りとなる。そこの金利をマイナスにされては、金融機関の経営を圧迫する要因となり、金融緩和効果が出てこない。

さらに、「量的・質的金融緩和」での大量の国債買入れに応じてきたのは、それによって得られる資金についてはプラス0・1％の金利がつくからだ。そこが急にマイナスになってしまったら、日銀の金融緩和に協力するインセンティブはなくなる。

金融政策決定会合の採決も、「量的・質的金融緩和」の拡大のときと同様に、賛成5、反対4と僅差であった。その前の会の会合で、「量的・質的金融緩和」を補完するための諸措置の導入を決めた際に、量的緩和の拡大につながる項目に反対した石田、佐藤、木内委員に加えて、このときは白井さゆり委員も反対に回った。

それぞれの委員の反対理由としては、白井委員は、「量的・質的金融緩和」の補完措置導入直後のマイナス金利の導入は資産買入れの限界と誤解されるおそれがあるほか、複雑な仕組みが混乱を招くおそれがあることをあげた。石田委員は、これ以上の国債のイールドカーブの低下が実体経済に大きな効果をもたらすとは判断されないことをあげた。佐藤委員は、マイナス金利の導入はマネタリーベースの増加ペースの縮小とあわせて実施すべきであるとした。木内委員は、マイナス金利の導入は長期国債買入れの安定性を低下させることから危機時の対応策としてのみ妥当であるとして反対した。

戦線不拡大方針への転換

マイナス金利政策は、通常の利下げによる金融緩和効果を発揮するものではなく、景気刺激効果や物価押上げ効果など期待できないものだった。しかも、強力な金融緩和に踏み込んだというアナウンスメント効果によって、円安・株高をもたらすこともなかった。金利は急低下したが、米国では、景気減速感が強まって追加引締め観測が後退してくるなか、原油価格の下落による貿易収支の黒字化や経常収支黒字の拡大もあって円高が進んだ。さらに、円高と同時に株安も進むことになり、期待していた円安・株高相場とは逆のことが起きてしまった。

いくらデフレ脱却のための政策と説明したところで、円高と株安をもたらす政策を政府が歓迎するはずがない。挙国一致でデフレ脱却を目指すという政府と日銀の協調体制にも隙間風が吹いてくる。マイナス金利政策が失敗に終わったことで、「量的・質的金融緩和」の導入から、その拡大、さらにマイナス金利政策の導入と、デフレとの戦いの戦線を拡大してきた異次元の金融緩和は見直しを余儀なくされる。第二次デフレ戦争は、戦線不拡大方針に舵を切ることになる。

【注】

1 佐藤委員と木内委員は、「期限を定めない資産買入れ方式」の導入には賛成したものの、2％の物価安定の目標を目指し、実質的なゼロ金利政策と金融資産の買入れ等の措置を、それぞれ必要と判断される時点まで継続することに反対した。

2 当時の平均残存期間は3年弱であった。

3 第2章でみたように、日銀は、2001年3月速水総裁のもとで、初めて量的緩和政策を導入したが、それに際して保有する長期国債残高が銀行券（紙幣）の発行残高を下回るという保有残高の上限（銀行券ルール）を採用した。

4 一時停止といっても、銀行券ルールを再び適用することはかなり長期にわたって封印されたというのが実情だ。

5 景気動向指数研究会の資料や議事録をみると、山とは認定しないという結論は微妙な判定だったようだ。リーマンショックやコロナショックのような特別な理由があるときを除けば、景気の変動はかつてに比べると小さくなっている。景気の山・谷を判定するのはむずかしくなっているが、景気動向指数が2年以上も低下傾向を続けているのに、それを「後退していないのだから回復だ」というのはしっくりこない。少なくとも2014年4月以降しばらくは、後退していない以上に、回復していない状況が続いていたと考えるべきだろう。

6 反対は、森本宜久委員、石田浩二委員、佐藤健裕委員、木内登英委員。

Box4

語呂合わせだけでロジックがなかった2年で2%の物価安定目標

マネタリーベースを2倍にすると、消費者物価がなぜ2%上昇するのか。この素朴な疑問は誰もが思うことだった。

「量的・質的金融緩和」の導入を決めた2013年4月3・4日の政策決定会合後の黒田総裁の記者会見において、「2年程度で2%という目標を達成するために今回の措置をとった、すなわち、マネタリーベースと長期国債・ETFの保有額を2年で2倍にするということですが、なぜ2倍なのか、どういう根拠で2倍にすることが必要と判断されたのか、わかりやすく説明してください」という記者の質問が出た。

この質問に対して、黒田総裁は「2年で2％の物価安定目標を達成するのは、相当容易ならざることであることは事実です。しかし、これまでのように、いわばincremental（漸進的）に、少しずつ量的・質的な緩和を拡大するやり方では、このデフレから脱却して2％の物価安定目標を達成することはできないと思います。そこで現在とりうるあらゆる手段を動員して、2年程度でそれを実現するということです。その際、たとえば、GDPギャップがどの程度縮小していく、あるいはポジティブになる必要があるかとか、物価上昇期待がどの程度上昇していく必要があるかといったことなどは、いろいろな学者が分析し、あるいはモデルでの計算等をしているようです。そういったものも考慮しながら、現在の経済状況をふまえ、2年程度で2％の物価安定目標に近づけ、それを実現するためには、これより少ない額では不十分であり、ここまでやれば物価安定目標の達成が可能になるということで、この額としたわけです」と答えている。

マネタリーベースを2年で2倍にすることはできるが、それが消費者物価を2％上げるというロジックは最初からなかった。そうであれば、上がりだした物価が2％で止まる理由もないことになる。

第6章

戦線不拡大方針への転換

大胆な金融緩和を断行すれば、2年間の短期決戦で2％の物価安定目標を達成できるという目論見どおりにはならず、デフレとの戦いは長期化してくる。「量的・質的金融緩和」の見直しを余儀なくされた日銀は、「長短金利操作付き量的・質的金融緩和」を導入する。

金融緩和強化のための新しい枠組みと銘打っていたが、金融調節の目標を量（マネタリーベース）から金利（イールドカーブ）に戻すことによって、マネタリーベースや日銀保有の長期国債残高の増加ペースを抑えることが可能になった。2％の物価安定目標を掲げている以上、日銀はデフレとの戦いを止めることはできなかったが、これ以上デフレ戦争を拡大させないという戦線不拡大方針は明確になってくる。

1 「長短金利操作付き量的・質的金融緩和」の導入

限界に来ていた「量的・質的金融緩和」

２０１６年1月にマイナス金利政策を導入してから半年後の7月28・29日の金融政策決定会合で新たな「金融緩和の強化」が決まった。

日銀の発表文によると、英国のＥＵ離脱問題や新興国経済の減速を背景に、海外経済の不透明感が高まり、国際金融市場では不安定な動きが続いているとして、日本企業と金融機関の外貨資金調達環境の安定に万全を期し、前向きな経済活動をサポートする観点から行った対応となっている。具体的には以下のような内容であった。

①　ＥＴＦ買入れ額の増額（賛成7、反対2）

・年間の買入れペースを3・3兆円から6兆円（**注1**）に増額する

②　企業・金融機関の外貨資金調達環境の安定のための措置（全員一致）

・成長支援資金供給・米ドル特則（企業の海外展開を支援するため、最長4年の米ドル資金を金融機関経由で供給）を120億ドルから240億ドルに拡大する

・米ドル資金供給オペの担保となる国債を、日銀当座預金を見合いとして貸し付ける制度を新設する

このうち、②企業・金融機関の外貨資金調達環境の安定のための措置は全員一致で決まったが、量的・質的金融緩和の拡大に連なる措置である①ＥＴＦ買入れ額の増額については賛成多数での決定であった。反対したのは佐藤委員と木内委員の2人で、2014年10月の「量的・質的金融緩和」の拡大のとき、あるいは2016年1月のマイナス金利政策導入のときの反対4人に比べると減っている。しかし、これはそれぞれの議案に反対した委員がその後退任したことが影響している。

また、政策変更のなかった、ＥＴＦ買入れ以外の「量的・質的金融緩和」については木内

委員の反対が続き、マイナス金利政策については佐藤委員、木内委員の反対が続き、政策決定会合内の意見の違いは続いたままであった。

なお、この会合では、「金融緩和の強化」の決定よりも重要なことが決まった。議長である黒田総裁から執行部に対し、「量的・質的金融緩和」が始まってから3年たっても2％の物価安定目標が達成できていないことをふまえて、3年間の経済・物価動向や政策効果を政策委員会で総括的に検証することが必要であるとして、その準備が指示されたのだ。これが、次の会合での「長短金利操作付き量的・質的金融緩和」の導入につながってくる。

異次元金融緩和の効果と問題点を指摘した総括的な検証

2016年9月20・21日の金融政策決定会合では、「量的・質的金融緩和」導入以降の経済・物価動向と政策効果の総括的な検証が行われた。具体的には、「量的・質的金融緩和」という枠組みと、導入当初から批判が多かったマイナス金利の導入について、総括的な検証がなされた。検証の結果は以下のとおりである。

まず、「量的・質的金融緩和」という金融政策の枠組みについて、予想物価上昇率の押上げと名目金利の押下げにより、実質金利を低下させ、金融環境を改善させ、その結果、物価の持続的な下落という意味でのデフレではなくなったとして、「量的・質的金融緩和」の実績を強調した。

それにもかかわらず、2%の物価安定目標を実現できない理由については、まず、①原油価格の下落、②消費税率引上げ後の需要の弱さ、③新興国経済の減速とそのもとでの国際金融市場の不安定な動きといった外的な要因が発生したため、物価上昇率が低下したことをあげた。そして、もともと適合的な期待形成（注2）の要素が強い予想物価上昇率が横ばいから弱含みに転じたことが、物価安定目標を達成できない主な要因であるとした。

さらに、日本では適合的な期待形成の要素が強いので、実際の物価上昇率が当面低い水準で推移すると、予想物価上昇率の引上げは不確実で時間がかかるとして、フォワードルッキングな期待形成の役割が重要であると指摘した。

そのうえで、「量的・質的金融緩和」による、マネタリーベースの拡大は、物価安定の目標に対するコミットメントや国債買入れとあわせて、金融政策の構造変化をもたらすことにより、人々の物価観に働きかけ、予想物価上昇率の押上げに寄与したと指摘した。そして、マネタリーベースと予想物価上昇率の関係は短期的というより長期的なものであり、マネタリーベースの長期的な増加へのコミットメントが重要であるとした。

次に、マイナス金利の導入については、国債買入れとの組合せが、短期金利だけでなく長期金利も大きく押し下げ、イールドカーブ全般に影響を与えるうえで有効であることが明らかになったとしている。また、国債金利の低下は、貸出・社債・CP金利の低下につながり、金融機関の貸出態度は積極的であり、これまでのところマイナス金利のもとで、金融環境は一段と緩和的になっているとして、マイナス金利政策の緩和効果を強調した。

その一方で、貸出金利の低下は金融機関の利鞘を縮小させることで実現しており、さらなる金利低下に伴う貸出金利への波及については、金融機関の貸出運営方針にも依存するとして、慎重な見方を示した。また、イールドカーブの過度な低下、フラット化は、広い意味での金融機能の持続性に対する不安感をもたらし、マインド面などを通じて経済活動に悪影響を及ぼす可能性があるとして、マイナス金利政策の副作用についても指摘した。

総括的な検証から示唆された政策の方向性

総括的な検証では、「量的・質的金融緩和」という金融政策の枠組みと、その枠組みのなかでのマイナス金利の導入について、基本的には有効なものであり、これからも続けることが適切であると評価した。そのうえで、これらの政策の問題点や副作用の可能性に関する総括的な検証をふまえて、以下のとおり金融政策の方向性が示された。

① 予想物価上昇率をさらに引き上げて、2％の物価安定目標を実現するためには、予想物価上昇率の引上げには時間がかかる可能性があることをふまえ、フォワードルッキングな期待形成を強める手段を導入する必要がある。また、より持続性があり、状況に応じて柔軟に対応できるスキームとする必要がある。

② マネタリーベースについては、長期的な増加にコミットすることが重要である。

③　マイナス金利と国債買入れを適切に組み合わせることにより、イールドカーブ全般に影響を与えることができる。
④　イールドカーブの適切な形成を促すにあたっては、貸出・社債金利への波及、経済への影響、金融機能への影響など、経済・物価・金融情勢をふまえて判断することが適当である。

これらの方向性をふまえて、金融緩和強化のための新しい枠組みとして、「長短金利操作付き量的・質的金融緩和」が決まり、長短金利操作（イールドカーブ・コントロール）とオーバーシュート型コミットメントの導入が決まった。

なお、総括的な検証に関する議長案については、賛成7、反対2（佐藤委員、木内委員）という採決結果であった。佐藤委員は、マネタリーベースと予想物価上昇率は長期的な関係をもつとの記述について、両者の長期的な関係は必ずしも明らかでないとして反対し、フォワードルッキングな期待形成を強める手段を導入する必要があるとの記述について、期待形成を強める有効な手段があるか疑問であるとして反対した。

また、木内委員は、国債買入れの持続性・安定性の低下、日本銀行の財務リスクの高まり、金融市場の流動性や価格発見機能への影響が分析されていないこと、物価安定の考え方、物価決定メカニズムとそれにかかわる政策効果の考え方、物価目標水準の妥当性やその達成に対する政策の方向性について、自身の考え方と異なるとして反対した。

総括的な検証が、マイナス金利政策の導入からわずか8カ月程度で行われ、新たな金融政策の枠組み導入が決まったということは、それだけ、「量的・質的金融緩和」の限界とマイナス金利政策の副作用が、深刻だったと推測できる。その意味で、木内委員の反対理由にあるように、国債買入れの持続性・安定性の低下、日本銀行の財務リスクの高まり、金融市場の流動性や価格発見機能への影響が分析されていないことは、問題である。しかし、そこを正面から分析して公表すれば、それまでの金融政策を否定することになり、日銀としてはとれない選択肢であったと、推測できる。

金融緩和の強化ではなかったイールドカーブ・コントロールの導入

イールドカーブ・コントロールの導入によって、金融市場調節方針は、それまでの「マネタリーベースが、年間80兆円に相当するペースで増加するように」行っていたものが、①日銀当座預金の政策金利残高へのマイナス金利（マイナス0・1％）を引き続き短期の政策金利と位置づけたうえで、②10年物国債金利を長期の誘導金利としてゼロパーセント程度で推移するよう、長期国債の買入れを行うこととなった。

「量的・質的金融緩和」の導入によって、金融市場調節の目標は金利から量に変わったが、「マイナス金利付き量的・質的金融緩和」の導入によって、量と金利の二本立ての調節目標が存在するようになった。「長短金利操作付き量的・質的金融緩和」では、金融市場調節の目標が金利に戻り、量の目標はなくなった。これによって、2013年4月から始まった「量的・質的金融緩和」は大きく転換することになった。

もっとも、量の記述がまったくなくなったわけではなかった。「長短金利操作付き量的・質的金融緩和」を導入したときの日銀の公表文をみると、①日銀保有長期国債残高については、「おおむね現状程度の買入れペース（保有残高の増加額年間約80兆円）をめどとしつつ」と記述されており、②マネタリーベースの残高については、「あと1年強で、マネタリーベースの対名目GDP比率は100％（約500兆円）を超える見込みである」と記述されている。

量が金融調節の目標でなくなった以上、残された量の記述は金融政策に影響するような意味をもたない。長期国債の買入れ額については、年間約80兆円というめどを残しつつも、金利操作方針、つまりゼロパーセント程度への誘導を実現するよう運営することになった。実際、どちらもその後の実績は、「めど」と「見込み」を下回っている。

しかし、量の記述を完全に外してしまうと、「量的・質的金融緩和」の看板も外さなければいけない。それは、「量的・質的金融緩和」導入時に行った、2％の「物価安定の目標」を実現し、安定的に持続するために必要な時点までこの政策を継続するという約束に反するものであり、日銀としてはできない選択であった。約束違反を避けるために、かたちのうえだけでも量の記述を残す必要があったのではないか。

さらに、10年物国債金利の誘導目標ゼロパーセント程度も、長期国債保有残高の増加額年間約80兆円というめども、どちらも「おおむね現状程度」の水準を継続するものであり、金融政策としての継続性が保たれることになった。つまり、枠組みは大きく変わったが、それ自体は金融緩和の強化ではなく、金融緩和政策の持続性を高め、将来の追加緩和手段を確保するための枠組みの強化と位置づけられるものであった（Box5）。

金融緩和強化のための新しい枠組み

このため日銀は、金融政策決定会合後に公表された金融市場調節方針では、具体的な追加緩和の手段として、イールドカーブ・コントロールの要となる短期政策金利と長期金利（10年物国債金利）操作目標の引下げをあげ、「今後、必要な場合、さらに金利を引き下げる」という一文をつけた。また、すでに金融市場調節の目標ではなくなったが、「量的・質的金融緩和」以来実施してきた、資産買入れの拡大や、マネタリーベースの拡大ペースの加速も、引き続き有効な追加緩和手段として掲げられた。

もっとも、実際には、政策金利も10年国債金利の誘導目標も据え置かれたままで、追加の金融緩和は実施されていない。また、マネタリーベースや日銀保有の長期国債残高の増加ペースは、その後しばらく低下傾向が続くことになる。つまり、追加緩和どころか、新しい枠組みを導入して、金融調節の目標を量から金利に戻していなければ、金融緩和の大幅な後退とみなされるような変化が起きたことになる。

なお、日銀はイールドカーブ・コントロールを円滑に行うため、日銀が指定する利回りによる国債買入れを行う指値オペを導入した。具体的には、イールドカーブがおおむね現状程度の水準から大きく変動することを防ぐため、金利が上昇した場合などには、10年金利、20年金利などを対象とした指値買入れを実施するというものであった。

指値オペは、その後、10年金利が上昇幅を広げる局面で何度か実施されることになる。日銀の調節方針を逸脱する金利の上昇を抑える手段を準備したという点では、金融緩和の強化といえなくもない。

オーバーシュート型コミットメントの導入

総括的な検証において、2%の物価安定目標を実現するために必要とされたフォワードルッキングな期待形成を強めるために採用されたのが、「オーバーシュート型コミットメント」であった。

日銀は、「量的・質的金融緩和」を導入したときから、この政策を、「2%の物価安定の目標の実現を目指し、これを安定的に持続するために必要な時点まで継続する」ことを約束していた。オーバーシュート型コミットメントでは、まず「量的・質的金融緩和」を「長短金利操作付き量的・質的金融緩和」と読み替えたうえで、この政策を継続することをあらためて確認した（注3）。

また、マネタリーベースについては、「消費者物価指数（除く生鮮食品）の前年比上昇率の実績値が安定的に2％を超えるまで、拡大方針を継続する」ことを約束した。目標である2％を超えてもまだマネタリーベースの拡大方針を継続するから、オーバーシュート型コミットメントであり、そうすることによって物価安定の目標の実現に対する人々の信認を高めることが適当であると判断したと、日銀は説明している。

たしかに、これは、すでにみた総括的な検証から示唆された金融政策の方向性と合致する対応であり、理屈は通っている。しかし、佐藤委員が包括的な検証への反対意見でも指摘しているように、マネタリーベースの拡大と予想物価上昇率の上昇との間に、短期的にも長期的にも関係があるとは考えにくく、オーバーシュート型コミットメントが、フォワードルッキングな期待形成を強める手段として有効というのは無理があろう。

日銀は、オーバーシュート型コミットメントが、2％の物価安定目標の早期実現に向けての日銀の強い決意の表れと主張したかったようだが、約束の2年間で目標を達成することができず、3年半が過ぎても目標達成のメドが立たなかったのに、目標を超えても金融緩和を継続すると宣言したところで、フォワードルッキングな期待形成に変化が生じるとは考えにくい。

全員一致とはいかなかった新しい枠組みの導入

なお、長期国債以外の資産の買入れ方針、すなわち質的金融緩和については、前の回となる7月28・29日の会合の方針が維持された（注4）。こうして新しい枠組みがスタートすることになったが、全員一致での決定とはいかなかった。

まず、政策変更がなかった長期国債以外の資産の買入れ方針、質的金融緩和については、佐藤委員と木内委員が反対した。佐藤委員は、約6兆円のＥＴＦ買入れは、市場の価格形成や日本銀行の財務健全性に及ぼす悪影響などをふまえると過大であるとして反対した。また、木内委員からは、（今回の政策変更前までのように）資産買入れ額を操作目標とする枠組みとしたうえで、「長期国債保有残高が年間約45兆円、ＥＴＦが約1兆円に相当するペースで増加するよう買入れを行う」などの議案が提出されたが反対多数で否決された。

加えて、イールドカーブ・コントロールの導入と関係する金融市場調節方針に関する議案でも、木内委員と佐藤委員が反対した。佐藤委員は、短期政策金利をマイナス０・１％、10年金利の目標をゼロパーセント程度とすることは、期間10年までの金利をマイナス圏で固定することにつながりかねず、金融仲介機能に悪影響を及ぼすとして反対した。

木内委員は、国債市場や金融仲介機能の安定の観点から、短期政策金利はプラス０・１％が妥当であり、長期金利操作目標は国債買入れペースの一段の拡大を強いられるリスクがあるとして反対した。なお、木内委員は、指値オペの導入についても、国債市場の機能を損ね、金融市場全体の価格体系をゆがめかねないとして反対した。

さらに、対外公表文に含まれるオーバーシュート型コミットメントについて、佐藤委員が、現実的な目標設定でなく効果も期待できないなどとして反対した。また、木内委員からは、公表文からオーバーシュート型コミットメントに係る記述を削除するとともに、今後の金融政策運営方針について、2%の「物価安定の目標」の実現は中長期的に目指すことなどとする議案が提出されたが、反対多数で否決された。

Box5 日銀が使う三つの「メド」

日銀は「メド」という言葉を3通りの表記で使い分けている。それぞれが意味することは微妙に違うが、その違いは一般の人にはわかりにくい。金融政策を理解するには、霞が関ならぬ本石町《ほんごくちょう》文学(日銀の本店所在地の日本橋本石町に由来する)を知らなければならない。

まず「目処」だ。日銀が初となる量的緩和政策を採用した2001年3月の金融政策決定会合では、量的緩和政策の実施期間の「目処」として消費者物価を採用することを決めた。消費者物価指数(全国、除く生鮮食品)の前年比上昇率が安定的にゼロパーセント以上となるまで、量的緩和政策を継続することを約束したものであった。「目処」という言葉にあまり深い意味はないのだが、それを使うことによって、長めの金利の低下を促す時間軸政策という位置づけがよりはっきりしてくる。

次に「目途」だ。2006年3月に量的緩和政策の解除を決めたときに、日銀当座預金残高の削減は、数カ月程度の期間を「目途」としつつ、短期金融市場の状況を十分に点検しながら進めていくことが決まった。「目途」という言葉を使うことによって、日銀としては数カ月程度という期間を念頭に置くというニュアンスを出そうとした。「目途」は「目処」よりは強い表現といえる。

「目途」は、2012年2月に発表した「中長期的な物価安定の目途」でも使われた。物価目標の採用を迫る政府に対して、「目標」という言葉に縛られるのを嫌う日銀は、量的緩和政策の解除を決めたときに「中長期的な物価安定の理解」を発表した。しかし、あくまで物価目標の採用を迫る政府に対して、日銀が次に出したのは「目途」であった。ニュアンスとしては、達成しなければならない目標というよりも、努力目標として目指すべき姿ぐらいのイメージだったようだ。

その後2012年10月の「デフレ脱却に向けた取組について」では、この「目途」を目指して、金融緩和を推進するという意味合いも加わり、最終的には2013年1月の政府・日本銀行の共同声明で「目標」という言葉が使われるようになった。「目途」は「目標」ではないが、「理解」よりは日銀の物価を上げようという意思を示す文言であった。

ちなみに、日銀の英訳では、「理解」は"thinking"、「目途」は"goal"、「目標」は"target"となる。

そして、三つ目が「めど」だ。2016年9月に「長短金利操作付き量的・質的金融緩和」を導入し、長期国債の保有残高の増加目標はなくなったが、買入れ額については、おおむね現状程度の買入れペース（保有残高の増加額年間約80兆円）を「めど」としつつ運営することになった。しかし、すでにみたように、実際の買入れペースは低下基調を続け、増加額はゼロに近づいてきた。

長期国債の買入れは、10年物国債金利がゼロパーセント程度で推移するように行うことになり、長期国債の保有残高の増加額をコミットする必要はなくなっていた。ただ、激変緩和の意味合いもあって、政策変更当初は現状程度の買入れペースを「めど」としたのだろう。「目途」ではなく平仮名の「めど」を使うことによって、80兆円は努力目標ですらない、ほとんど意味のない数字となった。

2

新しい枠組みがもたらした第二次デフレ戦争の転換点

戦線不拡大のための巧みな工作

新しい枠組みの導入は、日銀の公式見解としては、2%の物価安定目標を達成するための、金融緩和強化の枠組みを整えたことになる、言い換えればデフレと戦う日銀の強い姿勢を示すものであった。しかし、この枠組みをよくみると、マネタリーベースや日銀が保有する長期国債残高の増加目標を外すことによって、際限なき量の拡大に歯止めをかけ、金利調節の自由度をわずかながらも拡大することによって、長期金利ですらマイナスになってしまうような急激な金利低下を修正し、さらに、2%の物価目標を実質的に中長期的な目標とすることによって、物価目標による金融政策運営への縛りを軽減することをねらった、巧みな工作が仕組まれていたのではないか。

まず、オーバーシュート型コミットメントは、物価が2%を超えてもマネタリーベースの拡大方針を続けることを約束することで、物価上昇に対する中央銀行の強い決意が示され、結果としてフォワードルッキングな期待形成を強めることによって、予想物価上昇率を押し

図表6－1　オーバーシュート型コミットメントが可能にしたマネタリーベースの拡大抑制

オーバーシュート型コミットメント
1　日本銀行は、2％の「物価安定の目標」の実現を目指し、これを安定的に持続するために必要な時点まで、「長短金利操作付き量的・質的金融緩和」を継続する
2　マネタリーベースの残高は、イールドカーブ・コントロールのもとで短期的には変動しうるが、消費者物価指数（除く生鮮食品）の前年比上昇率の実績値が安定的に2％を超えるまで、拡大方針を継続する

→ 逆から読むと →

2％の物価安定目標を実現していなくても

「長短金利操作付き量的・質的金融緩和」を継続して、マネタリーベース残高の拡大方針を継続していれば

↓

マネタリーベースや日銀保有の長期国債残高の増加ペースを下げること（テーパリング）ができる

（出所）　筆者作成

上げる効果があるとされた。

しかし、このコミットメントを逆から読むと、2％の物価安定目標を実現していなくても、「長短金利操作付き量的・質的金融緩和」を継続し、マネタリーベース残高の拡大方針が維持されているのであれば、マネタリーベースや日銀が保有する長期国債残高の増加ペースを落とすことができるようになった（**図表6－1**）。

しかも、イールドカーブ・コントロールの導入に

図表6－2　マネタリーベースと日銀保有長期国債残高の前年比増加額

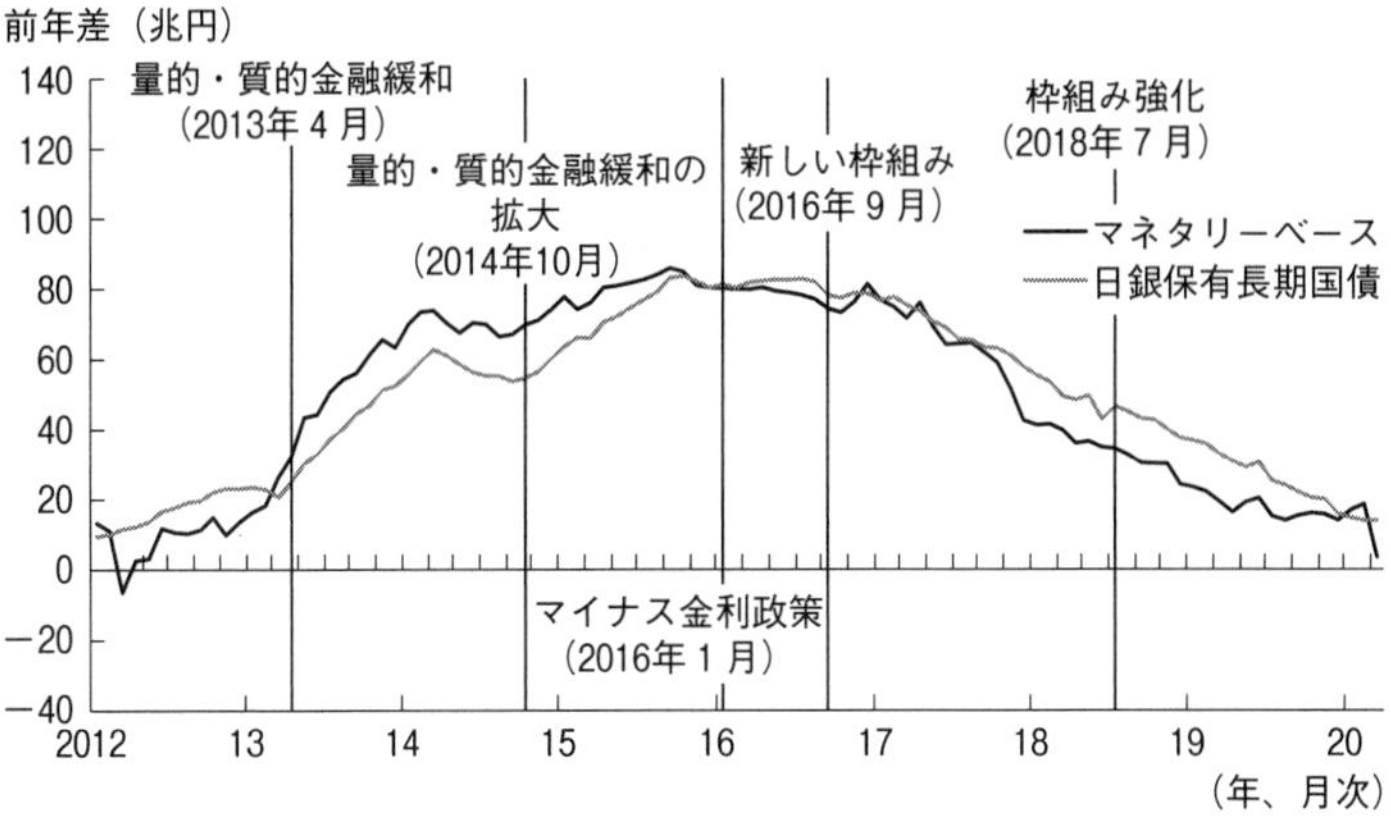

（出所）　日本銀行「マネタリーベース」「日本銀行勘定」より筆者作成

よって金融市場調節の目標が量から金利に切り替わっているので、マネタリーベースや日銀保有の長期国債残高の増加ペースが低下しても、金融緩和の後退ではないと説明することが可能になった。

長期国債の買入れペースはそれまでの買入れペース（保有残高の増加額年間約80兆円）をめどとすることになったが、あくまで10年物国債金利が誘導目標であるゼロパーセント程度で推移するよう買入れを行うことになった。ゼロパーセント程度が維持されていれば、長期国債の買入れペースが低下してもかまわなくなった。マネタリーベースについても、イールドカーブ・コントロールのもとで短期的に変動するものとなった。拡大方針が維持されている限りは、限りなく横ばいに近づけることすら可能になった。

実際、新しい枠組み導入の効果は明白で、マネ

大方針

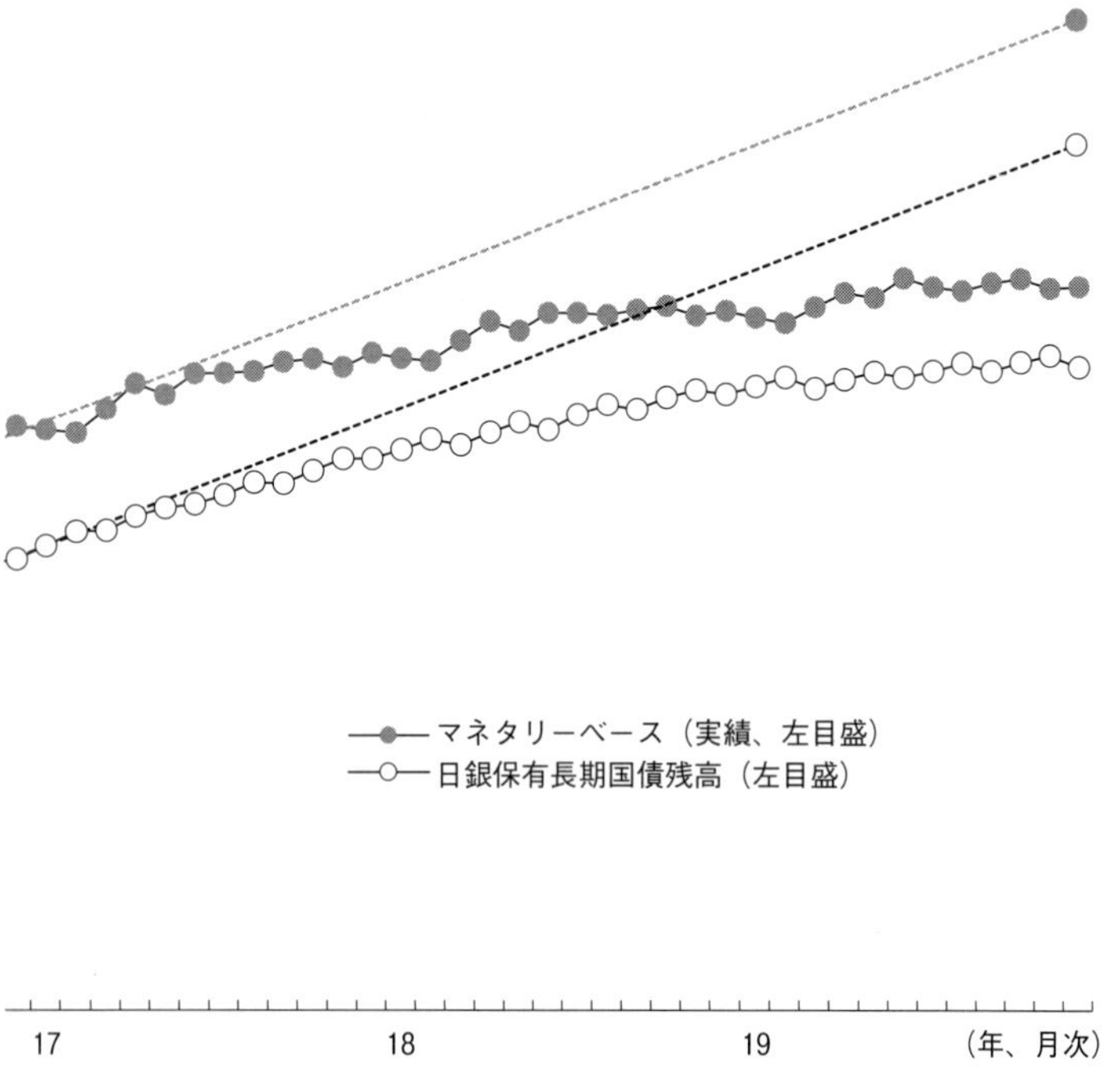

要因と金融調節」より筆者作成

図表６－３　マネタリーベースと日銀保有長期国債残高でみる戦線不拡

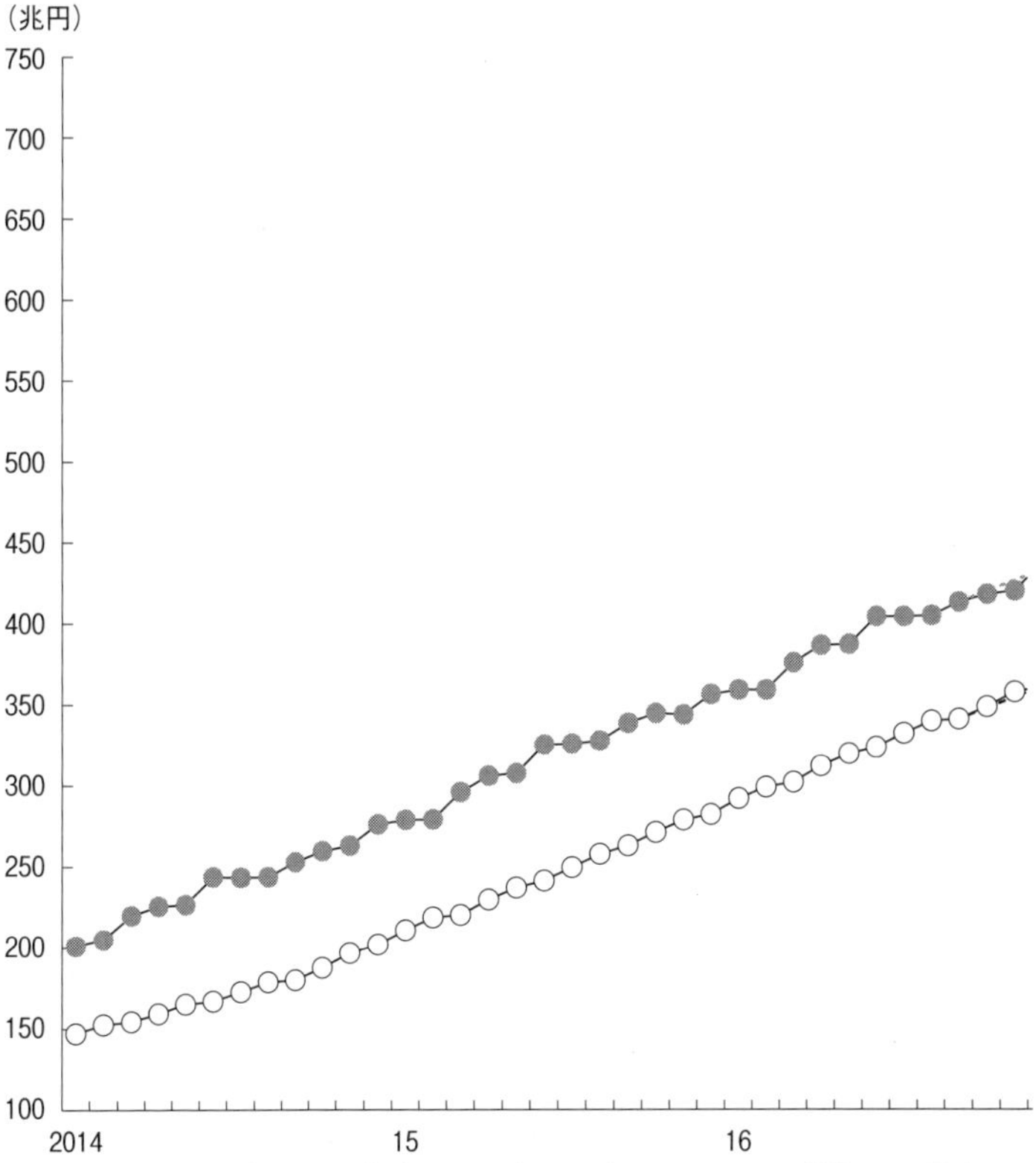

（注）　点線は2016年９月を基準として年間80兆円のペースで増加した場合。
（出所）　日本銀行「マネタリーベース」「日本銀行勘定」「日銀当座預金増減

タリーベースも、日銀保有長期国債残高も、これを境に増加ペースが急速に低下し、「量的・質的金融緩和」を導入する前の水準に戻ってきた（図表6－2）。

また、残高の水準でみると、マネタリーベースも日銀保有長期国債残高も年80兆円ペースで増加していた状況から、残高がほとんど増加しないようになっており、第二次デフレ戦争が戦線不拡大方針に大きく舵を切ったことが読み取れる（図表6－3）。

もし、量の目標を維持したままであったら、このような大胆な政策変更は許されなかったはずだ（Box6）。

異常な低金利を解消させたイールドカーブ・コントロール

イールドカーブ・コントロールの導入によって、日銀当座預金の政策金利残高への付利である短期の政策金利（マイナス0・1％）と、新たに長期金利の誘導目標となった10年物国債金利（ゼロパーセント）を軸に長短金利を操作して、イールドカーブの適正な形成を促すことになった。すでに述べたように、ゼロパーセントというおおむね現状程度の水準であり、表向きのメッセージは、それまでの低金利を継続しますというものであった。

ここで重要なのは、「イールドカーブの適正な形成を促す」というメッセージだ。この表現は、金融政策決定会合の対外公表文の本文には出てこないが、別紙でつけられた総括的な検証の基本的見解に出てくるほか、決定会合後の黒田総裁の記者会見でも使われている。これに対して、2013年4月の「量的・質的金融緩和」導入時と2014年10月の「量的・質的金融緩和」の拡大時以降、長期国債の買入れ方針の説明では、「イールドカーブ全体の金利低下を促す観点から」という表現が使われてきた。

この表現にマイナス金利の導入効果が加わって、10年金利がマイナス領域で大幅に低下し、2016年の7月にはマイナス0・3%程度まで低下していた。金利低下を促すという表現を外して、イールドカーブの適正な形成を促すということは、異常な金利低下は好ましくないので、適正な水準にもっていくという日銀のメッセージだったと考えられる。

実際には、7月28・29日の金融政策決定会合で、総括的な検証作業を行うことが明らかになったときから、金利の急低下をけん制するようななんらかの対策が出てくるとの思惑から、10年金利は上昇に転じ、イールドカーブ・コントロールが導入されるときには、適正水準であるゼロパーセント程度まで戻っていた。イールドカーブ・コントロール導入後も、長期国債の買入れペースが低下してきたこともあって、しばらく10年金利はゼロパーセント程度での推移が続いた。イールドカーブ・コントロール導入によって金利の急低下を防ぐという日銀の思惑どおりの展開となった（図表6－4）。

それでも、佐藤委員が、イールドカーブ・コントロールの導入に反対する理由としてあげたように、期間10年までの金利をマイナス圏で固定することになりかねず、金融仲介機能に悪影響を及ぼすリスクはあった。誘導目標がゼロパーセント程度ということは、そこを中心

図表６－４　10年物国債金利の推移

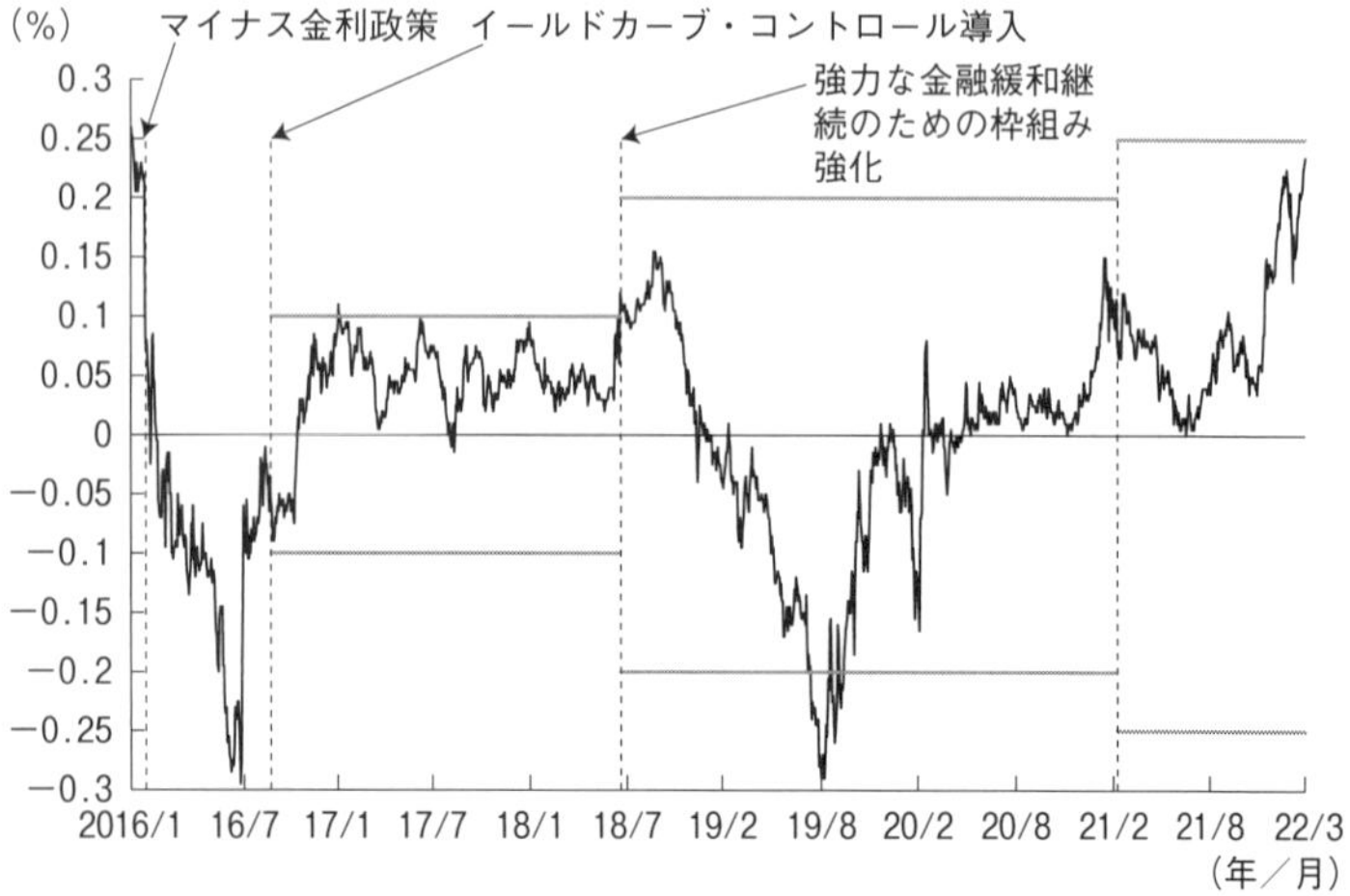

（注）　太い横線（――）は、日銀が想定、示唆、あるいは明示した変動レンジ。±0.25％への変動幅拡大は第７章で述べる2021年３月の「より効果的で持続的な金融緩和について」で決定。
（出所）　日本銀行「金融経済統計月報」より筆者作成

に多少の変動幅は容認されるわけだが、どの程度の変動幅が容認されるかは明示されておらず（注5）、日銀にとってある程度の変動幅を確保して、金利調節の自由度を高めることが課題として残された。

２％の物価安定目標は事実上の中長期目標に

２％の物価安定目標を２年間で達成すると宣言しながら、３年以上たっても一向に達成のメドが立たない状況に陥って、日銀に対する批判が強まっていた。総括的な検証では、原油価格下落などの外的要因の発生により実際の物価上昇率が低下してしまい、適合的期待形成を経て予想物価上昇率が低下してしまったことを、物価目標が達成できない理由としてあげた。

そのうえで、日本では適合的期待形成が予想物価上昇率に与える影響が大きいので、物価安定目標によるフォワードルッキングな期待形成が必要であり、そのためにはマネタリーベースの長期的な増加にコミットすることが重要である。それゆえオーバーシュート型コミットメントを導入するというのが、日銀が導き出した結論であった。

一方で、総括的検証では、マネタリーベースと予想物価上昇率は、短期的というよりも、長期的な関係をもつものと考えられるとした。そうであれば、外的要因により実際の物価上昇率が下がってしまった以上、2%の物価安定目標を2年間で達成するというのはもはや現実的目標ではないということになる。こうして、物価安定目標は、事実上、中長期的に達成すべき目標となったと考えられる。

第5章でみたように、2013年1月の政府・日銀の共同声明では、2%の物価安定目標を中長期的な目標としたい日銀に対して、政府が2年間で達成することを強く迫り、結果として、「金融政策の効果波及には相応の時間を要することを踏まえ」るなど、さまざまな断りを入れたうえで、「できるだけ早期に実現することを目指す」ことになった。それにもかかわらず、同年4月に就任した黒田総裁は、「2年程度の期間を念頭に置いて、できるだけ早期に実現する」ことにしてしまい、自縄自縛してしまった。日銀としては、こうした状況をせめて、共同声明のレベルまで戻すことができたともいえる。もっとも、中長期的目標としても目標を達成できないことに変わりはなかった。

3 金融政策の自由度を高めた「強力な金融緩和継続のための枠組み強化」

新しい枠組みを導入しても達成できない物価安定目標

イールドカーブ・コントロールやオーバーシュート型コミットメントを導入して、金融緩和強化のための新しい枠組みを導入しても、2％の物価安定目標の達成には程遠い状況が続いた。原油価格が上昇に転じたため、消費者物価（除く生鮮食品）の上昇率もやや高まったが、それでも前年比1％程度の上昇にとどまっていた。2016年9月の「長短金利操作付き量的・質的金融緩和」開始から2年近くが、また2013年4月の「量的・質的金融緩和」開始からは5年以上が経過して、日銀もなんらかの対応を迫られるようになっていた。

2018年7月30・31日の金融政策決定会合において、「強力な金融緩和継続のための枠組み強化」が決まった。強力な金融緩和を粘り強く続けていく観点から、「長短金利操作付き量的・質的金融緩和」で導入した「金融緩和強化のための新しい枠組み」をさらに強化する措置として、新たに「政策金利のフォワードガイダンス」を設定したほか、イールドカーブ・コントロールの持続性を高めるために、長期国債買入れの弾力化、10年金利の変動幅拡大などの措置がとられた。

政策金利のフォワードガイダンス

政策金利のフォワードガイダンスは、「日本銀行は、2019年10月に予定されている消費税率引上げの影響を含めた経済・物価の不確実性を踏まえ、当分の間、現在のきわめて低い長短金利の水準を維持することを想定している」というものであった。政策金利のフォワードガイダンスといっても、政策金利や誘導目標の10年物国債金利はもとより、イールドカーブ全体にわたる指針と考えられる。

イールドカーブ・コントロールの導入で、金融調節の目標がマネーの量から金利に戻ったが、マネタリーベースについてはオーバーシュート型コミットメントが用意されたものの、金利に関しては先行きの指針が示されていなかった。金利に関するフォワードガイダンスを導入するのは当然の対応であった。

もっとも、「当分の間」という表現はあいまいで、消費税率引上げを意識して1年ちょっと先までの短い期間を想定したフォワードガイダンスであった。後述のように10年金利の変動幅拡大が容認されたため、金利上昇の思惑が出てくる可能性があったことも、フォワードガイダンスを採用する一因になったと思われる。

しかし、「現在のきわめて低い長短金利の水準を維持する」という表現だと、拡大した変動幅まではきわめて低い金利水準ということになるので、現在の水準からの金利上昇余地の広がりをもたらすおそれもあった。さらに、オーバーシュート型コミットメントでは、消費者物価の上昇率が安定的に2％を超えるまで、マネタリーベースの拡大方針を続けることを約束していたのに対して、政策金利のフォワードガイダンスでは、物価安定目標とのリンクが外されていた。

こうしたこともあって、政策金利のフォワードガイダンスには、原田泰委員と片岡剛士委員から反対意見が表明された。まず、原田委員は、物価目標との関係がより明確となるフォワードガイダンスを導入することが適当であるとの意見を表明した。また、片岡委員は、2％の「物価安定の目標」をできるだけ早期に達成する観点から、きわめて低い長短金利水準を維持するコミットメントではなく、中長期の予想物価上昇率に関する現状評価が下方修正された場合には追加緩和手段を講じるとのコミットメントが適当であるとの意見を表明した。

変動幅が広がった10年物国債金利

10年物国債金利の金融市場調節方針については、「ゼロ％程度で推移するよう、長期国債買入れを行う」という基本方針は変わらなかったが、「その際、金利は、経済・物価情勢等に応じて上下にある程度変動しうるもの」との文言が加わった。これだけなら当たり前の説明にすぎないが、政策決定会合後の記者会見で黒田総裁が、「なお、長期金利の変動幅については、「イールドカーブ・コントロール」導入後の金利変動幅、おおむね±0・1%の幅から、上下その倍程度に変動しうることを念頭に置いています」と補足説明を行った。

誘導目標はゼロパーセント程度で変わらず、変動幅を上下に広げるものであり、それは国債市場の機能を改善するうえで望ましいからである。だから政策変更ではない、というのが日銀の説明であり、「金利が急速に上昇する場合には、迅速かつ適切に国債買入れを実施する」ことを公表文にも明記していた。黒田総裁は記者会見で「金利水準の上昇や引上げを意図しているわけではありませんので、金利が急上昇したような場合には、迅速にオペなどで対応していくということです。金利水準を引き上げようという意図はまったくありません」と強調した。

もっとも、意図的に金利を引き上げることはしないが、金利の変動幅を広げた以上、市場の実勢として金利が上昇する動きをこれまで以上に容認するということになる。イールドカーブ・コントロールと一緒に導入された指値オペの実施状況をみると、それまでは10年金利が0・1%を超えて上昇しそうなときには、指値オペが実施されて金利の上昇を抑えてきた。結果として、国債の金利変動幅はおおむね±0・1%の幅に収まっていた（図表6－4）。

±0・2％に変動幅を広げるということは、プラス0・1％を超えても指値オペを行わず、プラス0・2％までの上昇を容認するということになる。実際、この後しばらくは指値オペが行われず、10年金利は上昇することになった。

10年物国債金利の変動幅を広げることについても、原田委員と片岡委員が反対した。原田委員は、長期金利が上下にある程度変動しうるものとすることは、政策委員会の決定すべき金融市場調節方針としてあいまいすぎるとして反対した。

また、片岡委員は、物価が伸び悩む現状や今後のリスク要因を考慮すると、10年以上の幅広い国債金利を一段と引き下げるよう、金融緩和を強化することが望ましく、長期金利操作の弾力化は「ゼロ％程度」の誘導目標を不明確にするとして反対した。

国債買入れ額の弾力化

10年物国債金利の変動幅拡大にあわせて、買入れ額の弾力化が図られた。買入れ額については、長期国債の保有残高の増加額年間約80兆円をめどとすることは変わらなかったが、「弾力的な買入れを実施する」ことが明記された。もっとも、この頃の長期国債保有残高の増加額は前年比40兆円台にまで減少しており、いくら拘束力のない「めど」とはいえ80兆円台という数字を使うこと自体が無理な状況になっていた。

ただ、80兆円という数字を外してしまうと、金融緩和の後退と受け止められ、金利が急上昇するなど市場が混乱するおそれもあったので、弾力的な買入れを実施するという表現を加えたものと考えられる。現状の追認といえる措置であるが、その後も長期国債保有残高の増加額は減少傾向が続き、2020年初めには10兆円台前半にまで低下し、量的・質的金融緩和が始まったときの水準（20兆円台前半）をも下回るようになってきた。80兆円という数字を使うことがますます苦しくなっていく。

なお、ETFおよびJ−REITについては、保有残高が、それぞれ年間約6兆円、年間約900億円に相当するペースで増加するよう買入れを行うという方針に変更はなかった。ただ、ここでも、国債買入れと同様に、「資産価格のプレミアムへの働きかけを適切に行う観点から、市場の状況に応じて、買入れ額は上下に変動しうるものとする」という、買入れの弾力化を図る措置がとられた。

4 追加緩和圧力の回避にも有効だったフォワードガイダンス

政策金利のフォワードガイダンスの明確化

2018年7月に「強力な金融緩和継続のための枠組み強化」で導入された「政策金利の

フォワードガイダンス」は、2019年4月24・25日の金融政策決定会合で、その明確化と称して、ガイダンスに修正が加えられた。

「現在のきわめて低い長短金利の水準を維持することを想定している」というコミットメントはそのままにして、前半の想定期間の部分を、「2019年10月に予定されている消費税率引上げの影響を含めた、経済・物価の不確実性を踏まえ、当分の間」から「海外経済の動向や消費税率引上げの影響を含めた経済・物価の不確実性を踏まえ、当分の間、少なくとも2020年春頃まで」に変更した。消費税率の引上げが半年後に迫るなかで、消費増税後も長短金利を低水準で推移させるつもりであるという日銀のメッセージを伝えるための明確化であった。

この政策金利のフォワードガイダンスの明確化に対して、原田委員と片岡委員が、フォワードガイダンスを導入したときと同様の理由で反対意見を表明した。原田委員からは、フォワードガイダンスを見直すにあたっては、物価目標との関係がより明確となるガイダンスとすることが適当であるとの意見が表明された。

また、片岡委員からは、2%の物価目標の早期達成のためには、財政・金融政策のさらなる連携が重要であり、日本銀行としては、中長期の予想物価上昇率に関する現状評価が下方修正された場合には追加緩和手段を講じるとのコミットメントが必要であるとの意見が表明された。

マイナス金利深掘り観測をかわした日銀

政策金利のフォワードガイダンスは、日銀が長期金利を上げようとしているのではないかという市場の懸念を払うためのものであった。しかし、10年金利の上昇は米金利の上昇に連動した動きであったため、米国で金融緩和観測が広がり、実際に緩和が行われ、米金利が低下に転じてくると、日本の10年金利も低下に転じ、2019年になると再びマイナス金利に転じることになる。

消費税率引上げによる国内景気の先行き懸念が広がるなか、米FRBが同年7月に予防的な利下げに転じ、日銀に対する追加金融緩和の期待が高まってきた。結果として、金利上昇懸念を払うために導入した政策金利のフォワードガイダンスが、追加の金融緩和観測を強めるような効果をもつようになってきた。

日銀は、こうした追加緩和観測を無理に否定するのではなく、むしろそうした期待を高めるようなメッセージを送ってきた。7月29・30日の金融政策決定会合では、政策金利のフォワードガイダンスは維持したまま、政策決定会合後に公表される公表文で、「特に、海外経済の動向を中心に経済・物価の下振れリスクが大きいもとで、先行き、「物価安定の目標」に向けたモメンタムが損なわれる惧れが高まる場合には、躊躇なく、追加的な金融緩和措置を講じる」という一文が付け加えられた。

9月18・19日の金融政策決定会合では、政策金利のフォワードガイダンスを維持したまま、「このところ、海外経済の減速の動きが続き、その下振れリスクが高まりつつあるとみられるもとで、日本銀行は、「物価安定の目標」に向けたモメンタムが損なわれる惧れについて、より注意が必要な情勢になりつつあると判断している。こうした情勢にあることを念頭に置きながら、日本銀行としては、経済・物価見通しを作成する次回の金融政策決定会合において、経済・物価動向を改めて点検していく考えである」という文言を加えた。

日銀審議委員の間からも政策金利の引下げを求める意見が出てくる。片岡委員は、政策金利をマイナス0・1％で据え置く金融市場調節方針に対して、金融緩和を強化することが望ましいとして反対を続けていたが、7月と9月の金融政策決定会合では、反対理由として、短期政策金利を引き下げることで金融緩和を強化することが望ましいことをあげるようになった。

これだけ、追加金融緩和期待を盛り上げれば、次の10月30・31日の金融政策決定会合では、追加の金融緩和措置がとられるとの期待が高まって当然だが、日銀がとった一手は、そうした期待に肩透かしを食わせるものであった。

新たな政策金利のフォワードガイダンスという〝くせ玉〟

10月30・31日の金融政策決定会合では、まず、前回の会合からの宿題であった「物価安定の目標」に向けたモメンタムの評価について検討された。その結果出てきた判断は、「『物価安定の目標』に向けたモメンタムが損なわれる惧れについて、一段と高まる状況ではないものの、引き続き、注意が必要な情勢にある」というものであった。

この判断をふまえて、日銀が設定した新たな政策金利のフォワードガイダンスは、「日本銀行は、政策金利については、『物価安定の目標』に向けたモメンタムが損なわれる惧れに注意が必要な間、現在の長短金利の水準、または、それを下回る水準で推移することを想定している」というものだった。

この難解なフォワードガイダンスは、「利下げの可能性を示唆」したものとして報道されたが、それは金融政策決定会合後の記者会見での黒田総裁の発言を尊重したまでだ。そうした発言がなければ、この文章を読んで将来の利下げを示唆と読める人はあまりいないだろう。というよりも、素直に読んだらそうは読めない（注6）。

日銀のフォワードガイダンスの前半部分はかなりあいまいな表現だ。「『物価安定の目標』に向けたモメンタムが損なわれる惧れに注意が必要な間」とはどういうときか。少なくとも物価安定の目標を達成できないうちは、注意が必要な状況だ。当分の間、ひょっとすると半永久的にこうした状況が続くかもしれない。

一方、後半部分は当然の状況をなぞっているにすぎない。政策金利は、「現在の長短金利の水準、または、それを下回る水準で推移することを想定している」とあるが、政策金利を起点にイールドカーブが形成されるのだから、政策金利が長短金利水準を下回るのは当たり前だ。それができないということは、イールドカーブの適切な形成ができない。すなわち、イールドカーブ・コントロールができていないということだ。そして、新たなフォワードガイダンスを導入する2カ月前までは、日銀は長短金利の水準が政策金利を下回る状況に直面していた。

新たなフォワードガイダンスに基づくと、政策金利が長短金利の水準を上回った場合に、日銀には二つの選択肢がある。

一つ目が、政策金利を引き下げて追加金融緩和を行うことだ。たとえば、市場の利下げ期待が強くて長短金利を、政策金利を上回る水準に誘導できないときには、政策金利を引き下げることになる。市場に追い込まれて利下げするパターンだが、日銀が、新しいフォワードガイダンスが追加緩和の可能性を示唆していると主張するのは、こうした展開を想定していることになる。

二つ目の選択肢は、長短金利を高めに誘導することだ。10年物国債金利がマイナス0・1%の政策金利を下回っていても、誘導目標のゼロパーセントに近づくように誘導して、イールドカーブ・コントロールが適切に機能するようにすればよい。長短金利を政策金利より高い水準に維持できるのであれば、追加金融緩和を行う必要がないということになる。日銀が実際に選択したのはこちらのほうであった（図表6－5）。

図表6－5　新しいフォワードガイダンスを守るための二つの道

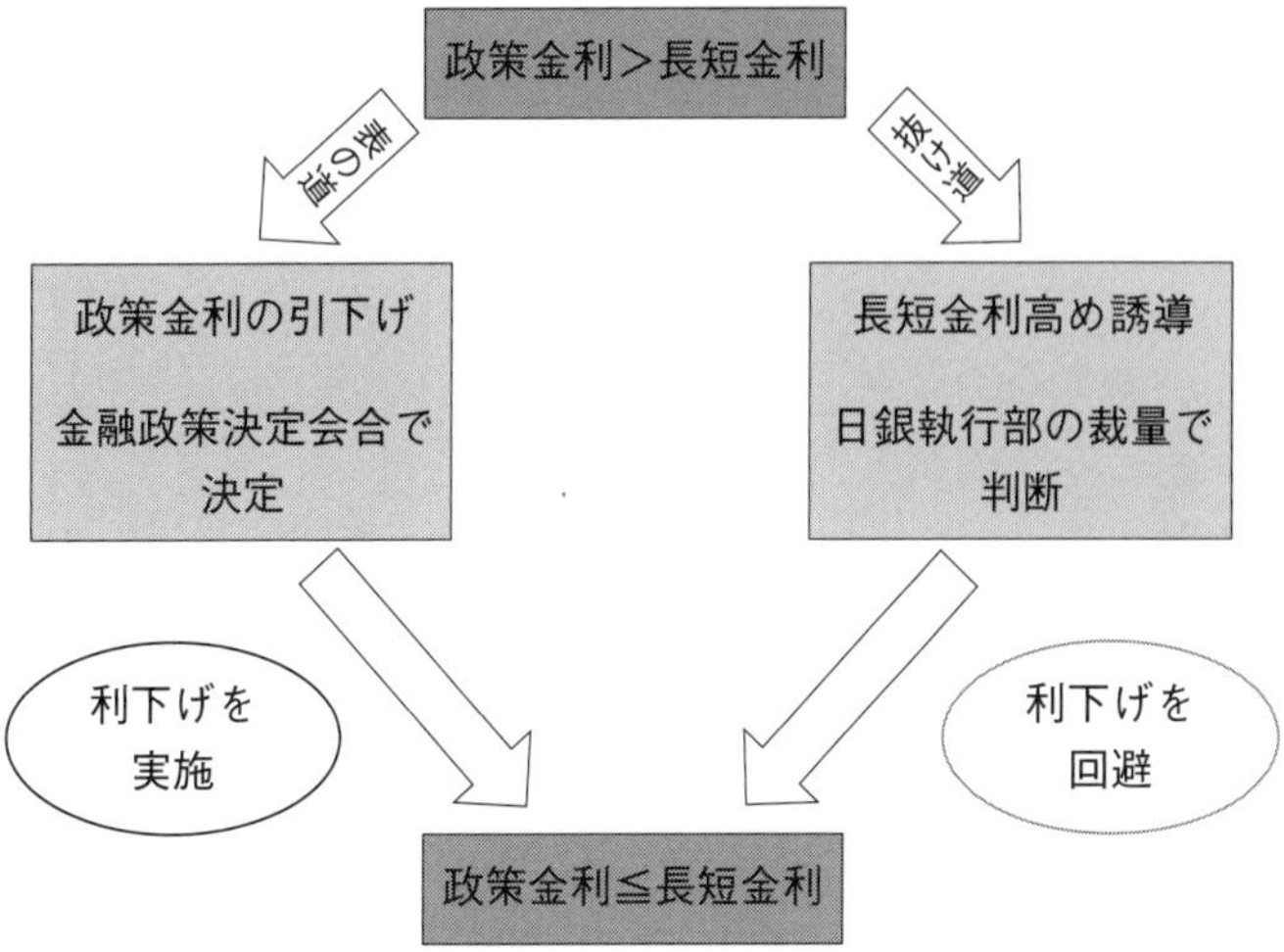

（出所）　筆者作成

10月31日の金融政策決定会合を前に、日銀は金融市場調節によって、10年物国債金利や無担保コールレート（翌日物）など長短金利の水準を上げていった可能性がある。9月初めにはマイナス0・3％近くまで低下していた10年金利であるが、10月に入ってからマイナス幅を縮小し、10月31日の政策決定会合以降は、政策金利を上回る水準を中心に推移している。

日銀の新しいフォワードガイダンスが、利下げの可能性を示唆したというのは建前上の解釈であり、長短金利が政策金利を上回る水準に誘導することによって、利下げを回避する抜け道を用意したというのが実態に合った評価だろう。

新しいフォワードガイダンスにも不満だったリフレ派

政策金利のフォワードガイダンスは新しいものにかわったが、それはもとのフォワードガイダンスに不満をもっていたリフレ派審議委員の期待に沿った変更ではなく、政策金利の引下げも行われなかった。このため、金融政策決定会合の決議ではこれまでと同様の反対が続いた。

まず、「物価安定の目標」に向けたモメンタムの評価については、片岡委員が、物価上昇率の実績値、需給ギャップ、予想物価上昇率の動向をふまえると、「物価安定の目標」に向けたモメンタムはすでに損なわれているとして反対した。

また、新たな政策金利のフォワードガイダンスについても、片岡委員が、2％の物価目標の早期達成のためには、財政・金融政策のさらなる連携が必要であり、日銀としては、政策金利のフォワードガイダンスを、物価目標と具体的に関連づけた強力なものに修正することが適当であるとして反対した。

さらに、現状維持となった金融市場調節方針については、前回会合と同様に、原田委員が、長期金利が上下にある程度変動しうるものとすることは、政策委員会の決定すべき金融市場調節方針としてあいまいすぎるとして反対し、片岡委員は、短期政策金利を引き下げることで金融緩和を強化することが望ましいとして反対した。

5 長期戦への対応を整えた日銀

新しい枠組み導入以降の建前と本音

2016年9月の金融緩和強化のための新しい枠組みの導入は、異次元金融緩和の名のもとに拡大を続けてきた量的・質的金融緩和の転換点となった。2年間で2％の物価安定目標を達成するという目算が狂ったのに、長期国債を同じペースで買い続けていけば、そうした枠組みがいずれ破綻するのは明白であり、戦線不拡大方針への転換は必然であった。

一方で、デフレ脱却の旗を降ろしたわけではなく、2％の物価安定目標の達成のために、デフレと戦う姿勢を示していないといけない。このため、これ以降の日銀が打ち出す政策は、デフレと戦う姿勢を強調する建前の部分と、デフレとの戦いをこれ以上拡大しないという本音の部分を併せ持った政策となる。

まず、デフレと戦う姿勢を強調するのは、オーバーシュート型コミットメント、政策金利のフォワードガイダンスとその明確化、さらに新たな政策金利のフォワードガイダンスといった、金融政策の先行きへの約束が担う役割となった。もっとも、そうした約束が金融政策の自由度を縛らないような工夫もされていた。２％の物価安定目標と関連づけられていた約束は、量的・質的金融緩和の継続とマネタリーベースの拡大基調の継続だけだった。

そして、この二つの約束を守っていれば、日銀保有の長期国債残高もマネタリーベースも、拡大ペースを落とすことが可能になった。国債の買入れペースを落としていけば、金利の急低下を抑えることができる。イールドカーブ・コントロールを導入し、さらに誘導目標である10年物国債金利の変動余地を広げて、金融市場調節の自由度をある程度回復したこともあって、マイナス金利導入による極端な金利低下という問題も落ち着いてきた。

日銀保有の長期国債残高とマネタリーベースの前年比増加幅の推移をみると、量的・質的金融緩和の導入とその拡大によって掲げられた目標に沿って80兆円超まで増加してきたが、２０１６年10月に新しい枠組みが導入されて以降はどちらも増加ペースが減速し、２０１９年終わり頃には10兆～20兆円程度と、量的・質的金融緩和が導入される前の水準まで低下した。少なくとも量的緩和という点では、日銀の新しい枠組み導入以降の戦線不拡大作戦はほぼ完了した。結果として、量的・質的金融緩和という枠組みを続けることが可能になり、日銀は長期戦への体制を整えることができた。

【注】

1　６兆円のうち３０００億円は２０１５年12月の金融政策決定会合で決定した「設備・人材投資

に積極的に取り組んでいる企業」を対象とするＥＴＦの買入れの実施に伴うもの。

2　適合的期待形成は、過去の物価上昇率や物価予想をもとに、将来の物価上昇率を形成していく、バックワードルッキングな期待形成である。デフレあるいは低い物価上昇が続いていれば、予想物価上昇率はなかなか上がらない。これに対して、合理的期待形成は、物価に関係する現時点で利用可能な、物価以外の情報を含むあらゆる情報をすべて利用して期待を形成するもので、フォワードルッキングな期待形成となる。日銀は、予想物価上昇率は、中央銀行の物価安定目標によるフォワードルッキングな期待形成と、現実の物価上昇率の影響を受ける適合的な期待形成の二つの要素によって形成されるとして、日本の場合は、適合的な期待形成の影響が大きいとしている。もっとも、フォワードルッキング（合理的）な期待形成は中央銀行の物価安定目標だけで決まるものではないと考えられる。

3　２０１６年1月に「マイナス金利付き量的・質的金融緩和」を導入したときも、「量的・質的金融緩和」を「マイナス金利付き量的・質的金融緩和」と読み替えたうえで、「2％の物価安定の目標の実現を目指し、これを安定的に持続するために必要な時点まで継続する」ことを約束していた。「長短金利操作付き量的・質的金融緩和」では、この政策継続の約束に、マネタリーベース拡大方針継続の約束を加えて、オーバーシュート型コミットメントとしたと考えられる。

4　ＥＴＦおよびＪ－ＲＥＩＴについては、保有残高が、それぞれ年間約6兆円、年間約９００億円に相当するペースで増加するように買入れを行う。ＣＰ等、社債等については、それぞれ約

2・2兆円、約3・2兆円の残高を維持する。

5 後述するように、2018年7月30・31日の金融政策決定会合において、10年物国債金利が誘導目標（ゼロパーセント程度）から上下にある程度変動しうるものとし、金融政策決定会合後の記者会見で黒田総裁は、イールドカーブ・コントロール導入後の10年金利の変動幅はおおむね±0・1％であったと述べている。金利の上昇を抑えるために導入された指値オペが、10年金利がプラス0・1％を越えようとすると実施されていたことから推測すると、日銀内では±0・1％の変動幅を念頭に置いていたと考えられる。

6 ちなみに、欧州中央銀行（ECB）のフォワードガイダンスは、「政策理事会は、……政策金利は現行水準もしくはより低い水準を維持することを見込む」となっていた。これなら将来の利下げの可能性を示唆したことになるが、日銀のフォワードガイダンスは似て非なるものだった。

Box6 24回否決された木内審議委員の提案

「量的・質的金融緩和」に始まって、その「拡大」、「マイナス金利付き」「長短金利操作付き」と修正を加えていくことによって、もともとわかりにくかった日銀の金融政策は一段とわかりにくいものになった。さらに、それぞれの金融政策の変更が、デフレと戦う姿勢を強調した建前が前面に出る一方で、その背後にはデフレ戦線を拡大させないという本音の思惑が隠されており、これを理解することはかなりむずかしくなってきた。

一例をあげるならば、2017年7月に退任した木内登英審議委員は2015年4月の金融政策決定会合から退任するまで、「マネタリーベースと長期国債保有残高の増加ペースを年間約45兆円に減額する」という議案を、修正した議案も含めて実に24回提出して毎回否決された。しかし、実際には新しい枠組みが導入されて以降この提案に近いかたち、あるいはそれ以上の勢いで増加ペースが低下した。

木内審議委員の提案が賛成多数で決まっていれば、マネタリーベースや日銀保有の長期国債残高の増加ペース低下は、金融緩和の縮小を意味することになった。しかし、マネタリーベースも日銀の長期国債保有残高も目標ではないとした新しい枠組みを導入したことによって、これらの増加ペースの低下は、金融緩和を縮小させているのではなく、強力な金融緩和を続けていると主張することができた。よく考えられた枠組みであることは間違いないが、こうしたからくりを理解するのはむずかしい。金融政策が一般の人の目からみてきわめてわかりにくいものになったことは間違いない。

なぜこのようなことをしなければいけないのか。「政府・日本銀行の共同声明」によってデフレ脱却を目指した金融政策の基本方針が決められており、2%の物価目標を達成するまでは、金融緩和の後退は許されないからだ。木内審議委員の正直すぎる議案を可決することは政治的に無理だったのだろう。新しい枠組みは、2%の物価目標を達成できないなかで、戦線を拡大させないようにするための苦肉の策であった。「退却」とはいわずに「転進」と呼べるスキームをつくりだしたともいえよう。

第7章

短期決戦で臨んだ新型コロナとの戦い

第二次デフレ戦争は、日銀の戦線不拡大方針で膠着状態に陥り、長期戦の様相を呈していた。しかし、2020年になると、新型コロナウイルス感染症の感染拡大という予期せぬ事態に直面し、日銀は自ら進んで強力な金融緩和に打って出て、戦線を一気に拡大させた。デフレとの戦いには消極的だった日銀だが、新型コロナウイルスとの戦いでは、打って変わって迅速かつ積極的な行動だった。コロナショックによる経済の落込みを回避するためという金融緩和の大義名分があったことが影響したようだ。

また、新型コロナウイルスの対応を通して、日銀は、マネタリーベースだけではなく、マネーストックも拡大させる強力な金融緩和の武器を手にした。しかも戦いを長引かせることなく、新型コロナウイルスの落着きとともに、迅速な撤収を開始した。

1 金融緩和の大義名分を得た日銀

金融資本市場での混乱回避のための対策

新型コロナウイルスの感染が世界で広がり、世界的に経済活動が停止するなか、日本経済は2008年のリーマンショック以来の大きな危機に見舞われることになった。こうした状況に直面して、日銀は矢継ぎ早に対策を打ち出してきた。

まず、金融資本市場の混乱に対する対応である。2020年3月2日に日銀総裁談話を発表した。総裁談話が出されるのは、英国のEU離脱の国民投票で離脱派が多数派となり、金融資本市場の混乱が懸念された2016年6月以来のことであった。談話では、新型コロナウイルスの感染拡大により経済の先行きに対する不透明感が強まるもとで、内外の金融資本市場が不安定な動きを続けているとしたうえで、適切な金融市場調節や資産買入れの実施を通じて、潤沢な資金供給と金融市場の安定確保に努めていく方針を確認した。

この談話を受けるかたちで、日銀は3月13日に「年度末に向けた金融市場調節面の対応について」を発表し、年度末越えの潤沢な資金供給など、金融市場の安定を確保するための対策を実施することになった。

さらに、カナダ、英国、欧州、米国、スイスの各国・地域の中央銀行と協調して、米ドル供給をいっそう拡充するための緊急対応がとられた。まず、3月15日には、資金供給オペについて、貸付金利を0・25％引き下げるとともに、これまでの1週間物に加え、3カ月物を週次で実施することになった。さらに同月20日には、1週間物の資金供給の頻度を週次から日次に引き上げる措置がとられた。

経済活動の落込みに対する対策

金融資本市場の混乱を回避するための緊急対応と並行して、経済の急速な悪化に対応するための対策も迅速にとられていく。

(1) 2020年3月16日の金融政策決定会合

3月16日に、18・19日に開催予定であった金融政策決定会合を前倒しし、2日間の予定を1日に短縮して、金融政策決定会合が開催され、「新型感染症拡大の影響をふまえた金融緩和の強化」を決定した。

まず、金融資本市場の安定を維持するとともに、企業金融のお金の流れが滞ることがないようにという観点から、企業金融支援のための措置として、「新型コロナウイルス感染症にかかる企業金融支援特別オペ」の導入が決まった。これは、民間企業債務（注1）を担保（2020年2月末で約8兆円）に、最長1年の資金を金利ゼロパーセントで供給するオペレーションで、2020年9月末までを期限に実施されることになった。

なお、オペ残高の2倍の金額がマイナス金利が付利されない金利ゼロの「マクロ加算残高」に加算されることになった。金融機関によって状況は異なるが、金融機関全体でみると、マクロ加算残高が増えるということは、マイナス金利が適用される政策金利残高を減らす効果があるので、金融機関にはメリットがある措置であった。

次に、特別オペと同様に、企業金融支援のための措置として、長期国債以外の資産の買入れが強化された。CP、社債の買入れ枠（合計2兆円）が、2020年9月末までを期限に追加され、CPの買入れ枠が約2・2兆円から約3・2兆円に、社債の買入れ枠が約3・2兆円から約4・2兆円にそれぞれ1兆円ずつ増額された。

さらに、ETF・J－REITは、それぞれ年間約6兆円、約900億円の枠は維持したうえで、新たに上限枠としてそれぞれ約12兆円、約1800億円が設定され、その範囲内での積極的な買入れが行われることになった。これを受けてETFの買入れ額は増加して、不安定な動きをしてきた株価の下支えの役割を果たすことになる。

なお、イールドカーブ・コントロールのもとでの金融市場調節方針については、短期の政策金利マイナス0・1%、10年物国債金利の誘導目標ゼロパーセント程度という従来の方針が維持された。

以上の決定に対する採決の状況を確認すると、金融市場調節方針については、従来同様原田委員と片岡委員の反対があったが、新型コロナウイルス感染症にかかる企業金融支援特別オペレーションやCP、社債、ETF、J－REITといった資産の買入れ枠増額や積極的な買入れについては、全員一致で決まっており、新型コロナウイルス対策については審議委員の意見がそろったことになる。コロナ対策の拡充が決まった、4月27日、5月22日の金融政策決定会合の決議も同様のかたち（注2）となった。

(2) 2020年4月27日の金融政策決定会合

4月27日の金融政策決定会合は、27・28日の2日間で開催される予定を1日に短縮して開催された。この会合では、前回3月の金融政策決定会合で決まった新型コロナ対策の拡充が決まった。

まず、「新型コロナウイルス感染症にかかる企業金融支援特別オペ」については、名称を「新型コロナウイルス感染症対応金融支援特別オペ（以下、「新型コロナ対応特別オペ」）」に改称し、対象担保の範囲を企業債務から家計債務を含めた民間債務全般に広げた。これによって対象担保は約8兆円から約23兆円（2020年3月末）に広がった。またオペの対象先となる金融機関を広げたうえで、オペの利用残高に相当する日銀当座預金にプラス0・1％の付利を行うことになった。

次に、前回会合で買入れ額の増額を決定したCP・社債の買入れについては、買入れ条件を緩和しながら**（注3）**、追加買入れ枠をそれぞれ1兆円から7・5兆円に増額することが決まり（2020年9月末期限）、CPは約9・5兆円（約2兆円＋追加枠7・5兆円）、社債は約10・5兆円（約3兆円＋追加枠7・5兆円）の合計20兆円（追加枠15兆円）を上限に買入れを実施することになった。

ETF・J－REITの買入れは前回会合で決まった上限枠が継続され、金融市場調節方針については、短期の政策金利マイナス0・1％、10年物国債金利の誘導目標ゼロパーセント程度という従来の方針が維持された。

なお、国債買入れについては、債券市場の流動性が低下しているもとで、政府の緊急経済対策により国債発行が増加することの影響もふまえ、債券市場の安定を維持し、イールドカーブ全体を低位で安定させる観点から、当面、長期国債、短期国債ともに、さらに積極的な買入れを行うことになった。

金融市場調節方針には「(10年物国債金利がゼロパーセント程度で推移するよう、)上限を設けず必要な金額の長期国債の買入れを行う」という文言が入り(Box7)、実際、その後の国債の買入れ額はしばらく増加し、マネタリーベースの増加ペース押上げに寄与することになるが、かつてのように保有残高が急増することはなかった。

また、「当面」という言葉からも推測できるように、日銀は積極的な買入れをずっと続けることは考えておらず、後述するように、2022年春には、保有残高の増加ペースが縮小に転じた。

(3) 2020年5月22日の金融政策決定会合

4月27日の金融政策決定会合では、議長から執行部に対して、中小企業等の資金繰りをさらに支援するため、政府の緊急経済対策等における資金繰り支援制度もふまえた金融機関への新たな資金供給手段を検討することが指示された。その検討結果がまとまったことを受けて、5月22日に臨時の金融政策決定会合が開催され、中小企業との資金繰り支援のための

「新たな資金供給手段」が導入されることになった。

新たな資金供給手段は、①緊急経済対策における無利子・無担保融資や新型コロナウイルス感染症対応として信用保証協会による保証の認定を受けて実行した融資と②プロパー融資**(注4)**のうち、新型コロナウイルス感染症の影響を受けた中小企業等に対して行う、融資条件面で①に準じる融資、について、融資残高を限度に、期間1年以内、利率ゼロパーセントで日銀が資金供給を行うものである。

また、この資金供給手段は、すでにスタートしていた新型コロナ対応特別オペと一体的に運営されることになり、利用残高の2倍の金額をマクロ加算残高に加算する措置と利用残高に相当する日銀当座預金へのプラス0・1%の付利が適用されることになった。

こうして、日本銀行による企業等の資金繰り支援のための措置は、すでに決まっていた①CP・社債等の買入れ(残高上限：約20兆円)、②新型コロナ対応特別オペ(資金供給の対象：約25兆円)に、③新たな資金供給手段(資金供給の対象：約30兆円)が加わった。日銀は、この三つの措置をあわせて、「新型コロナ対応資金繰り支援特別プログラム(以下、新型コロナ対応特別プログラム)」(総枠約75兆円)とし、期限を半年間延長して、2021年3月末までとすることが決まった。

日銀は、この新型コロナ対応特別プログラムに、金融市場の安定を維持する観点から行っている国債買入れやドルオペなどによる円貨・外貨の潤沢な供給と、ETFおよびJ－RE

ＩＴの積極的な買入れをあわせて、新型コロナ対応と位置づけた。これらの対応はその後も期間を延長しながら、日銀の新型コロナ対応の中核として続くことになる。

なお、この金融政策決定会合後に、新型コロナウイルス感染症への対応についての麻生財務大臣と黒田日銀総裁の共同談話が発表され、政府と日銀が連携して、経済活動を支えるため、円滑な企業金融を確保し、金融市場の安定を維持するためのさまざまな措置を講じていくことを確認した。デフレにかわって新型コロナが、政府・日銀が一体となって戦う相手となったともいえよう。

新型コロナ対応という金融緩和の大義名分

２０１６年9月の新しい枠組み導入以降、デフレとの戦争を拡大させないようにいろいろ策を講じてきた日銀だが、新型コロナとの戦いが一気に拡大することになった。しかも、デフレとの戦いには消極的であった日銀が、新型コロナとの戦いでは積極的に行動するようになった。定例の会合を待たずに、臨時の金融政策決定会合を開催し、2カ月程度で大胆な新型コロナ対応の枠組みをつくりあげた。日銀は、自ら進んで、政府とも連携しながら、機動的に大胆な金融緩和に踏み込んだが、それは、日銀にとって金融緩和の大義名分ができたからではないか。

２０００年代初めの第一次デフレ戦争で日銀は初めて量的金融緩和に踏み切ったが、それはデフレ脱却のためではなく、金融システム不安回避のためであった。2009年から始まった第二次デフレ戦争では、そうした大義名分がないまま、しぶしぶデフレとの戦いを続け、黒田総裁が誕生して以降は政府の意向に従ってデフレとの戦いを続けざるをえなかった。

しかし、新型コロナウイルスの感染拡大は、第一次デフレ戦争のときの金融システム不安回避と同じように、日銀に金融緩和の大義名分を与えるものとなった。しかも、第一次デフレ戦争のときは、デフレ脱却を目指す政府との呉越同舟であったが、今回は財務大臣・日銀総裁の共同談話にも象徴されるように、新型コロナという共通の敵に対して一体となって戦う体制ができあがった。

金融政策決定会合の公表文からもそうした状況がうかがえる。2020年3月16日の金融政策決定会合の公表文をみると、金融政策の今後の方針について、「当面、新型コロナウイルス感染症の影響を注視し、必要があれば、躊躇なく追加的な金融緩和措置を講じる」となっている。これに対して、その前の1月20・21日の金融政策決定会合までは、「特に、海外経済の動向を中心に経済・物価の下振れリスクが大きいもとで、先行き、「物価安定の目標」に向けたモメンタムが損なわれる惧れが高まる場合には、躊躇なく、追加的な金融緩和措置を講じる」（注5）となっていた。デフレ脱却のスローガンのもと、物価動向が先行きの金融政策を決める最も重要なファクターだったわけだ。

図表7－1　マネタリーベースと日銀保有長期国債残高の前年比増加額

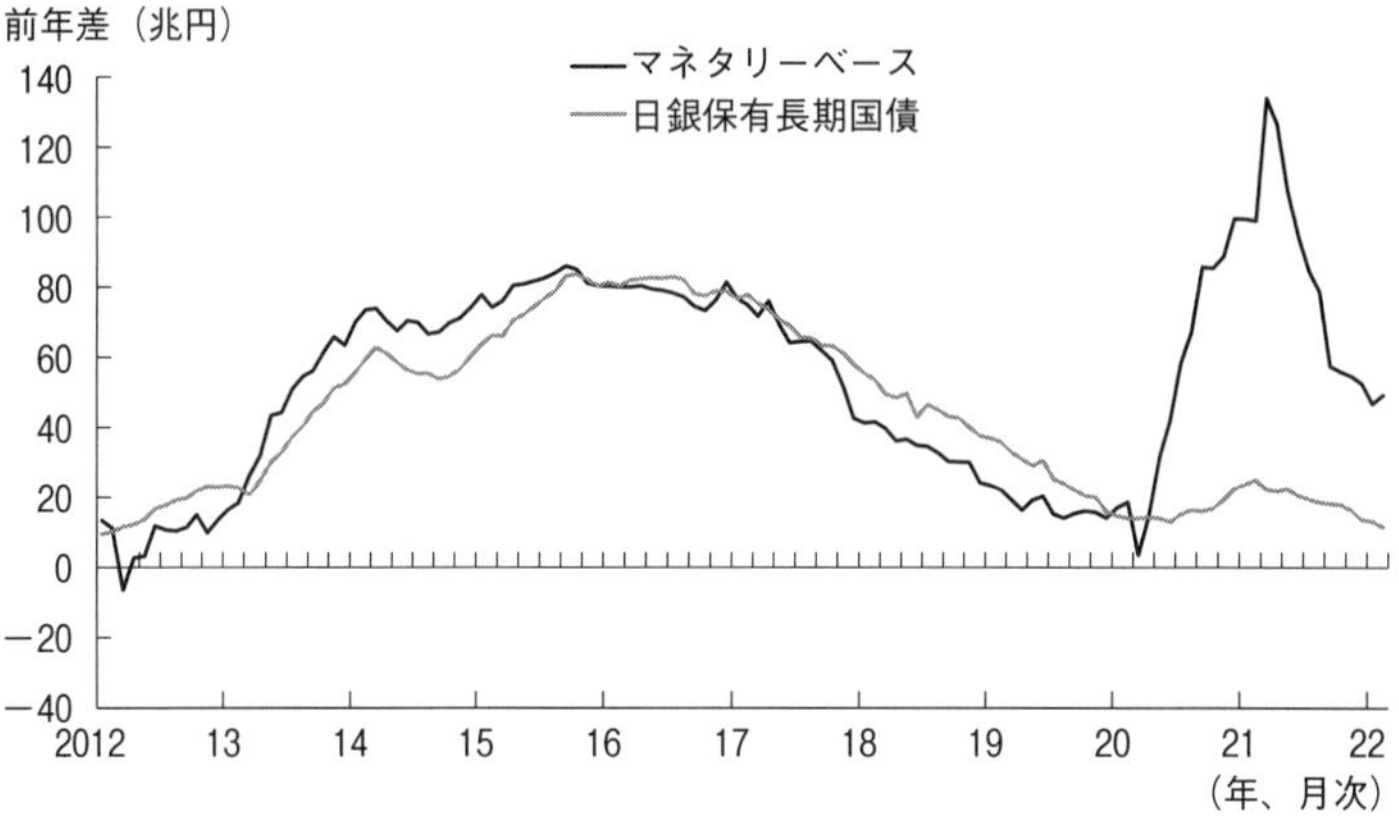

（出所）　日本銀行「マネタリーベース」「日本銀行勘定」より筆者作成

日銀の金融政策が新型コロナ対応に大きく舵を切るなかで、デフレとの戦いは一時休戦となる。コロナショックという未曽有の出来事に直面して、デフレ脱却などは重要な政策課題とはいえなくなったわけだ。同時に日銀は、新型コロナ対応に注力することが、一番のデフレ対策と主張することができるようになった。

2　強力な武器を手にした日銀

マネタリーベースに加えてマネーストックも急増

日銀の新型コロナ対応の効果は強力であった。マネタリーベースは急激に増加し、新型コロナ対応が始まってから1年を経過した2021年3～

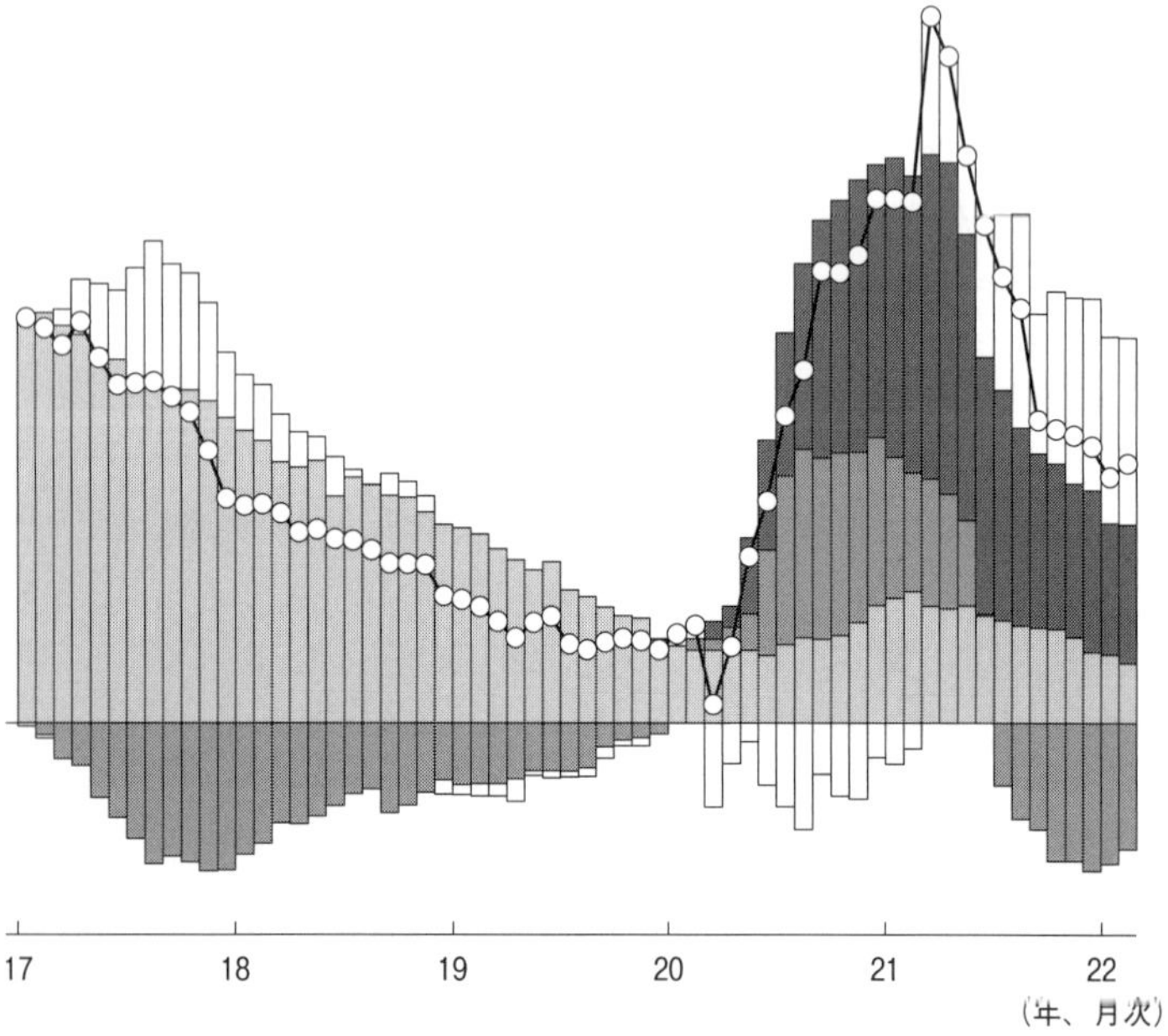
17
18
19
20
21
22
(年、月次)

図表７－２　マネタリーベース増減要因の内訳

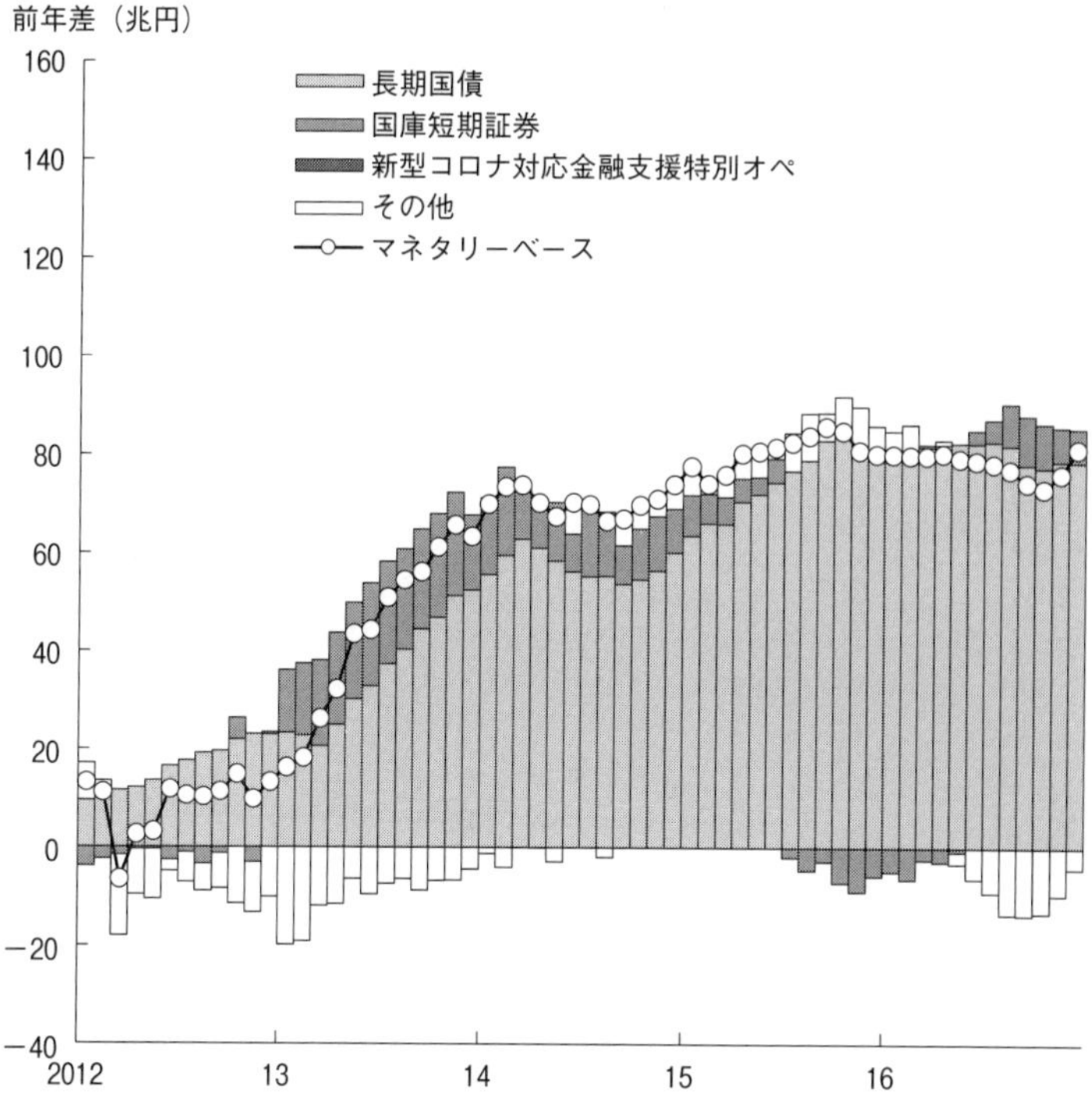

（出所）　日本銀行「マネタリーベース」「日本銀行勘定」より筆者作成

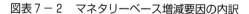

図表7－3　マネーストックの前年比伸び率

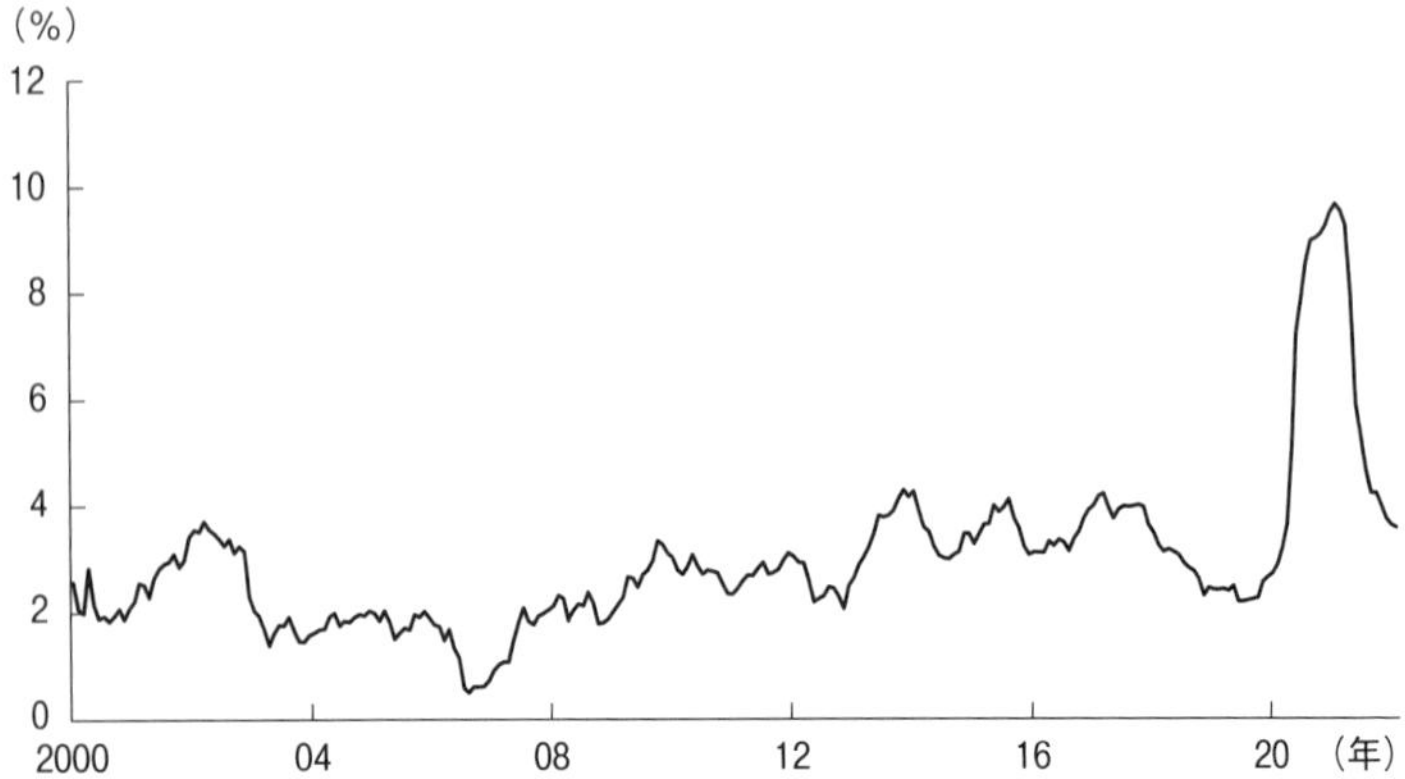

（注）2008年4月まではM2＋CD（含む在日外銀）、2008年5月以降はM2。
（出所）日本銀行「マネーサプライ」「マネーストック」より筆者作成

5月は前年比増加額が100兆円を超えた。年間増加額80兆円という目標があったときを上回るマネタリーベースの増加となった（図表7－1）。

また、マネタリーベースの増加要因をみると、増加額目標をもって量的・質的金融緩和を行っていたときは、同じく増加額目標があった長期国債保有残高の拡大、つまり長期国債の買入れに負うところが大であった。これに対して、新型コロナ対応でのマネタリーベースの増加においては、長期国債の買入れによる増加寄与はあまり大きくなく、短期国債の買入れと、新型コロナ対応特別オペによる資金供給の増加寄与が中心となった（図表7－2）。

しかも、新型コロナ対応によるマネタリーベースの増加は、マネーストックの増加ペースも加速させた（図表7－3）。

それまでは、日銀の長期国債購入でマネタリーベースが拡大しても、そのお金は金融機関の日銀当座預金に滞留しているだけで、マネーストックを拡大させることにはつながらなかった。これに対して、新型コロナ対応特別オペによって資金が供給される場合、そのお金は金融機関からの貸出増加となり、マネタリーベースだけでなく、マネーストックを拡大させる。

量的・質的金融緩和が登場したときは、それをバズーカ砲にたとえることがあった。しかし、このときはまだバズーカといってもマネタリーベースを拡大させるだけの空砲のようなものであった。新型コロナ対応によってマネーストックも増加するようになり、バズーカ砲は空砲ではなく、実弾入りとなった。

アメとムチ二つのマイナス金利で強力な武器を手にした日銀

第一次デフレ戦争のときは、量的緩和による潤沢な資金供給が金融システム不安の回避を目指す日銀にとっての有効な武器であった。デフレ脱却を目指した第二次デフレ戦争では、日銀は役に立つ武器がないまま泥沼のデフレ戦争を戦うことになったが、新型コロナ対応に大きく舵を切るなかで、役に立つ武器を手にすることができた。

日銀が、金融緩和の大義名分だけでなく、戦う武器も手にしたことが、新型コロナ対応という強力かつ効果的な金融緩和を可能にしたといえよう。

新型コロナ対応特別オペが急拡大した要因としては、コロナショックで経済活動が大きなダメージを受け、事業存続のために資金を必要としている企業が存在したこと、それに対して政府が無利子・無担保融資の対策を打ち出したことがまずあげられる。加えて、新型コロナ対応特別オペに、金融機関の積極的なオペ活用を促す仕組みが組み入れられていたことが重要だ。

その仕組みとは、新型コロナ対応特別オペ利用残高に相当する日銀当座預金にプラス0・1%の利息をつける仕組みだ。日銀当座預金へのプラス0・1%の付利は、白川総裁時代の2008年11月に、所要準備を上回る日銀当座預金にプラス0・1%を付利する補完当座預金制度として始まった。

繰り返しになるが、この制度は政策金利であった無担保コールレートが低下しすぎないようにするための下限金利の役割を期待されていたが、事実上のゼロ金利政策が始まり、さらに量的・質的金融緩和が始まると、日銀による長期国債の買入れ金を日銀当座預金に滞留させて、マネタリーベースの拡大を演出するためになくてはならない制度となっていた。

しかし、マイナス金利政策が始まると金融機関の不満が噴出する。プラス0・1%が付利される基礎残高は過去の実績に応じて決まり、それ以上は増えなくなってしまったので、日銀の買切りオペに応じて、マネタリーベースの拡大に協力しても、日銀当座預金に滞留する資金にプラス0・1%の利息がつかなくなってしまったどころか、一部とはいえマイナス金利がつくことになった。マイナス金利政策は金融機関にとってムチの政策となっていた。新型コロナ対応が始まると、オペの利用残高に応じてプラス0・1％を付利することになった。補完当座預金制度とは別に、日銀当座預金へのプラス0・1％の適用が拡大することになる。これは、新型コロナ対応特別オペとセットで行うため、それまでのプラス金利適用とは性格が大きく異なるものとなってくる。金融機関の貸出姿勢を積極化させる効果が期待できるようになった。

政府の新型コロナ対策の一環で、企業に無利子・無担保資金を貸し出す金融機関は、そのための資金を日銀からゼロコストで借りられるだけではなく、プラス0・1％の利息まで受け取れる。つまり、マイナス金利で資金が調達できるようになる。これは事実上の、というよりも本当の意味でのマイナス金利政策による金融緩和といってもよい。それまでのマイナス金利政策がムチの政策であるとすると、こちらはアメのマイナス金利だった。

日銀当座預金へのプラス0・1％の付利を決めた4月の金融政策決定会合後の記者会見において黒田総裁は、「貸付金利はゼロとしたうえで当座預金部分についてはプラス0・1％の付利をするということで、金融機関が資金繰り支援をより行いやすくすることを考えています」と説明している。もちろん、これはマイナス金利政策だという言い方はしていないが、金融機関による融資拡大にプラスに働くことを期待していたのは間違いなかった。

実際、マイナス金利が適用される政策金利残高を抱える金融機関にとっては、このブログラムを活用するメリットはあった。少なくとも、日銀当座預金に滞留させておくとムチのマイナス金利がついてしまう一方で、新型コロナ対応特別オペを活用して貸出を行えば、アメのマイナス金利によって、オペ残高見合いで、マクロ加算残高の2倍加算に加えて、プラス0・1％の利息が入ることになった。ムチのマイナス金利に悩んでいた金融機関にとっては、このアメのマイナス金利を使わない手はなかった。

日銀はゼロ金利制約を打ち破った？

2000年代に入ってから、日銀は、一時的な休戦を挟んで二度のデフレ戦争を続けているが、名目金利はゼロパーセントより下に下げられず、それ以上の金融緩和効果を期待できないという、ゼロ金利制約との戦いが続いたということもできよう。

デフレ脱却が必要だという根拠の一つに、金融政策の自由度を保つための「のりしろ」という考え方がある。物価がある程度上がっていないと、実質金利が高止まりして、ゼロ金利制約が一段と厳しくなってしまうということだ。

ゼロ金利制約を和らげる手段としてまず考えられたのは量的金融緩和だ。金利とマネーの量はコインの裏表であり、金融を緩和するということは金利を下げることであると同時に、マネーの量を増やすことでもある。量的金融緩和は、第一次、第二次デフレ戦争どちらでも使われているが、金利がもう下げられないのであれば、量を増やそうという発想だ。しかし、日銀当座預金やマネタリーベースを増やすことができても、世の中にお金が出回ってマネーストックの増加ペースが高まることはなかった。

次に考え出されたのはマイナス金利政策だ。金利は実はマイナスまで下げられるということになれば、ゼロ金利制約は解消する。しかし、民間のビジネスの世界でマイナス金利の世界など成り立たない。銀行に預金を預けたら金利をとられるのであれば、預金者は銀行から預金を引き出すだけだ。お金を借りたら利息をくれるというのであれば、いくらでも借りてタンス預金すればよい。市場の一部で人為的にマイナス金利をつくりあげても、実体経済に影響するような金融緩和効果が出てくるはずがない。

新型コロナ対応では、日銀がオペ利用残高見合いで日銀当座預金にプラス0・1%を付利した。民間金融機関では、お金をマイナス金利で貸し出すことはできないが、日銀ならば貸出資金を調達する金融機関の当座預金に付利することができる。調達金利ゼロパーセントと当座預金付利プラス0・1%との間で、利鞘が確保できるようになる。そこにムチのマイナス金利の存在もあって、金融機関の貸出が大幅に増加した。

こうして、ゼロ金利制約下でも、金融緩和を強化することが可能になった。日銀は、条件付きだが、ゼロ金利制約の解消に成功したといえそうだ。

3 撤収も迅速なコロナ戦線

日銀はFRBよりも先にテーパリングを開始

米FRBは、想定以上のインフレの進展に直面して2021年11月からテーパリングに乗り出した。資産の拡大ペースを落として横ばいにし、さらに政策金利の引上げも始まった。一方、日本では2％の物価安定目標を達成できず、テーパリングに乗り出すこともできないとの見方が多かった。

しかし、新型コロナ対応の金融緩和はすでにピークを超えている。再び**図表7－1**で確認すると、マネタリーベースの前年比増加額は、2021年3月末にピークをつけて縮小している。日銀保有の長期国債残高の前年比増加ペースは、同年2月末をピークに低下しており、マネタリーベースとほぼ同じ動きをしている。もっとも、長期国債の日銀保有残高の増加ペースは、新型コロナ対応においてはそれほど高まっていなかった。

新型コロナ対応の拡大によってマネタリーベースの規模は再び急速に拡大したが、2021年に入ると拡大ペースが鈍り、ほぼ横ばいとなってきた。一方、日銀保有の長期国債残高の増加ペースは、新型コロナ対応が始まってもあまり高まらなかったので、残高の伸びは緩やかなままであった（図表7－4）。

マネタリーベースの増加ペースの高まりは、短期国債の買入れと新型コロナ対応特別オペの増加が主たる要因であったが、マネタリーベースの増加ペースの低下は、この裏返しで、短期国債の売りオペによってマネタリーベースが縮小したことと、新型コロナ対応特別オペの利用残高の増加ペースが鈍ってきたことが影響している。

また、新型コロナ対応が始まった頃は、ペースが高まっていたＥＴＦの買入れは、株価が安定的に推移するなか、買入れペースが鈍化し、２０２１年になると買入れが行われない月もあるなど、買入れ残高はほぼ横ばいで推移するようになった。

迅速な撤収が可能であった理由

新型コロナとの戦いからの撤収が迅速に進む要因としては、長期国債の買入れがそれほど増えていないことが重要だ。残存期間が長い長期国債の保有が増えると、償還を迎えるまでマネタリーベースを押し上げる要因となる。保有している長期国債を売却することは可能だが、それは金融引締めに転じることを意味するのでいまはまだむずかしい。

新型コロナウイルス対応における長期国債の買入れは、当初は上限を設けずに積極的に買い入れることになっていたが、当面の対応であって、1年後には積極的に買い入れる必要も

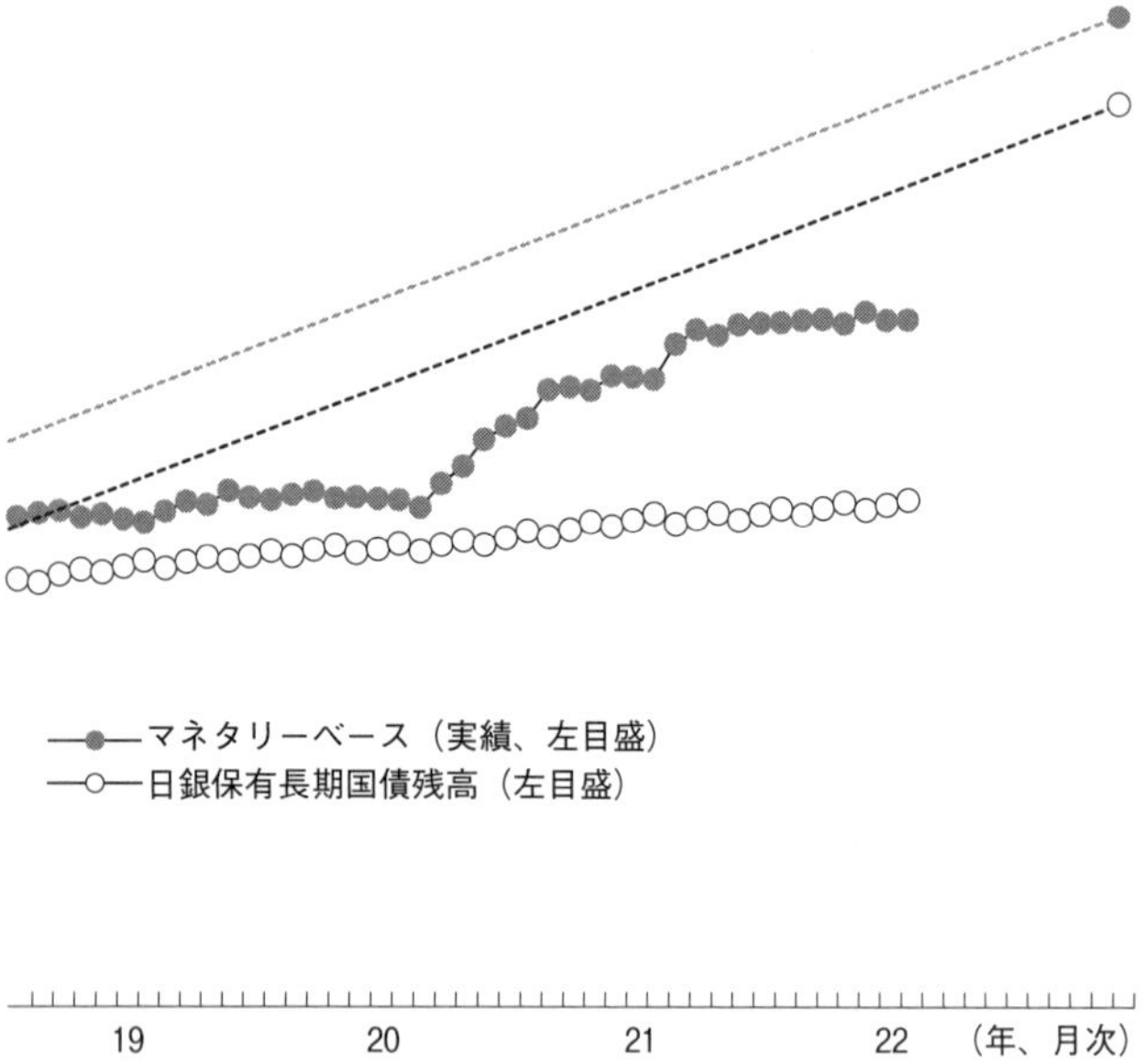

要因と金融調節」より筆者作成

なくなっていた。加えて、保有残高の増加額年間約80兆円をめどとする縛りはなくなっている。しかも、10年物国債金利がゼロパーセントで推移するように買い入れることが基本であり、過去に買い入れた国債の償還が増加していることもあって、国債の保有残高の急増は回避できるようになっていた。

短期国債も長期国債と同様に、２０２０年４月の金融政策決定会合において、新型コロナ対応の

図表７－４　マネタリーベースと日銀保有長期国債残高

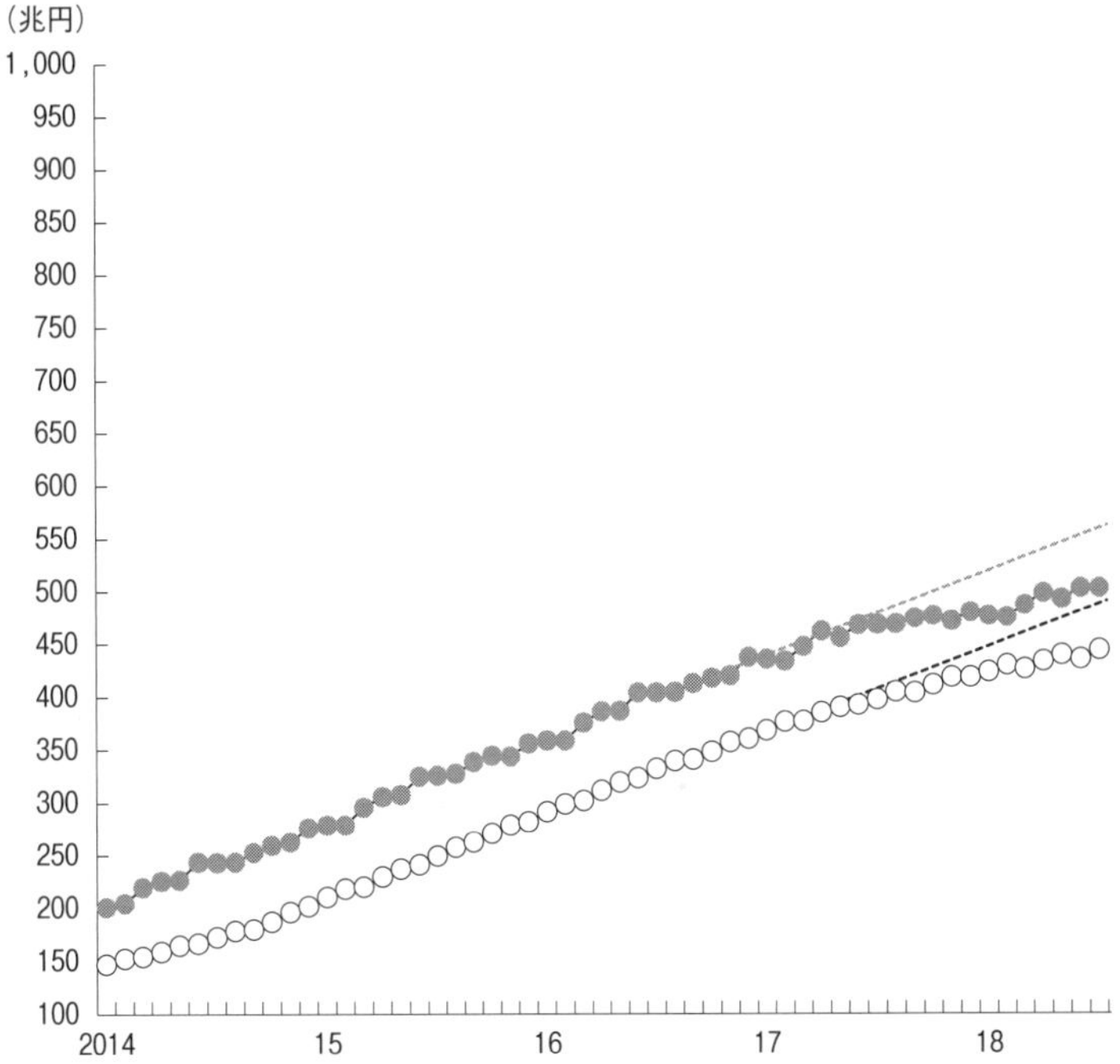

(注)　点線は2016年９月を基準として年間80兆円のペースで増加した場合。
(出所)　日本銀行「マネタリーベース」「日本銀行勘定」「日銀当座預金増減

一環として、当面はさらに積極的な買入れを行うという方針が示された。これを受けて、短期国債の買入れが増加したが、その後は売りオペによってマネタリーベースの縮小要因になっている。短期国債のオペは短期的な資金の需給に対応するものであり、コロナショックによる金融市場の混乱が落ち着くにつれて、積極的な買入れは一巡してきた。

　なお、ＥＴＦについては、後述のように、

２０２１年3月18・19日の金融政策決定会合で6兆円の買入れの目安を撤廃し、12兆円の上限を継続させることが決まった。これによってＥＴＦの機動的な買入れが可能となり、買入れ残高の増加を抑えることが可能になった。

このように、量的・質的金融緩和が始まった頃と異なり、長期国債の日銀保有残高の増加を抑え、短期のオペレーションによる資金供給を中心にしていたことが、マネタリーベースの増加ペースの縮小を機動的に行うことができた要因だ。加えて、２０１６年9月の新しい枠組み導入によって量の目標を撤廃している日銀は、テーパリングを行うに際して、前もって市場に予告する必要もない。気がついたときには実質的なテーパリングが進んでいることになった。

新型コロナ対応特別オペの残高はかなり高い水準まで増加したが、前年比でみた残高の増加額は２０２１年4月をピークに減少している。また、後述するように、同オペは２０２２年9月までの延長が決まったが、同時に同年4月以降はオペの縮小が始まり、マネタリーベースの増加ペースをさらに低下させる要因となっている。

4 アフターコロナを見据えて動き出した日銀

日銀が示したウイズコロナ・アフターコロナの枠組み

２０２０年12月17・18日の金融政策決定会合では、新型コロナ対応特別プログラムを、運用面で若干の見直しを行ったうえで、期限を２０２１年9月末まで半年間延長することが決まった（注6）。見直しの内容としてはまず、ＣＰ・社債の買入れの追加買入れ枠15兆円をそれまで７・５兆円ずつ配分していたものを、市場の状況に応じていずれにも配分できるようにした。また、新型コロナ対応特別オペのプロパー分について、一金融機関当りの上限（１０００億円）を撤廃した。いずれも、新型コロナ対応の運用を円滑に行うためのマイナーチェンジであった。

なお、この会合で日銀は、２％の物価安定目標を達成するためのより効果的で持続的な金融緩和を実施していくための点検を行うこととした。その際、「長短金利操作付き量的・質的金融緩和」の枠組みは、現在まで適切に機能しており、その変更は必要ないと考えているとしたうえで、この枠組みのもとで、各種の施策を点検し、２０２１年3月の金融政策決定会合をメドにその結果を公表することになった。

これを受けて、2021年3月18・19日の金融政策決定会合で点検を行った結果、日銀が示した対応方針は次の三つだ。

①「貸出促進付利制度」の創設

②長期金利の変動幅の明確化。「連続指値オペ制度」の導入

③ETFおよびJ−REITの原則的な買入れ方針を終了するかわりに、年間増加ペースの上限（それぞれ約12兆円および約1800億円）を感染症収束後も継続し、必要に応じて買入れを行う。

技術的な対応に徹して点検の域を出ないという評価もあったが、ウイズコロナで徹底すべき対応と、アフターコロナも見据えて続ける対応を打ち出してきたように思える。

ETFとJ−REIT購入も戦線不拡大方針へ移行

ETFとJ−REITの購入については、2020年3月の金融政策決定会合で、従来あった原則的な買入れ方針（それぞれ年間約6兆円、年間約900億円に相当するペースで増加）に、新型コロナ対応での買入れ上限（それぞれ年間約12兆円、年間約1800億円）が加わり、積極的な買入れが行われることになっていた。

2021年3月の金融政策決定会合では、原則的な買入れ方針が外され、臨時措置として

いた買入れ上限を新型コロナの収束後も継続することになった。ただし、それまでの積極的な買入れにかわって、必要に応じて買入れを行う、という新たな方針が示された。

株価が上がっている、あるいは安定しているときの購入ペースはかなり低下する一方で、2020年春頃の新型コロナ感染拡大時のように株価が大きく下落したときには、必要に応じて買入れを行う枠組みとなった。この買入れ方針の変更によって、日銀は、ETFの購入を抑えることが可能になった。すでにマネタリーベースや長期国債保有残高については、2016年9月の新しい枠組み導入によって戦線不拡大方針が示されていたが、新型コロナとの戦いのなかで保有残高が拡大していたETFもアフターコロナを見据えて戦線不拡大方針に移行したといえよう。

もっとも、ETFは、国債と違って償還がないので、ETFを処分しない限り、日銀の株式保有が減少することはない。また、株価の動向によってはETFの購入が再び拡大する可能性もあり、中央銀行が民間企業の株式を大量に保有するという通常ではない状況がこれからも続く。

10年金利変動幅明確化で金利調節の自由度はさらに拡大

イールドカーブ・コントロールについては、平素は柔軟な運営を行うため、誘導目標である10年金利の変動幅は±0・25%程度であることが明確化された。

２０１６年9月にイールドカーブ・コントロールが始まったときには、10年金利の変動幅は、誘導目標であるゼロパーセント程度を中心に±０・１％程度が想定されていたようだが、２０１８年7月の金融政策決定会合で「強力な金融緩和継続のための枠組み強化」が決まると、変動幅が±０・２％程度に広げられ、さらに、２０２１年3月の金融政策決定会合で、±０・25％程度に変動幅が広がった。

単に変動幅が広がるだけでなく、変動幅の位置づけが明確化され、公式のものとなってきた。イールドカーブ・コントロールが始まったときは変動幅が明示されておらず、日銀がどこまで金利変動を容認するのかブラックボックスであった。10年金利がプラス０・１％を超えると、指値オペが入って日銀は金利上昇をけん制してくるので、おぼろげながら±０・１％という変動幅が一つの目安となった。

±０・20％に変動幅が拡大したときは、金融政策決定会合では、「上下にある程度変動しうるもの」とだけ説明し、会合後の記者会見で黒田総裁が現状の±０・１％の変動幅の倍程度という表現を使って補足説明を行うという変則的なかたちで、日銀が想定する変動幅を示すことになった。これに対して、±０・25％への変動幅拡大は、金融政策決定会合での決定事項として明確化された。

０・２％と０・25％の差はわずかであるが、それが意味するものは表面的な数字より大きかったといえそうだ。まず、マイナス金利政策導入前の10年金利の水準はプラス０・25％前後であった。つまり、この微妙な拡大はマイナス金利導入前のイールドカーブへ復帰する道を開くものとなる。2%の物価安定の目標を達成できないうちは、10年金利の誘導目標の引上げは封印されるが、0・25%までは、金融政策決定会合の決定を経ないで、金融市場調節の範囲内で上げることができるようになった。

また、0・25%というのは通常であれば政策金利を変更するときの一単位となる。つまり、10年金利の変動幅が0・25%を超えてくるのであれば、金融政策決定会合での10年物国債金利の誘導目標の変更が必要となってくるが、±0・25%以内であれば、金利調節の現場の裁量に任せるということだ。10年物国債金利には、ゼロパーセントの誘導目標が設定されているが、±0・25%の変動幅を明確化することによって、0・5%ポイントの幅をもつ上限と下限のレンジのなかで変動する長期政策金利の性格をもってくる。

一方、短期の政策金利については、「現在の長短金利の水準、または、それを下回る水準で推移することを想定している」というフォワードガイダンスが続いている。このため、10年金利がマイナス0・1%を下回る水準で推移するようになると、短期の政策金利を引き下げなければいけなくなる。おそらく日銀は、長期金利がマイナス0・1%からプラス0・25%の間で推移することを想定していたと考えられる。

連続指値オペ制度導入で金利の安定も演出

もっとも、日銀は無理にマイナス金利導入前の水準まで長期金利を上げる気はなかった。日銀が金利上昇を容認という姿勢が表に出すぎると、思わぬ金利急上昇に見舞われ、収拾がつかなくなる。しばらくは誘導目標がゼロパーセント程度に維持され、長期金利の低位安定が図られる。このため、金利変動幅の上限を画すものとして、従来あった指値オペに加えて、これを連続的に行う「連続指値オペ制度」が導入された。その後、10年金利がプラス0・25%の上限を超えて上昇しそうになると、日銀は連続指値オペを実施して、金利上昇を抑えることになった。

一方、変動の下限については、「日々の動きのなかで金利が一時的に下回るような場合に、そうした動きに厳格には対応しない」とした。金利の低下よりも上昇を警戒する日銀の姿勢の表れともいえるが、そもそも金利の低下をけん制するには日銀が保有する国債を売り出さなければならない。金融緩和姿勢の後退と受け止められる調節をすれば、金利の暴騰を招くことになろう。もともと下限を抜ける動きに厳格に対応することはむずかしい。

マイナス金利を前提にした貸出促進付利制度

新型コロナ対応特別オペの導入以降、日銀はアメとムチのマイナス金利を使うことによって、ゼロ金利制約下でも効果的な金融緩和手段を手にした。新型コロナ対応は緊急措置であり、いずれコロナ収束とともに終了することになるが、日銀は、アフターコロナを見据えて、アメのマイナス金利にインセンティブの称号を与えて、貸出促進付利制度としてスタートさせた。日銀は、金融機関への貸出資金の供給とセットで当座預金に付利するスキームが大きな緩和効果を発揮していることに自信を深めたようだ。

この制度は、新型コロナ対応で行っていた金融支援特別オペのスキームを発展的に制度化したものであった。日銀が金融機関の貸出を促進する観点から行っている資金供給について、その残高に応じて一定の金利を日銀当座預金に付利するものである。

対象となる資金供給はその内容に応じて、カテゴリーⅠからⅢまで三つに分かれ、短期政策金利の絶対値（導入時プラス0・1％）が付利されるカテゴリーⅡを基準にして、カテゴリーⅠにはそれより高い金利（同じくプラス0・2％）を、カテゴリーⅢにはそれより低い金利（同じくゼロパーセント）を付利することになった。

基準となるカテゴリーⅡの付利金利をマイナス金利である政策金利の絶対値を使うことにしたことが重要だ。つまり、マイナス金利下でも有効に機能するように設計された制度であると同時に、仮に政策金利を引き下げた場合には、貸出促進効果が増すように設計されている。

この制度がスタートしたときには、カテゴリーⅠには新型コロナ対応特別オペのうちプロパー分が、またカテゴリーⅡにはプロパー分以外の新型コロナ対応特別オペが割り振られた。また、金利がつかないカテゴリーⅢには、もともとあった貸出支援基金・被災地オペに加えて、2021年9月に導入が決まった気候変動対応を支援するための資金供給も含まれることになった。

日銀は、アフターコロナの金融調節手段として、貸出促進付利制度を有効に活用していく考えのようだ。この制度は、法定準備預金を上回って日銀当座預金が積み上がり、マイナス金利政策が続く状況を前提にした制度だ。かつては、その副作用や問題点が指摘されていたマイナス金利だが、ムチのマイナス金利の役割をもつことによって、役に立つ存在になってきた。もっとも、後述するように、世界的なインフレの広がりのなかで、日本でも2％の物価安定目標を達成するようになり、マイナス金利政策を続けることがむずかしくなっている。

収束に向かう新型コロナ対応

2021年12月16・17日の金融政策決定会合において、新型コロナ対応を一部縮小しながら、延長することが決まった。

日銀は、新型コロナウイルス感染症は、依然として内外経済に大きな影響を及ぼしているが、国内の金融環境は全体として改善しており、特に大企業金融については、CP・社債市場の発行環境は良好になっているとしたうえで、新型コロナ対応の買入れ増額措置を2022年3月末で終了することを決めた。2022年4月以降は感染拡大前と同程度の買入れペースに戻し、買入れ残高を新型コロナ感染拡大前の水準（CPは約2兆円、社債は約3兆円）に徐々に下げていく方針が示された。

一方、中小企業の資金繰りは、改善傾向にあるものの一部に厳しさが残っているとして、新型コロナ対応特別オペについては、次のとおり、一部を2022年9月末まで半年間延長することが決まった。

まず、カテゴリーⅠのプロパー融資分については、カテゴリーを変えずにプラス0・2％の付利を維持し、マクロ加算残高への2倍加算も維持したまま、半年間延長されることになった。次に、カテゴリーⅡのうち、大企業向けや住宅ローンなど民間債務担保分は、延長されずに2022年3月末で終了することになった。

また、新型コロナ対応の中小企業向けの制度融資分（緊急経済対策における無利子・無担保融資や新型コロナ対応として信用保証協会の保証の認定を受けて実行した融資）は、カテゴリーⅢに移行し付利金利がゼロパーセントとなり、マクロ加算残高への2倍加算を止めて同額加算としたうえで、半年間延長されることになった（**図表7－5**）。日銀は、アフターコロナを見据えて、新型コロナ対応の収束に舵を切った（**注7**）。

図表７－５　貸出促進付利制度の見直しによる新型コロナ対応の縮小

	日銀当座預金への付利	マクロ加算残高への加算	貸出促進付利制度の対象となる資金供給	
			見直し前	見直し
カテゴリーⅠ	＋0.2％	オペ利用残高額の２倍の金額を加算	金融機関からの直接融資（プロパー融資）	同条件で2022年９月末まで延長
カテゴリーⅡ	＋0.1％	同上	大企業や住宅ローンを中心とする民間債務担保分	2022年３月末で終了
			緊急経済対策における無利子・無担保融資や信用保証協会による保証付融資（制度融資）	
カテゴリーⅢ	0.0％	同上	貸出支援基金、被災地オペ、気候変動対応支援	同左（見直し対象外）
		利用残高相当額を加算	—	インセンティブを縮小して2022年９月末まで延長

（注）　太枠線は新型コロナ対応金融支援特別オペ。
（出所）　日本銀行資料より筆者作成

【注】

1　社債、短期社債、保証付短期外債、手形、ＣＰ、企業を債務者とする電子記録債権、企業に対する証書貸付債権。

2　原田泰委員は２０２０年３月25日に退任したため、４月の金融政策決定会合以降は、金融市場調節方針に対する反対は片岡委員１名となった。

3　ＣＰ・社債の発行体ごとの買入れ限度の緩和、買入れ対象とする社債の残存期間の延長。

4　プロパー融資とは、信用保証協会からの保証を受けずに、銀行等の金融機関が直接行う融資のこと。

5　その前段には「今後とも、金融政策運営の観点から重視すべきリスクの点検を行うとともに、経済・物価・金融情勢をふまえ、『物価安定の目標』に向けたモメンタムを維持するため、必要な政策の調整を行う」という文章が入っていたが、こちらも２０２０年３月の金融政策決定会合では外れた。

6　２０２１年６月17・18日の金融政策決定会合で、２０２２年３月末までさらに半年間延長されることが決まった。

7　その後、２０２２年９月21・22日の金融政策決定会合で、カテゴリーⅠのプロパー融資分については、期限を半年延長して２０２３年３月末に終了し、カテゴリーⅢの制度融資分については、期限を３カ月延長して２０２２年12月末に終了することが決まった。

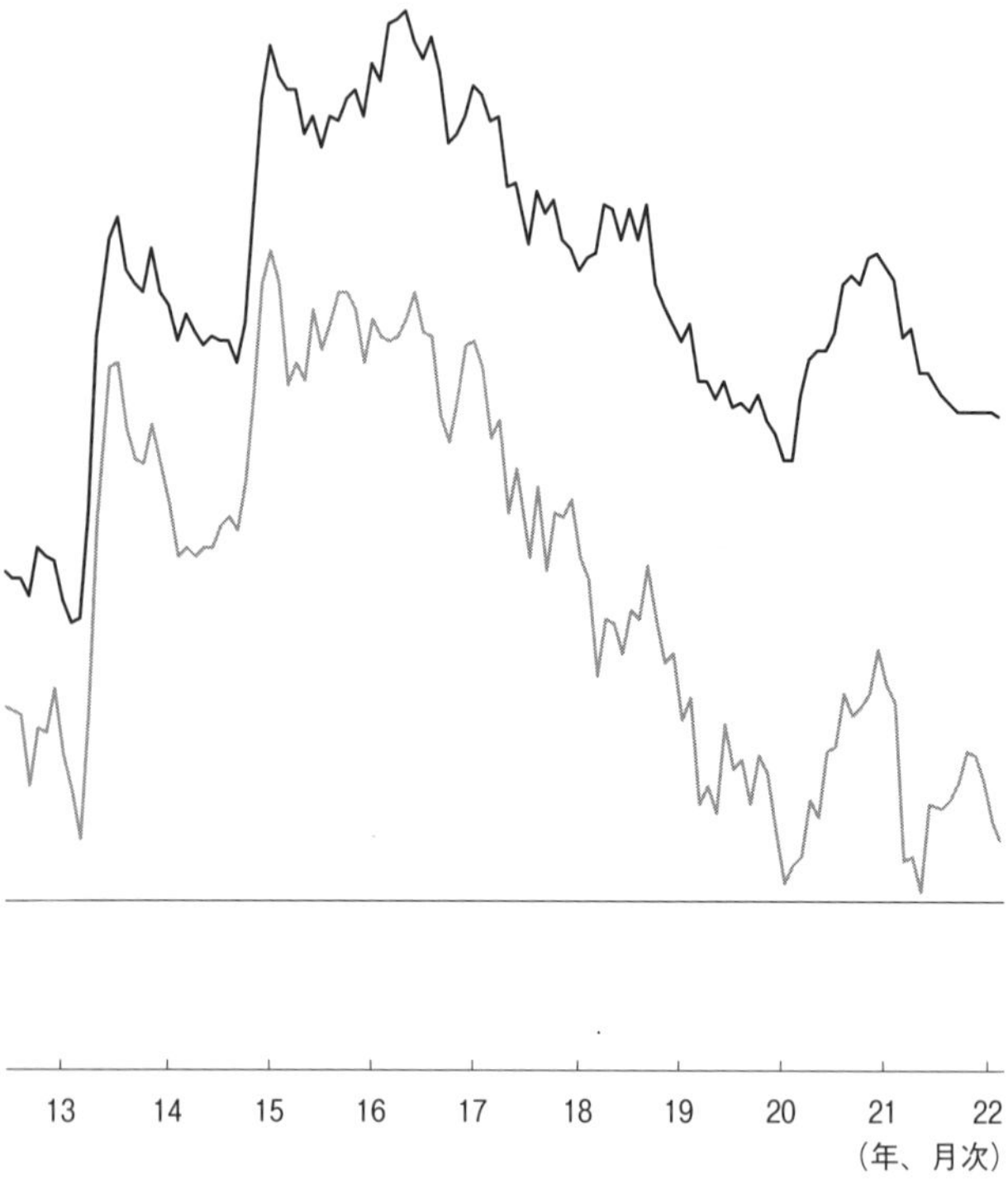

ネットとグロスの概念を巧みにすり替えた日銀の技ありの一手
13
14
15
16
17
18
19
20
21
22
（年、月次）

図表　グロスでみれば積極的な国債買入れ

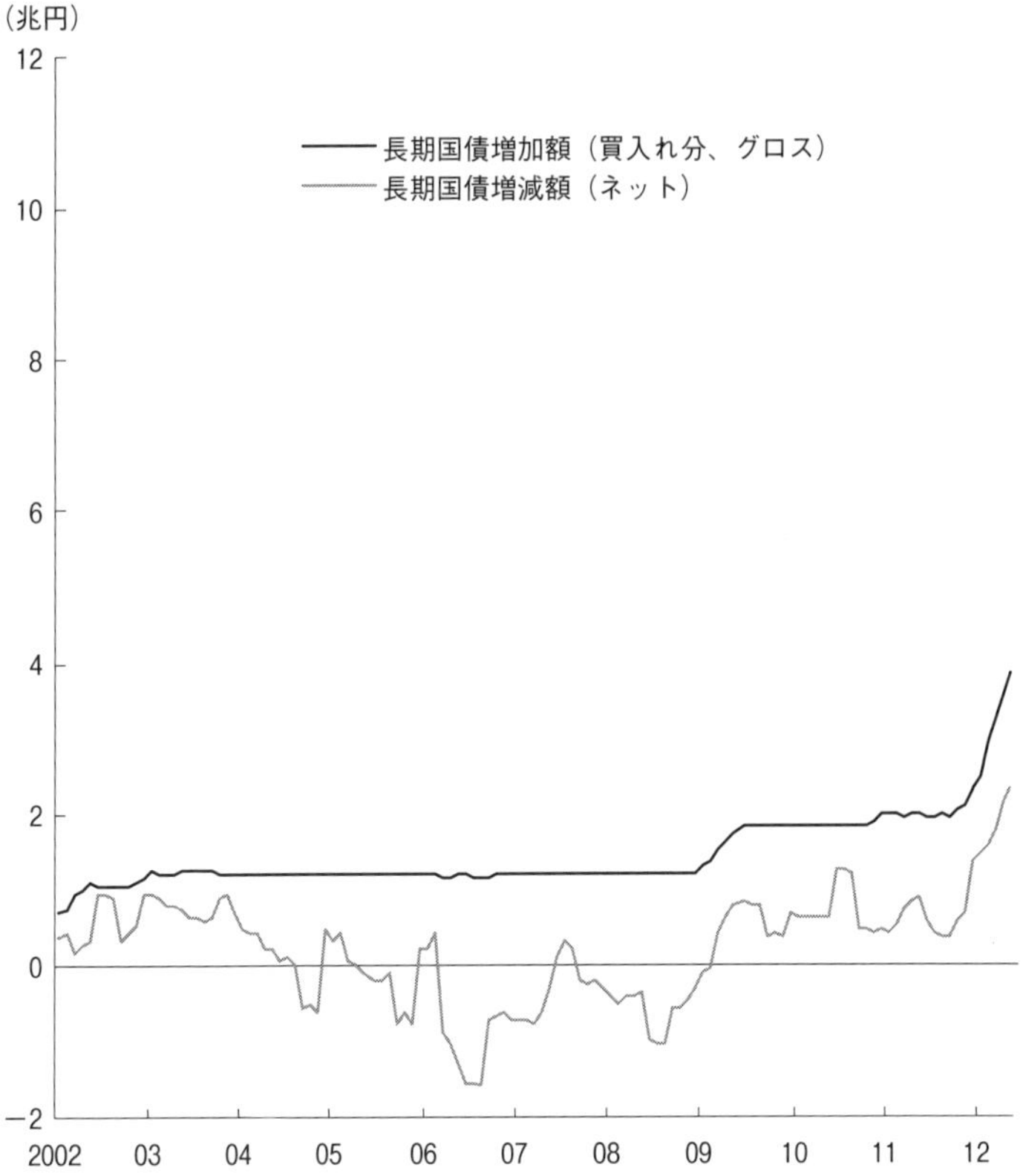

（注）　月中増加・減少額、３カ月後方移動平均。
　　　　長期国債の増減額（ネット）＝増加額（買入れ分、グロス）－償還額。
（出所）　日本銀行「マネタリーベースと日本銀行の取引」より筆者作成

2020年4月の金融政策決定会合で決まった金融市場調節方針では、「(10年物国債金利がゼロパーセント程度で推移するよう) 上限を設けず必要な金額の長期国債の買入れを行う」という文言が入ったかわりに、3月の政策決定会合まで入っていた「買入れ額については、保有残高の増加額年間約80兆円をめどとしつつ、弾力的な買入れを実施する」という文言が外れた。

一見すると、80兆円という上限がなくなり、積極的な買入れを行うようになったと読めるが、80兆円はめどであり、上限ではなかった。また、80兆円は保有残高の前年比増加額というネットの概念であるのに対して、積極的な買入れを行うのはグロスの概念であり、二つの概念は異なっている。

日銀にとっては、保有国債の償還額が拡大し、前年比増加額80兆円というメドがますます現実離れしてきそうななかで、やっかいなメドを外して、グロスの買入れ額での表現に置き換えてしまうことができた。これによって積極的な買入れを行っていても、償還額の拡大によって、保有残高が純減することも起こりうるようになった。

ネットとグロスの概念を巧みにすり替えることで、日銀は金融調節の自由度を拡大した。技ありの一手ということができよう。

第8章

終結に向かうかもしれないデフレ戦争

2001年に第一次デフレ戦争が始まってから20年あまりの日銀の金融政策は、第二次デフレ戦争までの短い休戦期間を除けば、一貫して金融緩和が続いた。それでも、物価はあまり上昇することなく、デフレ戦争は泥沼化した。新型コロナ対応が始まると、金融緩和が再び強化されたが、この動きは一時的で、感染拡大による金融市場や経済への影響が落ち着くにつれて、緩和強化の手仕舞いが始まった。

新型コロナ対応が収束してくれば、再びデフレとの戦いが始まるはずだったが、金融政策を取り巻く物価環境が一変してきた。世界的にインフレ圧力が強まるなか、原油など国際商品市況の高騰を背景に、日本の物価も上がり始め、2%の物価安定目標達成が現実のものとなってきた。デフレという戦う相手がいなくなってしまうと、この戦争を続けることがむずかしくなってきた。

1 日銀に金融緩和を迫るためのデフレ戦争

デフレ宣言は日銀に向けての宣戦布告

日銀は、このままデフレ戦争を続けるのか、それとも終わらせるのか、むずかしい局面を迎えている。金融政策の先行きをあらためて考える前に、ここまでみてきた日銀のデフレ戦争の流れをあらためて振り返って整理してみる。

デフレ戦争は政府のデフレ宣言で始まる。経済に悪影響を及ぼすデフレから脱却するための戦いということになるが、そうであれば、デフレに対して宣戦布告をするようなデフレ宣言など出しても意味がない。デフレという経済現象には、宣言を深刻に受け止める感情もなければ、聞く耳もない。政府がデフレ宣言を出したら、デフレが恐れ入っておとなしくなる、あるいは心を入れ替えてインフレに変身することなど100%ない。

では、なぜデフレ宣言を出すのか。デフレ宣言を出されて一番困るのは日銀だ。物価が上昇するまで金融緩和を続けざるをえなくなるからだ。つまり、デフレ宣言は、日銀に対して出される金融緩和を迫る最後通牒のようなものだ。デフレ戦争がデフレとの戦いというのは建前上の話であって、実際には、政府が日銀に金融緩和を続けさせるための戦いだったといえる。

2001年3月から2006年3月まで続いた第一次デフレ戦争では、デフレ宣言を出してデフレ脱却のための量的緩和政策の採用を迫る政府に対して、日銀は、金融システム不安回避のための潤沢な資金供給を強化するというかたちで応じ、初めての量的金融緩和政策を採用した。政府、日銀それぞれの思惑がありながらも、双方が接点を見出すことによって、政府と日銀の間の全面的な対立になることは回避された。

日銀からみると、第一次デフレ戦争は、潤沢な資金供給によって金融システム不安の回避という日銀にとっての目標を達成したところに、30年ぶりの世界経済の好況を背景にした景気回復と物価の上昇が重なって、デフレ脱却という建前上の目的も果たすことができたということになる。もっとも、表面上はデフレとの戦いに勝利できたことになるが、運にも恵まれて泥沼の戦いにならなかっただけであり、これをよき前例にする、すなわち再びデフレとの戦いを始める考えは、日銀になかったはずだ。

しかし、政府、特に内閣府にとっては、二つの意味で成功体験となった。すなわち、まず、日銀に金融緩和を迫る手段として、デフレ宣言の効果は絶大であるということ、そして、量的金融緩和はデフレ脱却に効果があるということだ。もっとも、前者はそのとおりであるとしても後者はたまたま、そうみえただけであったのだが、内閣府にとってのこの成功体験が、二度目のデフレ宣言、第二次デフレ戦争への道を歩ませる要因になったといえよう。

政府とリフレ派が攻勢に出た第二次デフレ戦争

２００９年11月の二度目のデフレ宣言は、内閣府にとっては当然の宣言である一方で、日銀にとっては唐突なものであった。たしかに、消費者物価が下落しているという意味ではデフレだが、景気はリーマンショックの落込みからの持直し途上にあり、欧米のようにリーマンショックによる金融機関経営の不安を抱えているわけでもなかった。日銀としては、第一次デフレ戦争のときのように、デフレ宣言に前向きに応じる余地が乏しかった。このため、第二次デフレ戦争は、政府と日銀の対立が前面に出ることになった。デフレとの戦いというより、金融政策をめぐる政府と日銀の戦いになってしまった。

政府と日銀との戦いという視点からみると、第二次デフレ戦争が始まると、政府とリフレ派は、デフレ脱却を錦の御旗にして日銀に対して金融緩和を迫る攻勢に出た。守勢に回った日銀はしぶしぶ小出しの金融緩和を打ち出さざるをえなかった。

さらに、2012年末に第二次安倍晋三内閣が誕生し、アベノミクスの第一の矢として大胆な金融緩和を打ち出した。デフレ脱却を目指すという金融政策の基本方針は、政府・日銀の共同声明というかたちで示され、そのなかで日銀は2%の物価目標を掲げることになった。日銀は、表現は適切ではないかもしれないが、政府の軍門に下ってしまったかのようになり、中央銀行としての独立性を保っているとはいえない状況になってしまった。

2013年3月に、安倍首相の意中の人である黒田東彦氏が日銀総裁に就任すると、量的・質的金融緩和を採用し、デフレ脱却のための異次元の金融緩和に乗り出した。日銀政策委員のなかには、白川総裁時代の金融政策を真っ向から否定するような極端な金融緩和政策に反対する委員はいたものの少数派であった。政府とリフレ派が、デフレとの戦いに消極的な日銀に勝利したことによって、日銀に強力な金融緩和を採用させて、本丸であるデフレと

効果

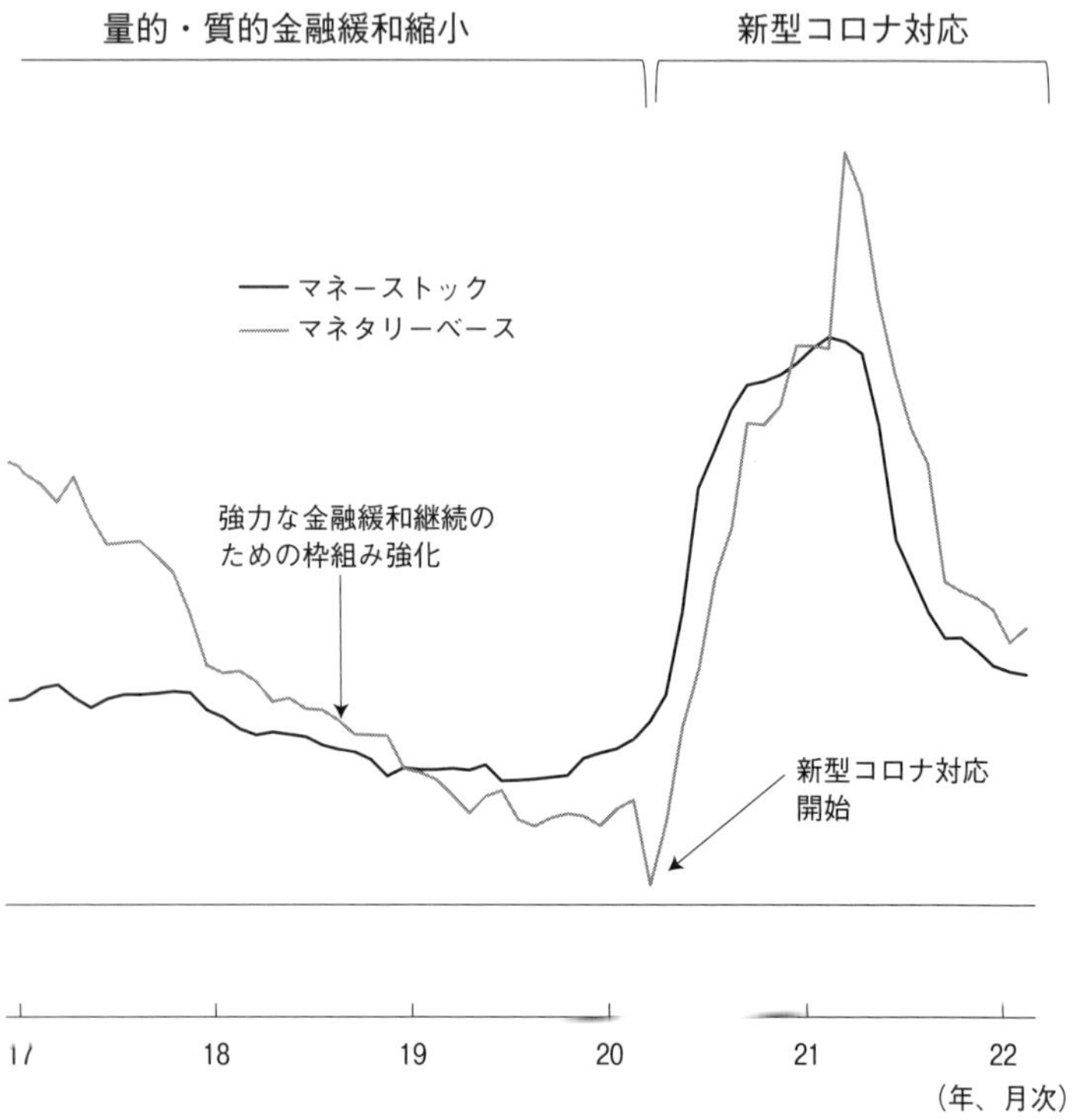
量的・質的金融緩和縮小
新型コロナ対応
マネーストック
マネタリーベース
強力な金融緩和継続のための枠組み強化
新型コロナ対応開始
17
18
19
20
21
22
（年、月次）

図表８－１　マネタリーベースとマネーストックでみる金融緩和とその

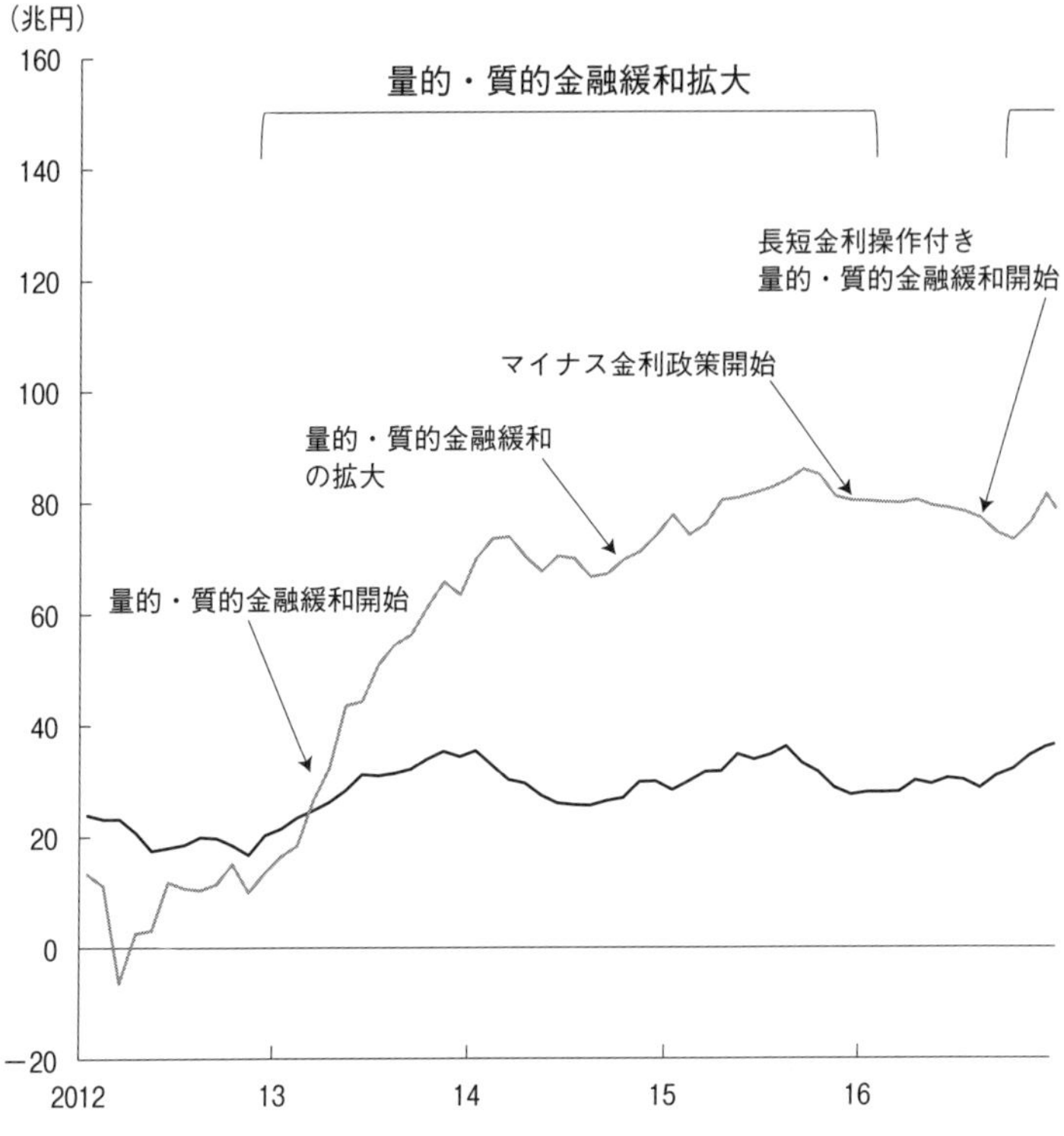

（注）　マネタリーベースは月末値、マネーストック（M2）は月中平均。
（出所）　日本銀行「マネーストック」「マネタリーベース」より筆者作成

の戦いでも攻勢に出ることになった。

　黒田総裁は、量的・質的金融緩和の導入を決めたときの記者会見で、2％の物価安定目標を2年以内に達成するとしていた。当初は、大胆な金融緩和も影響した円安の進展による輸入物価の上昇によって、国内の消費者物価もやや上昇してきた。しかし、それでも消費増税の影響を除けば、2％の物価目標を達成することはなかった。

　デフレ宣言を出して、日銀が大胆な金融緩和を実施すれば、第二次デフレ戦争に勝つのは容易だと信じていたのかもしれないが、マネタリーベースを倍増させれば、消費者物価が2％上がるというのは、根拠も勝算もない無謀な作戦であった。金融を知っているセントラルバンカーの視点に立てば、失敗することは明白な作戦であったが、日銀内にはこうした暴走を抑える力は残っていなかった。

　約束の2年間が近づいても物価安定目標達成のメドが立たないため、日銀は2014年10月に量的・質的金融緩和政策の拡大を実施し、デフレとの戦いの勝利を確実なものにしようとした。それでも、物価が上がってこないなか、日銀は2016年1月に突如マイナス金利政策を導入した。もっとも、戦力を追加投入し、戦線を拡大して、デフレとの戦いに何とか勝利しようと試みたのはここまでであった（図表8－1）。

2 デフレ戦争を終わらせるための戦いの始まり

後退する主戦論

マイナス金利政策が物価上昇をもたらすこともなく、政治家が期待していた円安や株高効果も出せないまま失敗に終わると、政府というよりも政治家とリフレ派との関係にも変化が出てきた。デフレを脱却することが日本経済を救う切り札と信じているリフレ派は、物価を上げるためにできることは何でもするが、政治家にとってはデフレ脱却のスローガンは日銀に金融緩和を強要するための手段にすぎず、たとえデフレ脱却のためであっても、円高・株安をもたらすような政策は問題外だった。

マイナス金利政策が失敗に終わり、政治サイドからの評価も下がったことにより、日銀内では、デフレ脱却のために緩和を強化しようというリフレ派の勢いが弱まる一方で、際限なく金融緩和を拡大することに慎重な白川総裁時代からの日銀プロパーの巻き返しが始まった。

デフレとの戦いが膠着状態となるなか、戦いの場は、あくまでデフレとの戦いを続け、追加金融緩和を主張する審議委員のなかのリフレ派と、デフレとの戦いをこれ以上拡大させないという方針を維持しつつ、金融調節の現場の裁量を拡大して、調節の自由度を確保しようという緩和慎重派とのせめぎあいに移ってきた。

2016年9月に金融緩和強化のための新しい枠組みとして、「長短金利操作付き量的・質的金融緩和」が導入されたことは、第二次デフレ戦争の大きな転換点となった。量的・質的金融緩和の象徴であった量（マネタリーベース）の目標がなくなり、金利（イールドカーブ）目標が復活した。目標ではなくなったマネタリーベースや日銀保有の長期国債残高の増加ペースは急速に低下し、限りなく横ばいに近づくことになった（図表8-1）。こうして、デフレ戦争は戦線不拡大方針へ大きく転換することになった。

テーパリングを行う自由度を確保

量の目標を掲げたままであれば、このような劇的な変化を実現することはまず不可能だったろう。量の目標をなくすということは、リフレ派の審議委員からみると、受け入れがたい政策変更である。このため、リフレ派の委員に納得してもらえるように、オーバーシュート型コミットメントを導入し、2%の物価安定目標の実現を安定的に続けるために必要な時点まで、長短金利操作付き量的・質的金融緩和を継続することを約束し、さらに、消費者物価の前年比上昇率の実績が安定的に2%を超えるまで、マネタリーベースの残高は拡大方針を継続することとした。

オーバーシュート型コミットメントの導入でデフレと戦う姿勢をアピールしてリフレ派に納得してもらい、それと引き換えに量の目標を撤廃することによって、それ以上の金融緩和の拡大を事実上封印し、さらに金利の調節という金融政策の本来の調節手段を限定的ながら取り戻すことができた。緩和に慎重な戦線不拡大派の作戦勝ちといってよいだろう。

量の目標を外したことによって、マネタリーベースの増加ペースは、限りなく横ばいに近いところまで低下させることができるようになった。つまり、テーパリングについては、金融政策決定会合で議決する必要はなく、テーパリング開始を宣言する必要もなくなり、日銀は、自らの裁量で、テーパリングを行えるようになった。

金利変動の幅も拡大

また、金利調節の自由度も徐々に拡大してきた。10年物国債金利の誘導目標をゼロパーセント程度とすることは金融政策決定会合で決まったことだが、金融市場調節の現場に任せられる金利の変動幅が徐々に広がってきた。誘導目標導入当初は、明示はされていなかったが、±0・1％程度の変動幅が許容されていたようだ。その後2018年7月には、黒田日銀総裁が記者会見の場において口頭で説明するかたちで、±0・2％の幅での変動が容認されるようになり、さらに2021年3月には、金融政策決定会合の決議を経て正式に変動幅が±0・25％まで広がった。

上下に変動幅が拡大するので金融政策の変更ではない。また、指値オペや連続指値オペなど、金利の急上昇を抑えるような手段も採用され、あくまで低金利を維持するという基本姿勢に変わりはなかったが、この間の10年物国債金利の推移をみると、実際には一連の金利変動幅の拡大は、金利の上昇余地を広げる効果があったと考えられる。

3 デフレ脱却の熱意が冷めてきた政府

リフレ派と政治家との隙間風

金融調節の現場の自由度を高めるような決定には、原田泰委員や片岡剛士委員といったリフレ派の委員からの反対意見が出てきたことからもわかるように、デフレ脱却のために大胆な金融緩和を行うという方針とは相反する面がある。しかし、こうした一連の動きに政治サイドからネガティブな反応が出てきているわけではない。

もちろん、政府はデフレ脱却が重要であるという建前は崩していない。しかし、消費者物価を2％上げることが大事とは思っていないようだ。少なくとも、大胆な金融緩和を第一の矢とするアベノミクスを掲げて安倍内閣が誕生し、デフレ脱却を実現するために黒田東彦氏を日銀総裁に指名したときのような、熱気は感じられない。

政治家にとって大事なことは、デフレを脱却することよりも、金融緩和が続いてくれることだ。デフレ脱却のためとはいえ、リフレ派が主張するような政策金利のマイナス幅拡大などの追加金融緩和が、円高・株安といった金融市場の混乱をもたらすのであれば、好ましい政策ではない。むしろ、追加の金融緩和には慎重であっても、いまの金融緩和を粘り強く続けてくれる日銀執行部との関係が良好になるのは自然な流れだろう。

さらに、政治サイドのデフレ脱却に対する熱意を後退させたのが、消費税率を8％に引き上げたときに消費が大きく押し下げられたことだろう。当時は、円安による輸入物価の上昇で消費者物価が前年比1％台半ばで上昇しているところに、消費増税によって消費者物価がさらに2％ポイント程度押し上げられた。所得が増えていない状況で、消費者物価が3％台半ばも上昇すれば、実質所得は同じ幅で目減りする。いくら消費税対策にお金をばらまいたところで、個人消費が落ち込むのは自明の理であったが、永田町にとっては想定外だったようだ。

物価上昇の原因が、消費税率引上げであろうと、円安や原材料価格の上昇であろうと、異次元の金融緩和であろうと、物価の上昇それ自体は家計の購買力を減らす要因となる。この頃を境に、政治家は、消費者物価が2％上がることよりも、賃金が2％上がることのほうが大事であり、たとえ賃金が2％上がっても、物価が2％上がったら景気はよくならないということに気がついたようだ。

政治にはしごを外されたリフレ派

2019年6月10日の参議院決算委員会での安倍晋三首相の答弁は、そうした官邸の変質を象徴する発言だった。安倍首相は、国民民主党の大塚耕平氏の質問に答え、「日本銀行の2％の物価安定目標は、一応の目的だが、本当の目的は、たとえば雇用に働きかけ、完全雇用を目指していくこと、その意味で金融政策も含め、目標については達成している」という趣旨の発言をした。2％の物価安定目標は本当の目的ではないと首相にいわれたわけで、安倍政権のもとで任命されたリフレ派の審議委員にしてみれば、はしごを外されたようなものだ。

同時に、安倍首相は、「それ以上の出口戦略云々については、日本銀行にお任せしたい」と発言しているが、その心は「日銀自らが掲げた目標を達成できていないのに、金融緩和正常化の出口に向かうことはありえない」ということだろう。安倍首相にとって大事なことは、消費者物価が2％上がることではなく、雇用の改善や所得の増加であり、日銀に求めることは金融緩和を長く続けてもらうことだったようだ。

金融緩和を長く続けてほしいという政治サイドの期待に応えるのは、2％物価目標を達成するために非伝統的な政策を打ち出して金融市場を混乱させかねないリフレ派よりも、追加の金融緩和に慎重であるが、金融緩和の持続性を強化する戦線不拡大派となってきたのかもしれない。

戦うべき相手がはっきりしていた新型コロナ対応の金融緩和

デフレとの戦い、特に第二次デフレ戦争では、政府と日銀の足並みがそろっていたとはいえなかったが、新型コロナウイルスの感染が急拡大するなか、新型コロナに対する一連の対応では政府のみならず、日銀も積極的に対策を打ち出し、政府と日銀は協調してコロナとの戦いに臨むようになった。日銀の金融政策決定会合でも、デフレとの戦いをめぐってはリフレ派の審議委員と執行部寄りの審議委員との意見の対立が続いていたが、新型コロナ対応の対策については、全員一致で決定された。

デフレとの戦いでは消極的であった日銀が、新型コロナ対応では積極的、かつ迅速に動いたのはなぜか。まず、戦うべき相手がはっきりしていた。新型コロナショックによる需要の急減によって、企業は経営の危機に瀕していた。大きな経済危機に直面しているのだから、そこに金融政策で資金を供給することは大義名分が立った。

また、感染拡大によって多くの経済活動が停止したため、企業ではキャッシュフローが途絶え、企業存続のためにすぐに資金が必要な状況であった。政府系、民間の違いを問わず金融機関に対する資金需要が存在しており、日銀が民間金融機関にゼロコストで資金を供給すれば、それが金融機関の融資を経て、市中で使われるお金として供給されることになる。日銀は、ゼロ金利制約下でも金融緩和を行える武器を得た。

さらに、戦うべき相手がはっきりしていて、戦う武器をもっているので、戦いがずるずる長引くことを回避できた。実際、新型コロナウイルスの感染はまだ続いているが、金融市場や経済に与えるショックが落ち着いてきたのにあわせて、新型コロナ対応の特別プログラムは終了に向かう方針が打ち出されている。

4 インフレになれば続けられないデフレ戦争

デフレ戦争が終わらなかった理由

新型コロナとの戦いには積極的であった日銀だが、リフレ派の審議委員を除けば、デフレとの戦いは早く終わらせたいと、内心思っていたのではないか。リーマンショックやコロナショックのように、経済が大きな危機に直面しているときに思い切った金融緩和を行うのは理にかなった話だが、消費者物価が前年比小幅低下していることだけを理由に、大胆な金融緩和を続けるのはおかしな話だ。ましてや、達成できそうもない高い物価安定目標を掲げて、景気が後退していようと、回復していようとおかまいなく、半永久的に金融緩和を続けるというのはあるべき姿ではない。

しかも、デフレ脱却に有効な金融緩和の手段を持ち合わせていない。日銀が国債を大量に購入しても、日銀当座預金残高やマネタリーベースが積み上がるだけだ。世の中の資金需要が乏しければ、金融機関の融資を通してそこから先にお金が流れることもない。マネタリーベースがいくら拡大しても、マネーストックの増加率は変わらず、金融緩和の効果が出てこない。景気を刺激する効果がないのであれば、経済活動を反映する物価が上がることもない。

過大な物価目標を達成できないまま、いつ終わるとも知れない金融緩和が続く。長短金利操作付き量的・質的金融緩和が始まってからは、マネタリーベースや日銀保有の長期国債残高の増加ペースは抑えられ、デフレとの戦いの不拡大方針に転換したが、戦争終結のメドは立たない状況が続いてきた。

デフレとの戦いを続ける問題点

2％の物価安定目標を達成できないことを理由に量的・質的金融緩和を続けることが、すぐに問題を引き起こすわけではない。マネタリーベースがふくれ上がっても、そこから先にお金が流れないのだから、金融緩和が引き金になって、物価が急騰することもなければ、景気が過熱することもない。

しかし、経済規模に比べて大量のマネタリーベースが存在している、つまり中央銀行の資産が膨張しているというのは健全な姿ではない。ゼロコストで資金が調達できる状況が続いても、成長力が高まらないということは、日本経済の競争力や潜在的な成長力に重大な問題があるということだ。物価を2％上げることよりも、競争力や成長力の改善に努めるべきだろう。

また、成長力に乏しい経済に潤沢な資金供給を続ければ、いつかバブルの芽となってくる。そもそも、日銀がゼロパーセントを10年物国債金利の誘導目標として国債を大量に購入しているのだから、国債市場では市場メカニズムが働かないバブルが発生しているといってもよい。しかも、景気の変動とは関係なく恒常的に超低金利が続くことによって、金利メカニズムが機能しなくなっている。こうした状況は、日本経済にとって長期的な問題をもたらす。

まずあげられるのが、安定的な長期の運用手段が乏しくなることだ。ますます高齢化が進展する日本において、年金のみならず老後の資金を確保するのがむずかしくなる。また、金利負担を気にすることなく、国債を発行できるので、財政構造の悪化に歯止めがかからなくなる。

インフレがひどくなる前に終わらせたかったデフレ戦争

それだけに、ひとたび金利が上がり始めると、低金利を前提にしていた経済や財政は成り立たなくなる。金利のみならず為替や株式などの金融市場もかなり混乱しそうだ。理由はともあれ、2%の物価安定目標達成にメドがついたのであれば、金融政策を正常化することにいまの政権が絶対反対ということはなさそうだが、金利が急騰してしまうのは困る。これがデフレ戦争を簡単には終わらせられない一番の要因だろう。

欧米では、金融緩和を続けすぎて、想定を超えたインフレに見舞われ、金融引締めに転じざるをえなくなった。世界的なインフレをもたらした要因としては、コロナショックからの回復がもたらした需要の拡大による原材料価格の高騰、脱炭素化の流れのなかで化石燃料生産のための投資が抑制されたことも影響したエネルギー価格の高騰、さらにロシアのウクライナ侵攻によるエネルギーほかの資源価格の高騰などがあげられる。

そして、これらは日本にも影響する要因であり、デフレに苦しむ(?)日本はインフレと無縁ということにはならない。所得が上がらない日本では、人件費や利益を削ってでも販売価格は上げないという企業行動が強いので、消費者物価の上昇は抑えられてきた。しかし、こうした状況がいつまでも続くと考えるのは危険だ。

たしかに、ここ1~2年の世界的な資源価格の上昇は、コロナショックからの持直しという循環的な要因や、ロシアのウクライナ侵攻といった個別の地政学リスクの高まりも影響している。こうした影響が一巡すれば再び物価下落圧力が強まってくる可能性がある。しかし、一時的な要因だけではなく、地球温暖化を防ぐための脱炭素化や東西冷戦終結後の世界秩序の転換という世界的な地政学リスクの高まりといった、構造的な要因も影響している。そうであれば、世界的なインフレ圧力が構造的に高まってきている可能性を認識しておく必要がある。

物価目標を実現することが最大のリスク

2％の物価安定目標が達成できないうちは大きな問題は生じない。なぜ2％の物価安定目標が達成できないのかという批判はメディアを中心に出てくるが、政治サイドは達成してもらわないほうが正直助かるといったところだろう。

しかし、金融政策とは関係なく、デフレからインフレへの環境変化が始まり、物価が上がり始めると状況が変わってくる。所得が増えないなかで物価が上がってくれば、それが小幅であっても実質所得の目減りにつながり、国民の不満は高まってくる。

しかも、日銀の金融政策はデフレとの戦いに特化しており、インフレ圧力の高まりに対しての備えが、少なくとも公式には封印されている。そもそも、原材料価格の高騰による川上からのコストプッシュインフレに対して、金融引締めによる効果は限られる。需要超過による国内でのインフレの広がりを防ぐための、本格的な金融引締めは消費者物価が2％の目標を安定的に実現するまで発動できない。予防的な金融引締めには踏み切れないわけだ。

一方、日銀が利上げしなくても、インフレ期待が高まってくれば、日本の金利も上昇する。金利が上昇してくれば国債価格は下落し、国債を保有する日銀や金融機関の財務体質を悪化させる。さらに、国の借金の金利負担が高まり、財政構造悪化の問題がさらに大きくなる。

10年物国債金利はゼロパーセントを誘導目標として、日銀による国債買切りオペによって人為的に低い水準にとどまってきた。しかし、世界的にインフレ圧力が高まり、海外の金利も上昇してくると、日本の金利も上昇する。日銀は10年物国債金利の変動幅の上限を超えるような金利上昇は抑えている。しかし、物価を取り巻く環境は大きく変わっている。物価安定目標を実現したり、あるいは目標を超えるような物価上昇が続いたりすると、金利の上昇を抑えるのがむずかしくなる。

一方で、2％の物価安定目標がいよいよ実現するということになったとしても、それは日銀の金融緩和の成果とは言いがたい。そうであれば、一度上がりだした物価を2％程度で安定させる手段などないことになる。2％の物価安定目標を金融政策によって、実現するというのはもとより机上の空論にすぎなかった。

日本でも、2％を超えるような物価上昇が続くようになると、日銀も利上げに踏み切らざるをえなくなる。そうなる前にデフレ戦争を終わらせる必要がありそうだ。実際にはデフレ戦争が簡単に終結することはなさそうだが、すでにデフレ脱却のスローガンは、人々の心に響かなくなっている。つまり、デフレと戦うという国民の戦意はすでに失われている。

5 心に響かないデフレ脱却のスローガン

2%の物価安定目標導入を可能にしたデフレ脱却のスローガン

2%の物価安定目標を実現しなければ、デフレ戦争を終わらせることはできない。いまや多くの中央銀行が物価目標を掲げているが、その多くはインフレを抑えることを目指して導入された。日本のように、物価を上げるために物価目標を掲げる国は珍しい。

かつては日本も高インフレに悩まされる時期があったが、1980年前後の第二次石油ショックによる物価上昇を最後に、日本の物価は安定した推移が続き、インフレ抑制のために物価目標を採用する必要に迫られることもなかった。

一方、物価安定に成功するなかで、成熟社会に移行した日本の成長力は低下し、持続的に物価が下落するデフレが懸念されるようになってきた。こうして日本では、デフレを脱却するため、つまり物価を押し上げるために物価目標を採用すべきという意見が強まってきた。

激しいインフレが猛威をふるっている国で、中央銀行が物価目標を掲げてインフレを抑えようとすることは国民の支持を得ることができる。たしかに、金融引締めは景気を悪くするおそれがあり、不満も出てくるが、生活が立ち行かなくなるようなインフレを抑えるためには我慢しないといけないと納得してもらえる余地がある。これに対して、日本のように物価が上がらない国で、たとえ2％と低水準であってもわざわざ物価を上げようというインフレ政策は本来であれば、国民は受け入れたくないはずだ。

デフレは悪という常識に対する疑問

デフレとは持続的に物価が下落する状況を指す。政府の月例経済報告でも持続的な物価下落という意味でデフレという言葉を使っている。そうであれば、持続的な物価下落とだけいえばよいのだが、それをデフレと言い換えることで、政策的な意味合いが大きく変わってくる（Box8）。

デフレ脱却という言葉の響きは心地よかった。国民にとってとても悪い状況を脱して、よい状況に移行する響きがあった。これをインフレ実現とでも称していたら、世の中に与える印象もよくなかったろう。2％の物価安定目標に対する反発もすぐに出てきたはずだ。日銀は、実現できそうもない2％の物価安定目標の導入には消極的であったが、デフレ脱却のスローガンが広く浸透し、国民の間からは物価安定目標の導入に対する強い反対は出てこなかった。

デフレという言葉を使うことによって、持続的な物価下落という本来の意味に加えて、経済活動の沈滞、景気の低迷、所得の減少といったさまざまな意味合いをもつようになる。デフレは悪いことという常識が定着してくれば、デフレ脱却というスローガンの威力が増してくる。

デフレが悪いという理由はいくつかあげられている。しかし、冷静に考えてみると、本当に悪いのかという疑問もわいてくる。

まず、デフレになると、実質金利が高止まりして、借入負担が拡大し、投資などの経済成長をもたらす前向きな経済活動が停滞すると指摘されている。たしかに考え方は間違ってないとしても、消費者物価の上昇率で実質金利を考えるのが妥当なのか。少なくとも企業経営者がみているのは、想定される販売価格とキャッシュフローであり、消費者物価をみて投資判断をしているわけではない。

デフレで価格の先安観が強まると、消費が先延ばしされるといわれている。たしかに、消費税率の引下げが予定されているといった具合に、確実に値段が下がる場合はそれまで待つという消費者が出てきてもおかしくない。消費税率引上げ前の駆込みと反対の現象だ。また、1年間で5％、10％も物価が下がるのであれば、焦って買う必要がないと思う人が現れてきてもおかしくない。しかし、年1～2％程度のデフレであれば、買い控えという消費行動はそんなに起きないのではないか。

そもそも単なる消費の先延ばしであれば、いずれ消費されるわけであり、経済に与える影響は中立だ。むしろ、物価が下がることで実質所得が支えられているのであれば、消費にとってはプラスであり、インフレによる実質所得の減少のほうが、消費にマイナスに作用するはずだ。

デフレだと賃金が上がらないというのは、物価上昇率を基準にして賃金上昇率を決めるかつての労使交渉の発想だ。賃金を上げるために物価を上げるというのは本末転倒な話だ。賃金が上がらないことをデフレのせいにしてはいけない。会社の業績への貢献に応じて給料が決まるようになれば、デフレであっても賃金は上げられる。

デフレが続くと実質金利が下がらず、金融政策がやりづらくなることも、デフレの問題点としてあげられている。マイナス金利政策が導入されても、現実問題として金利はゼロより下には下がらないと考えるべきだ。しかし、中央銀行の都合だけで、物価を上げるべきという主張は通らない。少なくとも、デフレ脱却を目標として掲げるのであれば、日銀はまず国民に対して我慢をお願いすることを説明しなければいけない。

外堀を埋めてしまった「悪いインフレ」というごまかし

原油など原材料価格の高騰もあって、消費者物価も上昇の気配が出てくると、2%の物価安定目標を達成しないうちから「悪いインフレ（物価上昇）」という言葉がよく使われるようになった。輸入物価の上昇が国内物価に転嫁されて起こるインフレは、悪いインフレの代表格のようだ。海外での原材料価格の高騰による輸入インフレは、交易条件を悪化させて日本から所得を流出させるからだ。

これに関連して、円に換算した輸入物価の上昇を加速させる円安も「悪い円安」と称され、悪者になってしまった。しかし、円高とデフレは悪いものだから、円高阻止とデフレ脱却をスローガンにしてきたのに、円安が進んで、物価も上がってくると、これは悪いインフレ、悪い円安と言い出すのは、聞かされる側にしてみれば、ある意味予想されたところだが、納得のいかない話だ。

川上の資源価格の上昇に起因するインフレは政府・日銀が想定していたものとは違うという指摘もある。しかし、いまの日本で物価が上がるとすれば、消費税率の引上げを除けば、原油など資源価格の高騰や円の急落が起きたときだ。よい悪いは別にして、想定外ではなく、一番ありうるシナリオだったはずだ。

悪いインフレがあるなら、よいインフレもあるのか。よいインフレとされるのは、景気拡大による需要増加によって物価が上昇し、さらに企業業績の改善が、働いている人の所得を増加させることのようだ。

しかし、これは悪くはなくても、よいというほどのインフレではない。強いていえば、所得が増えているので我慢できるインフレというところだ。人々にとっては、景気拡大によって需要が増加し、企業業績が改善し、最終的に自分の所得が増えれば、それでよい。物価が上がる必要はなく、むしろ、所得が目減りすることを考えれば、物価は上がらないほうが助かる。

デフレは、わずかであっても経済にとって悪いことであるのに対して、緩やかなインフレは好ましいことであり、日本経済を元気にする切り札だという常識を定着させてしまったことが、そもそも問題だった。

理由は何であれ、消費者物価が上がり始めて、2%の物価安定目標をようやく達成できそうになってきた。しかし、物価の上昇によって日本経済が元気になるわけではなく、所得も増えない。日本経済復活のためには、2%の物価上昇がまずもって大事としてきた、これまでの説明に誤りがあった。それを素直に認めるのであればまだしも、悪いインフレというごまかしのフレーズを使うことによって、ますますデフレ脱却というスローガンに対する人々の不信感を強めることになる。

なぜデフレと戦う必要があるのかという素朴な疑問が人々の間でふくらんでくると、デフレ脱却のための強力な金融緩和を続けるという日銀の主張に対する国民の理解や容認姿勢が後退してくる。

Box8

インフレが悪だった頃の経済白書

いまでこそ、日本は物価が上がらず、デフレで苦しむ国というイメージができあがっているが、1970年代の中頃は日本の物価は急上昇していた。1972年7月に全国を高速交通ネットワークでつなぎ、工業再配置による日本列島改造を主張する田中角栄内閣が誕生し、不動産投資の拡大による地価の上昇、景気の過熱によるインフレをもたらした。1973年終わりには第一次石油ショックによる原油価格の高騰が加わり、狂乱物価と呼ばれる物価の高騰に悩まされることになる。

そのさなかに出された1973年の経済白書は「インフレなき福祉を目指して」という副題がつき、インフレの問題を克服して、今後の福祉経済のあり方を考えるという問題意識で執筆されたものであった。さぞかし、インフレという言葉が出てくるかと思って読むと、インフレーションという言葉が使われているのは、海外の物価動向に関する分析と今後のインフレ懸念に係るところであり、国内の物価動向の分析では、インフレという言葉が使われず、「物価の上昇」「物価の高騰」という表現になっている。

当時の経済企画庁の幹部の方に聞いたことがあるが、すでにインフレが激しくなり、物価問題がクローズアップされていたこともあって、田中首相は経済白書に「インフレ」という言葉が多用されていることに激怒して、（おそらく秘書官が）その数を数え上げたうえで、全部外せと命じたそうだ。

国内の物価動向の説明ではインフレという言葉が使われなかったが、「異常な物価上昇」といった表現もあり、インフレという言葉が使われないからといって、経済白書の主張が変わったわけではない。ちなみに「物価の上昇」という表現は、英語版では“inflation”で変わらなかったそうだ。

田中首相は、インフレという言葉がもつ悪い印象が、自分の政策を批判されているようで我慢がならなかったのではないか。その経済企画庁の後身である内閣府が、持続的な物価下落をデフレと表現することで、デフレは悪というイメージをつくりあげたのは皮肉なことだ。もっとも、デフレという言葉を使うなと内閣府に注文をつける首相はさすがにいなかったろう。

第9章

デフレ戦争を終わらせるには

デフレという戦うべき敵がいなくなっても、日銀はすぐにデフレ戦争を止められない。インフレに対する人々の不満が高まるなか、日銀は1人デフレと戦いの場に取り残されてしまった感がある。それだけではなく、金融緩和を続ける日銀が、円安、インフレ、さらに今後起こるかもしれない景気後退のすべての責任を負わされそうな雰囲気さえ漂う。

もっとも見方を変えると、日銀にとってデフレ戦争終結のチャンスが到来している。2%の物価安定目標を達成し、将来的にしばらくインフレが続くという予想が出てくるのであれば、まずはデフレ戦争を終わらせるべきだ。

さらにそのうえで、いずれ物価上昇率が低下し、再び下落することも想定して、二度とデフレ戦争に戻ることがないようにしなければならない。2%の物価安定目標や政府と日銀の共同声明の見直しを行うと同時に、競争力や成長力を高めるという本当の意味でのデフレ脱却実現のために何をすべきか。日銀や政府だけではなく、むしろ民間セクターを中心にした幅広い取組みが必要になっている。

1　デフレとの戦いに取り残された日銀

デフレとの戦いは強制終了

新型コロナとの戦いが収束してくれれば、デフレとの戦いに戻るはずであったが、もはやそれはむずかしい。資源価格の高騰を背景に、いよいよ日本でも国内価格への転嫁が広がってきた。所得が増えない日本では、企業が川下の消費者への価格転嫁に慎重であったが、さすがに限界に近づいてきたようだ。米国など海外ほどではないが、日本でも消費者物価がじわじわ上昇してきた。

異次元の金融緩和を10年近く続けても、達成できなかった2％の物価安定目標であったが、ひとたび価格転嫁が広がってくると夢物語ではなくなってきた。資源価格の高騰による国内物価の上昇は一時的であり、持続的に2％の物価安定目標を達成できるかどうかわからない。あるいは、所得の増加を伴わない物価上昇は、目指していたデフレ脱却の姿とは違うといった主張には一理ある。しかし、実際に物価が上昇してインフレが現実のものとなっているのに、デフレとの戦いを続けるといっても無理がある。

国民の多くがインフレの心配をし、政府も物価高対策を打ち出している。多くの人が、「デフレ脱却」という言葉の響きに騙されていたが、それが、少なくとも物価に関しては「インフレ促進」と同義だということに気がついてしまった。物価の上昇は一時的であって、デフレはインフレの陰に隠れているだけだといくら主張しても、物価を上げるための金融緩和を続けるという方針が支持されることはしばらくないだろう。

物価が上がらないうちはデフレとの戦いを続けることは可能だったが、ひとたび物価が上がってしまえば、デフレ戦争は強制終了せざるをえない。「インフレだが、デフレは脱却していない」という理屈は通らない。

デフレ戦線に取り残されてしまった日銀

それでも、日銀はデフレとの戦いをすぐにやめることができない。日銀は、第6章でみてきたように、デフレ戦争の歯止めなき拡大を回避するために戦線不拡大方針に転じた。マネタリーベースや日銀保有の長期国債残高の前年比増加額という量の目標を掲げることをやめると同時に、イールドカーブ・コントロールの導入によって金利調節の自由度を少しずつ取り戻してきた。その一方で、オーバーシュート型コミットメントやフォワードガイダンスなどを掲げて、デフレと戦う姿勢をアピールしてきた。

コミットメントやガイダンスは、日銀の金融政策をあまり制約しないように工夫されていたが、さすがにデフレ戦争から撤退しようとするといろいろ制約が出てくる。オーバーシュート型コミットメントでは、日銀は「2%の物価安定の目標の実現を目指し、これを安定的に持続するために必要な時点まで、長短金利操作付き量的・質的金融緩和を継続する」ことと、「マネタリーベースの残高は、イールドカーブ・コントロールのもとで短期的には変動しうるが、消費者物価指数（除く生鮮食品）の前年比上昇率の実績値が安定的に2%を超えるまで、拡大方針を継続する」ことを約束している。

これは、逆から読めば、2%の物価安定目標を実現していなくても、長短金利操作付き量的・質的金融緩和を継続して、マネタリーベース残高の拡大方針を継続していれば、マネタリーベースや日銀保有の長期国債残高の増加ペースを下げること（テーパリング）ができる、という抜け道を日銀に提供するものであり、日銀もこれを機動的に活用してきた。

もっとも、この抜け道を使っても、マネタリーベースや日銀保有の長期国債残高を減らすことは許されない。日銀は、新型コロナ対応で積み上がったマネタリーベースについては、新型コロナ対応を手仕舞いする過程で必然的に減少してくるものであり、それは、オーバーシュート型コミットメントに反するものではないとしている。しかし、これはあくまで特例的な対応だ。

また、オーバーシュート型コミットメントは、政策金利や10年物国債金利の誘導目標の引上げを直接否定するものではないが、マネタリーベースの拡大方針を継続する以上は、本格的な金利引上げの選択肢は事実上封印されている。

つまり、日銀は、消費者物価指数が少なくとも半年程度にわたって安定的に2%を超えて、経済・物価情勢の展望（展望レポート）で示される日銀政策委員の物価見通しが2%を超えてくるまで、マネタリーベース残高の政策的な意図をもった縮小は控えざるをえなく、政策金利や10年物国債金利の誘導目標の引上げといった金融政策の変更には踏み切れない。それまでは、日銀はデフレとの戦いを続けざるをえず、デフレ戦線に取り残されることになってしまった。

2 インフレや景気減速の戦犯になりかねない日銀

「デフレ脱却」が悪になってしまった

日銀は、デフレ脱却という挙国一致のスローガンを掲げて戦ってきたが、気がつけば、デフレ脱却のために強力な金融緩和を続けることが批判されるようになってしまった。日銀としては、お国のために戦ってきたのに、急に悪者扱いされるのは釈然としないかもしれない。

しかし、物価が上がって喜ぶ人はまずいない。どうせ物価は上がらないと高をくっていたから、デフレ脱却のための金融緩和に文句をつけなかった人も、まさかの2％の物価安定目標達成となると、一気に不満が拡大する。2％の物価安定目標は、平時の日本経済にとっては過大なものである一方で、実現してしまうと経済にとってはマイナスというやっかいな代物だった。

もっとも、異次元の金融緩和を10年近く続けても2％の物価安定目標は達成できなかった。つまり、金融緩和は物価を押し上げる効果はなかったということだ。そうであれば、ここにきて物価が上がり始めたことは、日銀の実績でもなければ、責任でもない。

消費者物価が上昇してきた要因は、まず、資源価格の高騰である。円安が進んだことも限界的には輸入原材料価格を押し上げる効果はあったはずだが、ドル建てでの資源価格高騰の影響に比べれば限定的だったと考えられる。さらに、川上の原材料価格の高騰を、これまでであれば、企業が人件費を含めたコスト削減や利益の縮小で吸収して、なるべく川下の消費段階の価格に転嫁しなかった。所得が増えない日本で、消費段階の販売価格を上げてしまうと売上げの減少につながることは必至だったからだ。しかし、さすがにそうした対応が限界に達してきたのか、価格転嫁の動きが広がってきた。

インフレが広がってきたことは、必ずしも日銀の責任とはいえないのだが、それをいってしまえば、10年間の金融政策は意味がなかったと認めたことになる。さすがに日銀としては、それはできない。

「悪い円安」論まで広がる

デフレ戦線に取り残された日銀にとって、円安が進展していることも立場を悪くする。黒田東彦日銀総裁が就任したときには、大胆な金融緩和が急速な円安をもたらし、それを好感して株高も進んだ。円安による輸入物価の上昇は消費者物価を押し上げる要因となり、円安はデフレ脱却をもたらすよいものという認識があった。

しかし、最近は「悪い円安」論が広がっている。円が安くなれば、原油など原燃料の多くを輸入に依存する日本では、交易条件の悪化が日本経済にマイナスに作用するのだが、それはいまに始まった話ではない。海外の原材料価格が高騰しているところに円安の進展が重なったことが、「悪い円安」論の広がりに拍車をかけたようだ。

為替を所管する財務大臣までが、悪い円安論に理解を示すような発言をしていたが、どうしても円安が好ましくないと判断するのであれば、為替を所管する財務省として、海外の通貨当局と協調した為替介入、あるいはそれがむずかしいならば単独でも介入することになる。もっとも、介入しても円を上げる効果はあまり期待できない。そもそも、政策的に為替水準を動かそうという為替介入が適切だとも思えない。

為替水準を調節するために金融政策を変更することは、日銀としては最悪の選択だ。

1985年のプラザ合意後に円高が進んだときは、経済の低迷を防ぐために長期にわたって低金利を維持させられ、その後のバブル景気をもたらす一因となった。このときは円高による購買力の拡大という面は考慮されることはなく、円高は日本経済にとって悪いことという価値判断が絶対的であり、日銀は政府の意向を受けて低金利を続けざるをえなかった。

いまは、悪い円安という主張に変わっており、これまでの円高悪者説とは反対だが、特定の為替の水準に、日本経済にとって悪いというレッテルを貼り、金融政策を左右しようとしているという点では同じだ。ひとたび悪い円安論に乗っかって金融政策を変更すれば、円高が進んだときには利下げを迫られることになる。

日銀は、2%の物価安定目標を掲げて、金融政策の方向性を決める基準にしている。その良しあしはおいておくとしてそこに、「悪い円安（円高）」という定義もあいまいな判断基準を加えたら、金融政策が混乱するだけだ。

そもそも、マーケットの期待にあわせて、政策金利や10年物国債金利の誘導目標の引上げを行ったところで、為替が円高に動くとは限らない。プラザ合意以降の円高基調は2011年で終わっている。東日本大震災を契機に、日本が巨額の貿易黒字を持続的に計上することはなくなり、貿易収支が赤字になることも珍しくなくなった。

国際収支の基調がすでに変わっていたところに、異次元の金融緩和が登場して円安が一気に進んだが、いま日本の金利が多少上がっても、国際収支の基調が円高を示唆していない以上、円高が大きく進むとも思えない。

もし、日銀が市場の誘いに乗れば、さらなる金利上昇の容認を迫られることになりかねない。日米の消費者物価上昇率の違いを考えれば、日米金利差がすぐに大きく縮まるはずもなく、日銀はデフレ戦争に続いて円安との泥沼の戦いに陥ることになってしまう。

景気悪化の責任も負わされかねない日銀

欧米に比べればまだ物価は安定しているが、それでも、日本の消費者物価も2%の物価安定目標を達成するまでに上昇してきた。平時であれば、インフレ予防的な政策に舵を切ってもおかしくないのだが、いまでもデフレとの戦いを続けている日銀に機動的な対応はむずかしそうだ。

また、無理をしてまで金利の上昇を容認しても、インフレ予防的効果が見込まれるわけではない。資源価格の高騰による物価の上昇に対して、金利の引上げによるインフレ抑制効果は期待できない。また、最近は円安が輸入価格の上昇を加速させているが、すでに述べたように、多少の金利上昇では円を上昇させて物価を抑制する効果は期待できない。

予防的引締めを行っても、インフレを抑制する効果があまり期待できないだけではなく、景気動向からみても金利の引上げはリスクを伴う。政府も日銀も、景気は持ち直しているという判断を続けているが、2020年前半のコロナショックからの持直しはすでに一巡している。世界的な原材料価格の高騰は円安の影響が加わらなくても、日本経済にとっては懸念材料であり、消費者物価の上昇も所得の伸びが低い日本経済にとっては、個人消費を下押しする悪材料となってくる。

円安是正はもちろんのこと、インフレ予防が理由であっても、金利の上昇を容認したタイミングで、景気が下を向いてきたとなれば、景気悪化の責任は日銀が負わされることになる。日銀としても2000年8月のゼロ金利政策の解除失敗の轍は踏みたくないだろう。

一方で、しばらくは続く国内物価の上昇は、日銀が利上げなど適切な政策をとらなかったからだということになれば、インフレによって個人消費が停滞してきたときに、その責任も日銀にありということになる。いずれにしても、日銀はデフレ戦争失敗の責任を負わされることになりかねない。

3 デフレ戦争終結のチャンス到来

新型コロナウイルス感染拡大の影響が落ち着く

政府が物価高対策を打ち出すなか、日銀はデフレとの戦いに1人取り残されてしまった感もある。しかし、日銀にとってデフレ戦争終結のチャンスが到来していることに変わりはない。デフレ戦争を終結させて金融政策を正常化させるために、日銀は慎重に事を運ばないといけない。

第2章で確認したが、第一次デフレ戦争が終結した2006年3月の金融政策を取り巻く環境変化を確認すると、金融システム不安の回避という日銀にとっての真の目標を達成したところに、30年ぶりの世界景気の好況を背景に国内の景気拡大が続き、消費者物価も小幅ながら上昇に転じていた。

このときと比べて、いまの状況はどうなっているか（図表9－1）。まず、今回は金融システム不安の回避にかわって、新型コロナの感染拡大による経済・社会不安の回避という目標が登場した。2020年以降は、デフレ脱却よりもコロナショックへの対応のほうが日銀にとって重要な目標となった。言い方を変えれば、たとえ2％の物価安定目標が安定的に達成され、そうした状況が確認できたとしても、新型コロナの感染拡大が経済・社会に及ぼす影響が深刻なうちは、金融緩和の手を緩めることができなかった。

新型コロナウイルスの感染はまだ収束したわけではないが、感染拡大が経済・社会に及ぼす影響は徐々に落ち着いてきている。もちろん、まだ油断は禁物だが、日銀は新型コロナ対応を収束させる方針を打ち出しており、第二次デフレ戦争終結の条件が一つ整ってきている。

図表9－1　デフレ戦争終結に向けての環境比較

金融政策を取り巻く環境	第一次デフレ戦争	第二次デフレ戦争
デフレ脱却以外の日銀の目標の達成度	金融市場への潤沢な資金供給によって、金融市場が落ち着き、金融システム不安を回避	新型コロナウイルスの感染は続いているが、新型コロナ対応の金融緩和によって、経済・社会に及ぼす影響が徐々に落ち着く
デフレ脱却の達成度	小幅ながら消費者物価が上昇に転じる	２％の物価安定目標の導入により、デフレ脱却のハードルは高まったが、世界的な資源価格の高騰に円安の影響も加わって、消費者物価は２％の物価安定目標水準で推移
景気動向	世界経済の好況に助けられ、国内景気は拡大基調を続ける	コロナショックからの持直しは一巡し、景気は横ばい。先行きについての不安も続く
日銀を取り巻く政治環境	経済財政担当大臣が、金融緩和を迫る竹中平蔵氏から、日銀の金融政策に理解がある与謝野馨氏に交代	岸田政権は、円安やインフレによる影響を懸念しており、デフレ脱却のための金融緩和をいつまでも続けるべきとは思っていない。ただ、金融政策の正常化が金利を急上昇させることは懸念している

（出所）　筆者作成

2%の物価安定目標の達成

デフレ脱却の条件は、第一次デフレ戦争のときは、消費者物価の上昇率がプラスを維持すればよかったが、いまは2%の物価安定目標を掲げているため、ハードルははるかに高まっていた。容易に達成することはできないと思われた目標だが、ここにきて達成が現実のものになった。

幸か不幸か、物価上昇圧力は、第一次デフレ戦争終結時の2006年に比べていまのほうが強い。輸入原材料価格高騰による一時的な要因が大きいとしても、2%の物価安定目標の達成が続けば、経済・物価情勢の展望で示される政策委員の向こう2年程度の物価の見通しも、2%を超えてくることになろう。

つまり、マネタリーベースの増加基調を続けることを約束した、オーバーシュート型コミットメントを解除する条件が整ってくる。

実際には、新型コロナ対応の手仕舞いという名目で、マネタリーベースが減少してくる状況だが、そうした抜け道を使わなくても、マネタリーベースの縮小を正々堂々と行うことが可能になってくる。

日銀が、デフレはまだ続いているという判断を維持すれば、たとえ物価の条件を満たしていても、オーバーシュート型コミットメントを続けることは可能だ。しかし、条件が整ってくれば、これは本当のデフレ脱却ではないとかたくなな態度をとるよりは、デフレ戦争の終結を宣言して、金融緩和正常化の出口に向かうのが自然な対応だろう。デフレ戦争を終結するかしないかは、日銀の決断次第となってきた。

景気の先行き不安が懸念材料

一方、景気の状況は、すでに述べたように、第一次デフレ戦争終結時のように、しっかり回復しているといえる状況ではない。むしろ、新型コロナショックの落込みからの持直しはすでに一服しており、景気は横ばい状態が続いている。先行きについては、ロシアのウクライナ侵攻も影響した世界的なインフレ加速や金融引締めへの転換、中国はじめ世界経済の減速懸念が続いている。物価が上昇してきたとはいえ、欧米に比べれば落ち着いている日本で、米国のような急ピッチの金融引締めに転じることは現実的ではない。

インフレの抑制に失敗した欧米が引締めに転じていることを理由に、まだ物価が落ち着いている日本が慌てて欧米の後を追う必要はない。ましてや、円安是正のために金利を上げるという場当たり的な対応が求められているわけでもない。一方で、物価がすでに上昇しているのに、いつまでもデフレ脱却のための金融緩和を続けるというのも適当ではない。インフレ予防の観点からも、金利の急上昇を回避しながらも、金融政策の正常化を図る必要がある。

物価が2%の安定目標を達成しても、景気が停滞しているという状況は、デフレを脱却すれば、日本経済は元気になるとしていた政府や日銀にとっては不都合な真実だろう。このため日銀は、「世界的な資源価格高騰によってもたらされた国内物価の上昇は一時的であり、持続性がない」「所得の増加を伴わない物価上昇は、本当の意味でのデフレ脱却ではない」といった説明をしている。

しかし、デフレを持続的な物価下落と定義して、2%の物価安定目標をできるだけ早期に実現することが重要としてきたわけだから、いまさらこうした説明をしても説得力はない。日銀としては、まずはデフレとの戦いに特化しすぎた金融政策を見直し、デフレ・インフレどちらにも対応できるように、金融政策の正常化を図ることが重要だろう。そのうえで、2%の物価安定目標を掲げたことが適切であったのかということに関して、真摯な反省が必要になってくるのではないか。

デフレ戦争終結に向けての政府との関係

第一次デフレ戦争終結は、金融システム不安が落ち着き、景気も物価もデフレ戦争を終わらせるような環境に恵まれていた。いまの環境をみると、新型コロナウイルスの影響が落ち着いてきたことは、第一次デフレ戦争終結のときに近づいてきた。同時に物価についてはそのときよりもはるかに上昇圧力が強まっており、インフレ懸念すら広がっている。その意味では、金融政策正常化に向けて追い風すら吹いている。しかし、景気動向を考えれば、慎重にことを運ばないといけない。

第2章でも述べたように、第一次デフレ戦争終結の決め手となったのは、デフレ脱却のための金融緩和を日銀に求めてきた竹中平蔵氏にかわって、政治家のなかでは珍しく日銀の金融政策に理解が深く、福井俊彦日銀総裁（当時）とも信頼関係が構築できていた与謝野馨氏が、経済財政担当大臣に就任していたことだった。

岸田文雄首相、鈴木俊一財務大臣、山際大志郎経済財政担当大臣は、日銀の金融政策に対して強い不満をもっているということはなさそうだ。たしかに、政府が物価高対策を打ち出しているときに、デフレ脱却のための金融緩和をことさら強調されるのは、金融政策と財政政策の整合性を考えると、居心地のいい状況ではない。

人々が、デフレよりもインフレの心配をしているときに、デフレ脱却の旗を掲げ続ける日銀に違和感をもっている可能性は否定できない。しかし、日銀が金融緩和の正常化に一気に舵を切ることが、金利の急上昇につながって金融市場を混乱させると、それ以上に困ったことになる。

日銀も、デフレ脱却のための金融緩和を続けるという建前は崩していないが、実際には徐々に金融緩和を緩めているようにもみえる。たしかに、10年物金利が0・25％の上限を超えることを日銀は容認してないが、一時はマイナス0・3％程度まで低下していた金利が、いまの水準まで上がっている。かつては政策金利であった無担保コールレート（翌日物）は、マイナス金利政策を導入したときは、政策金利（マイナス0・1％）に近いところまで低下していたが、最近はゼロパーセントに近い小幅マイナスの領域で安定的に推移している。

かつては年間80兆円を目標に増加させていたマネタリーベースも、新型コロナ対応で一時的に急増したのを除けば、いまはかなり増加幅を縮小させており、新型コロナ対応の手仕舞いの影響が本格化してくるなかで減少に転じている。冷静に考えれば、日銀はデフレ脱却のための金融緩和を徐々に縮小させている。後は、2％の物価安定目標を持続的に達成し、先行きの物価見通しも目標の達成が見込まれると日銀が判断して、オーバーシュート型コミットメントの適用の終了を宣言すれば、金融政策の正常化はほぼ達成したことになるのではないか。

事実上の金融緩和縮小について政府から注文がつくことはないようだ。岸田政権は、安倍政権が誕生したときのようにデフレ脱却のために強力な金融緩和を推進すべきとは思っていないはずだ。金利の急上昇による金融市場の混乱を回避するのであれば、インフレ懸念が高まるなか、金融政策の正常化をむしろ歓迎しているのではないか（Box9）。

4

2%物価安定目標の見直し

物価目標は2%でないといけないのか

インフレ懸念が高まっても、デフレ脱却のための金融緩和からなかなか抜け出せないのは、2%という物価安定目標の水準に問題があるからだ。また、2%の物価安定目標をグローバルスタンダードと称して神聖化し、厳格な適用を図ろうとすることにも問題がある。物価が景気の動きに遅行する指標であることを考えれば、そもそも金融政策の目標として物価を掲げることに限界がある。少なくとも2%の目標を安定的に達成してから、インフレ抑制に舵を切るのでは遅すぎる。欧米でいま起きていることをみてもそれは明らかだ。

ところで、物価が2%程度上がっていないといけないとされるのはなぜか。まず、消費者物価指数の上方バイアスの存在があげられる。購入する財・サービスのバスケットを固定して消費者物価（5年に一度の基準改定で商品構成を見直し）を計算しているので、価格下落の大きい品目が、①需要も増えて相対的な支出割合も拡大した場合、②時間の経過とともに指数の水準が著しく低下した場合、などに上方バイアスが生じると指摘されている。上方バイアスが生じると、消費者物価の変化率がゼロパーセントであっても、実際の物価は低下している可能性が高いということになる。

しかし、売れ筋商品の価格を追っていればむしろ物価は下がる傾向が強まるかもしれない。また、内容量の削減、安い原材料の使用といった実質的な値上げをきちんと把握できているのか、といった下方バイアスの疑いもある。いずれにしても、物価統計の技術的要因を理由に物価目標は2%というのでは根拠としては弱い。

2%目標の根拠としては、金融政策の自由度を保つための「のりしろ」という考え方もよくあげられる。金利がゼロパーセントまで下がると、金融政策は「ゼロ金利制約」に直面するため、物価がある程度上がっていないと、実質金利が高止まりしてこの制約が一段と厳しくなってしまうということだ。

たしかに2000年代に入ってからの日銀の金融政策は、量的緩和政策やマイナス金利政策の導入など、ゼロ金利制約との戦いが続いたといえる。日銀が2%程度の物価上昇を目指すのは理解できない話ではない。しかし、金融政策の都合で、物価を2%上げるべきといわれても、国民としては受け入れがたい。少なくとも、物価を2%上げたいのであれば、それは目標というよりも、国民に対するお願いということではないか。

2%の物価安定目標を掲げる本音の理由は円高阻止だったのではないか。2国間の為替レートが2国間の同一商品を同一価格にするように動いて均衡するという購買力平価説に基づけば、日本のように物価上昇率が低い国の通貨は強くなる。欧米の物価目標が2％なのに日本の目標が1％であれば、市場が円高を仕掛ける材料になる。

円高⇒株安をおそれる日本の政府にとって2％を下回る物価目標の設定は論外だった。しかし、円高を回避するために物価目標を2％に設定するとは表立ってはいえない。もしいえば、為替のために金融政策を使う為替操作国となってしまう。日銀が、デフレ脱却を理由に、米欧と同じ2％の物価目標を掲げれば、為替市場の投機的な取引は回避できると、政府は考えたのではないか。

グローバルスタンダードが内包する矛盾

表面上は物価目標が2％で共通なものになっても、それぞれの国・地域によって2％が意味することは異なる。まず、米欧と横並びで物価目標を設定することは日銀にとっては過大な目標だ。2000年代に入ってからの消費者物価の平均上昇率は、米国2・2％、ユーロ圏1・7％であり、どちらも2％の物価目標を掲げるのは自然なことだ（図表9－2）。

これに対して日本の物価上昇率は0・1％とほぼ横ばいだ。だからこそ日本にとってデフレ脱却が喫緊の課題だという主張になるのだが、消費税率引上げを除けば、日本で2％も物価が上昇するのは円の急落や原油など資源価格の高騰など実体経済にダメージを与えるような特別な環境変化があったときであり、身の丈にあった目標ではない。

図表9－2　日米欧の消費者物価と1人当りGDP
（2000年代の平均変化率）

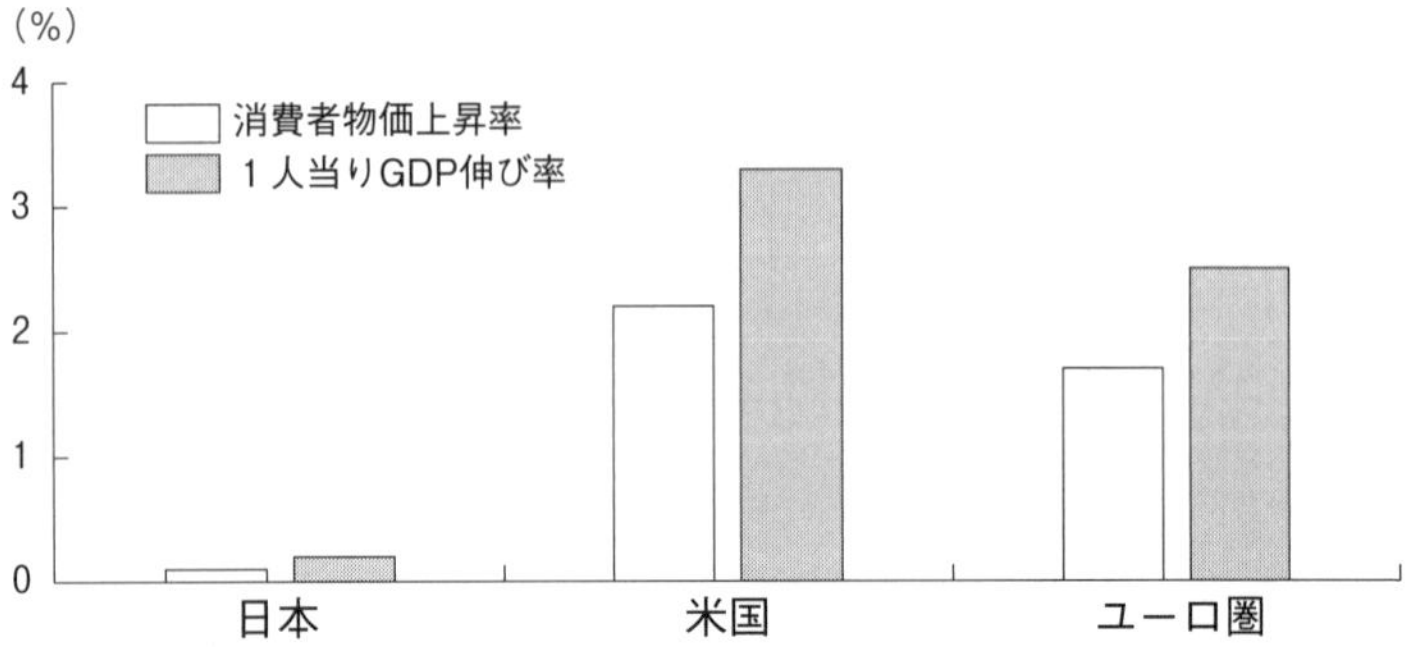

（注）　2000年から2021年までの変化率の平均。
（出所）　内閣府、総務省、Eurostat、米商務省、米労働省より筆者作成

金融政策ののりしろのためであれ、円高阻止のためであれ、所得が増えない日本の消費者にとって２％の物価上昇は起こってほしくないことだ。

１人当りＧＤＰ（所得）の２０００年代の平均伸び率を確認すると、米国が３・３％、ユーロ圏２・５％に対して、日本は０・２％とほとんど増えていない。２％の物価上昇は、欧米の消費者にとっては所得の伸びに比べて容認できる水準だが、日本では実質所得の減少を意味する。

日本の消費者は、物価が上がらないので、所得の伸び悩みを我慢しているが、もし２％も物価が上がったらとても我慢できない。こうした見方に対して、黒田東彦日銀総裁は、賃金が上昇せずに物価だけが上昇することは普通には起こらないことであり、価格の上昇により企業の売上げが伸びて収益が増加すれば、それに見合って賃金は増加すると、講演で述べている。

2％の物価安定目標を達成するということは、「賃金も物価も下がる世界」から「賃金も物価も緩やかに上がる世界」を目指すことと主張されているわけだ。しかし、物価が上がれば賃金も上がるという前提は楽観的すぎるのではないか。

「物価が上がっても賃金が上がらない世界」が日本で起きても不思議ではない。というよりも、実際に起きている。日本の物価はなかなか上がらないが、ひとたび上がり始めた物価が都合よく2％で安定してくれる保証もない。

2％を物価目標の上限に

第4章でみてきたように、1999年にゼロ金利政策を導入したときに、金融政策の指針として物価の水準が使われるようになった。それ以来、日銀は少しずつ物価安定目標の採用に向けて動き出したが、その過程で目標とする水準はゼロパーセント以上、ゼロ〜2％、そしていまの2％へと引き上げられてきた。

第一次、第二次と二度の石油ショックを経て日本の物価は安定状態を続け、バブル景気、原油価格の高騰、円安の進展、そして消費税率の引上げなど特別な理由がないと2％を超えて物価が上昇することはなかった。グローバルスタンダードの名のもとに2％のインフレ率を目指すというのは、日銀に金融緩和を続けさせるためには有効であっても、目標水準としては過大であった。

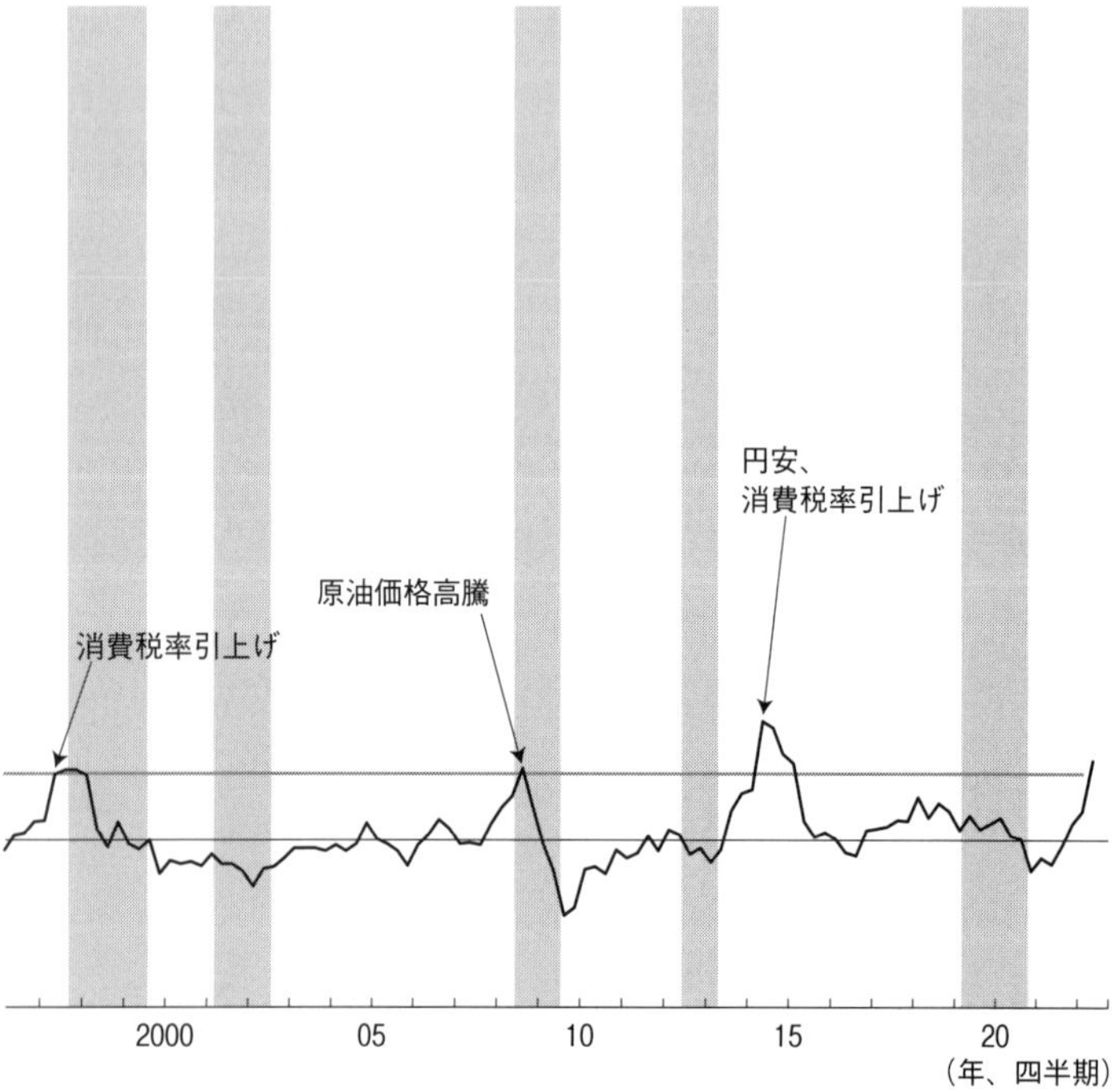

円安、
消費税率引上げ
原油価格高騰
消費税率引上げ
2000
05
10
15
20
（年、四半期）

図表9－3　消費者物価指数（総合）の推移

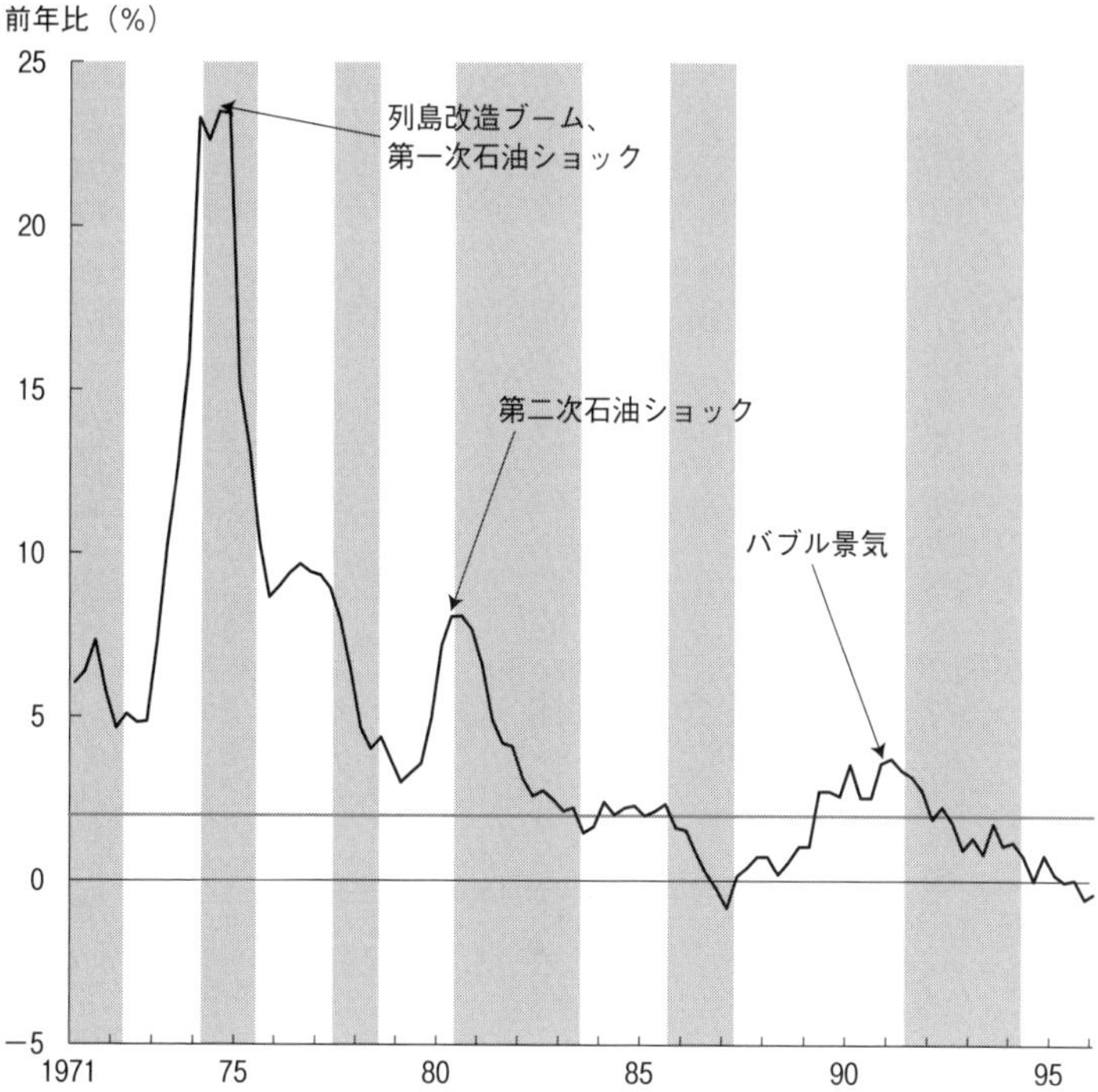

（注）　シャドーは内閣府による景気後退局面、直近は暫定。
（出所）　総務省「消費者物価統計月報」より筆者作成

2022年になって、2%の物価目標を達成できたのも、世界的な資源価格の高騰に、円安の影響も加わって川上の物価が高騰し、それが川下の消費者物価にも転嫁されてきたためだ。これまでも世界的な資源価格の高騰があったが、円高ではなく円安が同時に起きたことに加え、価格転嫁の動きがかつてよりも広がっている可能性がある。こうした環境変化は、2%の物価安定目標を持続的に達成させる可能性があるが、同時に日本経済に与えるマイナスの影響も大きくなる。

日本経済を活性化させる切り札がデフレ脱却であり、そのためには2%の物価安定目標の達成が大事といわれ続けてきた。

図表9－3は、消費者物価の長期的な推移を景気後退期にシャドーをかけて示したものだが、これをみると、実際には消費者物価が2%上がると景気は後退に転じる傾向があることがわかる（**注1**）。

もちろん、物価の上昇をもたらした資源価格の高騰や景気の過熱が景気後退をもたらす要因として考えられ、必ずしも消費者物価が2%上がったことだけが、景気後退の要因とはいえない。ただ、少なくとも、消費者物価が2%上がることが、日本経済を元気にする切り札という考え方は、これまでの経験からは否定される。

一方で、2%の物価安定目標の達成がいつまでも続くことはない。日本の物価が2%も上がるというのはまれな出来事だ。2%の物価安定目標を達成しているうちに金融政策の正常化を進めることが重要だ。そのうえで、2%の物価安定の見直しが必要だ。この目標を維持したままでは、今後も起こりうるインフレ圧力の拡大に対して後手に回ってしまう可能性が高い。

特に、貿易収支が大幅な黒字を継続する時代が終わり、これまでよりも円安が進みやすくなっている。加えて、経済安全保障や脱炭素社会実現のためのコストがこれまで以上にかかるようになっているのであれば、日本経済もインフレが起きやすくなっている可能性があり、高すぎる物価目標を掲げることの副作用が高まる。少なくとも2%は物価の上限目標に変えるべきだろう。

5 第三次デフレ戦争を起こさないために

再びデフレ戦争に逆戻りさせない

理由はともあれ、消費者物価が2%上昇してきたことによって、デフレとの戦いを終結させるチャンスが到来している。政府がこのタイミングでデフレ脱却宣言を出すことは期待できないが、物価高対策を打ち出しているぐらいだから、日銀が2%の物価安定目標を達成したと宣言すれば、金融政策正常化の出口は思いのほか簡単に抜けられるかもしれない。

問題はその後だ。世界的な資源価格の高騰はしばらく続くかもしれないが、いつまでも続くものではない。いずれ、物価上昇率が2％の物価安定目標を下回ってきたときに、またデフレとの戦いを再開してしまうのでは、金融政策正常化の努力が水の泡だ。第三次デフレ戦争を起こさないための工夫が必要だ。先ほど述べたように、2％の目標水準を見直して、0～2％程度の目標にすることも一つのアイデアとなろう。

さらに問題となるのは、資源価格の高騰がいつまでも続くことはないだけでなく、いずれ一気に下落しかねないということだ。その結果、消費者物価が一時的に低下することも起こりうる。実際、2008年に原油を中心に商品市況が高騰したときに国内物価も上昇したが、その後資源価格が落ち着いてくると、国内物価も低下に転じた。それを受けて出されたのが、2009年11月の2回目のデフレ宣言だ。

原油価格の下落は、日本経済にとってはプラスに働くことであり、その影響で国内物価が下落したからといって、デフレ、デフレと騒ぐ必要もなかったのだが、それが、10年以上にもわたるデフレ脱却のための金融緩和につながってしまった。デフレ戦争への逆戻りは何としても避けたい。

「二度とデフレに戻ることがないように」と日本経済の身の丈を超える2％の物価安定目標を掲げることにこだわるよりも、「二度と不毛なデフレ戦争に戻ることがないように」物価安定目標の見直しをしっかり行うことが大事だろう。

なぜデフレ戦争が起きてしまったのか

なぜデフレ戦争が起きてしまうのか。一番の原因は、政府がデフレ宣言を出してしまったことだ。月例経済報告に物価下落が続いているという客観的な事実だけを書けばよいものを、あえて「デフレ」という価値観を含んだ文言を加えたことにおおいに問題があった。もちろん、メディアの報道がデフレ宣言の威力を増したのは事実だが、二度目のデフレ宣言を出したときの菅大臣の記者会見の発言からも推測できるように、デフレ宣言の目的が、メディアの報道も利用して、日銀に金融緩和を迫ることにあったのは明白だ。

この宣言を受けて、日銀は金融緩和を強化せざるをえなくなり、量的緩和の強化や物価目標採用への道を歩むことになる。これが黒田東彦総裁の異次元の金融緩和につながるのだから、内閣府としては100%の成果を得たということだろう。しかし、第二次デフレ戦争を10年以上も続けた結果が、日銀のバランスシートの膨張と財政構造のさらなる悪化をもたらす一因となった。さらに、資源価格の高騰で2%の物価安定目標を達成しそうになると、これは悪い物価上昇であり、「本当のデフレ脱却ではない」などと言い出すのは無責任な話だ。この10年間の金融緩和は何だったのかと声を上げたくなる。

デフレ宣言を出した関係者は、大胆な金融緩和で物価を上げることが日本経済活性化の切り札になると純粋に思っていたのかもしれない。しかし、そうしたことは現実には起こらなかったわけだ。デフレ脱却というスローガンに問題がなかったか真摯な反省が必要だろう。

そもそも、金融行政の当事者ではない内閣府の非公式なデフレ宣言で、金融緩和の流れができあがり、デフレ戦争が始まってしまうことにもおおいに問題がある。宣言を出してデフレ戦争を始めるのは内閣府、実際に戦うのは日銀という構図もおかしい。日銀がデフレ脱却に消極的なので、われわれが動かざるをえなかったということだろうが、いまやデフレ脱却が経済を活性化するという考え方に疑問が出てきている。

デフレ戦争とは、デフレとの戦いというよりも、金融政策をめぐる内閣府と日銀との戦いだった。日銀に金融緩和を迫ることは、内閣府の官僚にとっては業績になるかもしれないが、日本経済が抱える課題を解決する効果はまったくなかった。内閣府は、デフレ宣言を出すことにエネルギーを費やすくらいなら、日銀と協調する、しないは別にして、日本の競争力や成長力を高めるための施策を考えるべきだろう。

今後、物価が下がってきても、内閣府はデフレ宣言を出すべきではないし、たとえ出されたとしても、メディアは金融緩和を催促するようなキャンペーンを組むべきではなかろう。

デフレ戦争を支えた「デフレは悪」という空気

物価が上昇しているいまは、インフレは困ったことだという意見が出ているが、10年、20

年前はデフレを脱却することが、日本経済にとって喫緊かつ最重要課題であり、この考え方に対する異論は許さないという空気すらあった。休戦を挟んで20年以上も続くデフレ戦争を支えたのは、「デフレは悪」という空気であり、デフレ脱却という戦意高揚のスローガンであった。

内閣府のデフレ宣言に対しても、日銀の金融緩和を引き出したことを評価する声があった。また、黒田東彦総裁の異次元の金融緩和も、それがスタートしたときは好意的な評価が多かったのではないか。そういう空気ができあがってしまうと、冷静な議論などできなくなるのが日本の特徴だ。また、物価が下がってくると、やはりデフレ脱却が重要であり、金融緩和の強化が必要だという議論が高まってくるのではないか。しかし、それでまた第三次デフレ戦争が始まってしまうと、またもや半永久的な金融緩和を覚悟しなければならない。デフレ戦争への不戦の誓いが必要なようだ。

そのためには、本当のデフレ脱却とは何なのか考え直す必要がある。少なくとも「悪い物価上昇」などというフレーズが出てくる以上、消費者物価を安定的に2％上げることがデフレ脱却という考え方は誤っていたことになる。また、「デフレは悪」というこれまでの常識も考え直さないといけない。少なくともゼロパーセント台の小幅なデフレが、2％のインフレより悪いという常識はもう通用しないだろう。これまで常識とされていたデフレ脱却論からの脱却が必要だ。

6 本当のデフレ脱却を実現するための戦い

偽りのデフレ脱却

2％の物価安定目標を掲げて日銀は金融緩和を続けてきた。ようやく目標を達成できそうになってくると、これは所得の増加を伴っていないので、本当のデフレ脱却ではないとクレームがつく。「悪い物価上昇」というありがたくない評価まで出てきて、さんざんな扱いだ。

デフレ脱却を実現する目標として、2％の物価安定目標を掲げたことが誤りだった。デフレという言葉が意味することは人によってかなり異なる。内閣府は、物価が持続的に下落する状況を指してデフレと考えている。このため、物価が安定的に上昇を続けるのであれば、デフレは脱却したことになる。しかも、デフレは貨幣的現象であり、日銀がマネーの供給を増やす量的緩和政策によって、物価を上昇させることができるとして、デフレ脱却をもっぱら日銀の金融政策の課題としてきた。

この戦いの構図にはいくつか問題があった。まず、デフレと聞いて、持続的に物価が下落する状況をイメージする人は少ないだろう。多くの人にとって、デフレとは、経済が停滞して所得が増えない状況、すなわち将来に明るい展望がもてない状況を指す言葉ではないか。

つまり、デフレ脱却とは、物価が2％上がることではなく、所得が増えることだ。物価目標を掲げて物価上昇を実現することがデフレ脱却であるという考え方は、物価が上昇すれば、所得も増加するということを想定しているわけだが、そんなに都合のよい話は現実の世界には存在しない。

所得水準が高まるということは、日本の競争力が高まり、成長力が高まることが必要だ。こうした状況が実現すれば、結果として物価が上がることも考えられる。しかし、物価が2％上がれば、デフレを脱却できるわけではない。また、競争力や成長力の向上を日銀の金融緩和だけで実現できると考えるのは、現実的ではなかった。

2％の物価安定目標達成は時期尚早と考えていた日銀

競争力や成長力の向上という長期的な重要課題が、2％の物価安定目標をできるだけ早く達成するという短期的かつ局所的な目標にすり替わってしまった。

ところで、日銀自身がデフレ、あるいはデフレ脱却をどのようにとらえていたかというと、少なくとも白川方明総裁のときまでは国民目線に近く、デフレ脱却を日本経済の成長力を高めるという長期的課題としてとらえていた。

日銀が、2%の物価安定目標を掲げたのは、2013年1月の内閣府、財務省、日本銀行による共同声明「デフレ脱却と持続的な経済成長の実現のための政府・日本銀行の政策連携について」においてだが、共同声明における日銀の立場の背景説明として、日銀は、「金融政策運営の枠組みのもとでの『物価安定の目標』について」を同時に公表している。

この文書のなかで、まず日銀は、「物価の安定」について、「家計や企業等のさまざまな経済主体が物価水準の変動に煩わされることなく、消費や投資などの経済活動にかかる意思決定を行うことができる状況」と定義しており、「物価の安定」は持続可能なものでなければならない、としている。そのうえで、「物価安定の目標」は、日銀として、「持続可能な物価の安定と整合的と判断する物価上昇率を示したもの」としている。

また日銀は、「今後、日本経済の競争力と成長力の強化に向けた幅広い主体の取組みの進展に伴い、持続可能な物価の安定と整合的な物価上昇率が高まっていく」という認識を示したうえで、「物価安定の目標」を、消費者物価の前年比上昇率で2%とすることとした、と説明している。

つまり、2%の物価安定目標を掲げた時点では、日本経済の競争力と成長力の強化に向けた幅広い主体の取組みがまだ進展していないのだから、2%の物価上昇は時期尚早ということになる。

さらに日銀は、「現在の予想物価上昇率は長期にわたって形成されてきたものであり、今後、成長力の強化が進展していけば、現実の物価上昇率が徐々に高まり、そのもとで家計や企業の予想物価上昇率も上昇していくと考えられる」としている。つまり日銀は、2%の物価安定目標を掲げるにあたって、その達成には時間がかかることを想定していたことになる。

このような日銀の考え方に立てば、日本経済でいま起きていることは、競争力と成長力の強化に向けた取組みが進まないうちに、世界的な資源価格高騰に直面して、消費者物価が2%上がってしまったのだから、2%の物価上昇に持続性がないだけではなく、家計や企業等の経済主体が消費や投資などの経済活動における意思決定を円滑に行えない水準ということになる。

2%の物価目標の早期実現を迫った政府

「物価の安定」や「物価安定の目標」に関する考え方は、共同声明のなかにもある程度反映されたが、2%の物価安定目標の実現には時間がかかるという考え方については、早期の2%の物価目標達成を求める政府が受け入れることはなかった。2年間での目標達成を迫る政府に対して、日銀は、共同声明のなかで、「金融緩和を推進し、これをできるだけ早期に実現することを目指す」と約束することになった。

共同声明のなかで、日銀は、2年間という目標達成の期限を切ることには同意しなかったが、安倍晋三首相の意向を受けて誕生した黒田東彦総裁のもとで、日銀自らが2年間という期限を切って、2％の物価安定目標を達成することを約束した。この結果、共同声明で示された「物価の安定」や「物価安定目標」に関する説明はほとんど意味をもたなくなり、2％の物価安定目標をできるだけ早期に実現するという約束だけが強調されるようになってしまった。

すでに述べた2％の物価安定目標の見直しとあわせて、共同声明の見直しもいずれ検討されるだろうが、そこで示されたものの忘れ去られていた「物価の安定」や「物価安定の目標」に関する考え方は、いまでも妥当なのではないか。

日本経済活性化のために本当に戦うべき相手は？

デフレ脱却を、消費者物価を2％上げることと矮小化してとらえてしまうと、デフレは戦うべき相手としてふさわしくなくなってしまう。競争力や成長力が高まっていないのであれば、所得が増えることもなく、物価の上昇は実質所得を目減りさせるだけだ。しかし、共同声明においても示されたように、デフレ脱却を、競争力と成長力の強化によって、日本経済を再生すること、ととらえるならば、デフレ脱却はいまでも重要な目標、スローガンとなる。

デフレ脱却は、日銀だけではなく、政府、そして民間セクターが主体となって、幅広い主体が取り組むべき課題となり、デフレは真に戦うべき相手となる。では、どう戦うべきか。

これまでのデフレ戦争のように、日銀が前面に立つ戦いとすべきではない。デフレ戦争が、ここまで長期化したのは、表面的には日本の物価がなかなか上がらないからだが、実態としては日銀に達成できそうもない物価目標を掲げさせておけば、いつまでも低金利を続けさせることができて、財政支出の拡大、株価の安定に資するという政治的思惑が働いてきたことは否定できない。

政府の産業政策や成長戦略によって新たな成長分野を発展させる余地はあるだろう。また、金融政策では成長分野に資金が円滑に流れるような施策を政府と協調して打つことも考えられる。しかし、競争力を高める主体はあくまで民間セクターであり、互いに競争することが企業の競争力を高め、経済全体の成長力を高めることになる。

価値をつくりだす競争がもたらす本当のデフレ脱却

もっとも、競争の仕方は時代とともに変わらないといけない。国内では人口の減少が続き、海外では中国をはじめ新興国の競争力が高まり、日本経済が内外の需要の拡大という量の拡大で成長する時代は終わった。量より質で成長しなければいけないといわれて久しいが、質の向上による成長はむずかしい。質の向上によって価値が高まったと認めてもらうのはむずかしく、その価値に見合ったより高い対価を求めることはさらにむずかしいからだ。

図表９－４　新しい価格競争がもたらす本当のデフレ脱却

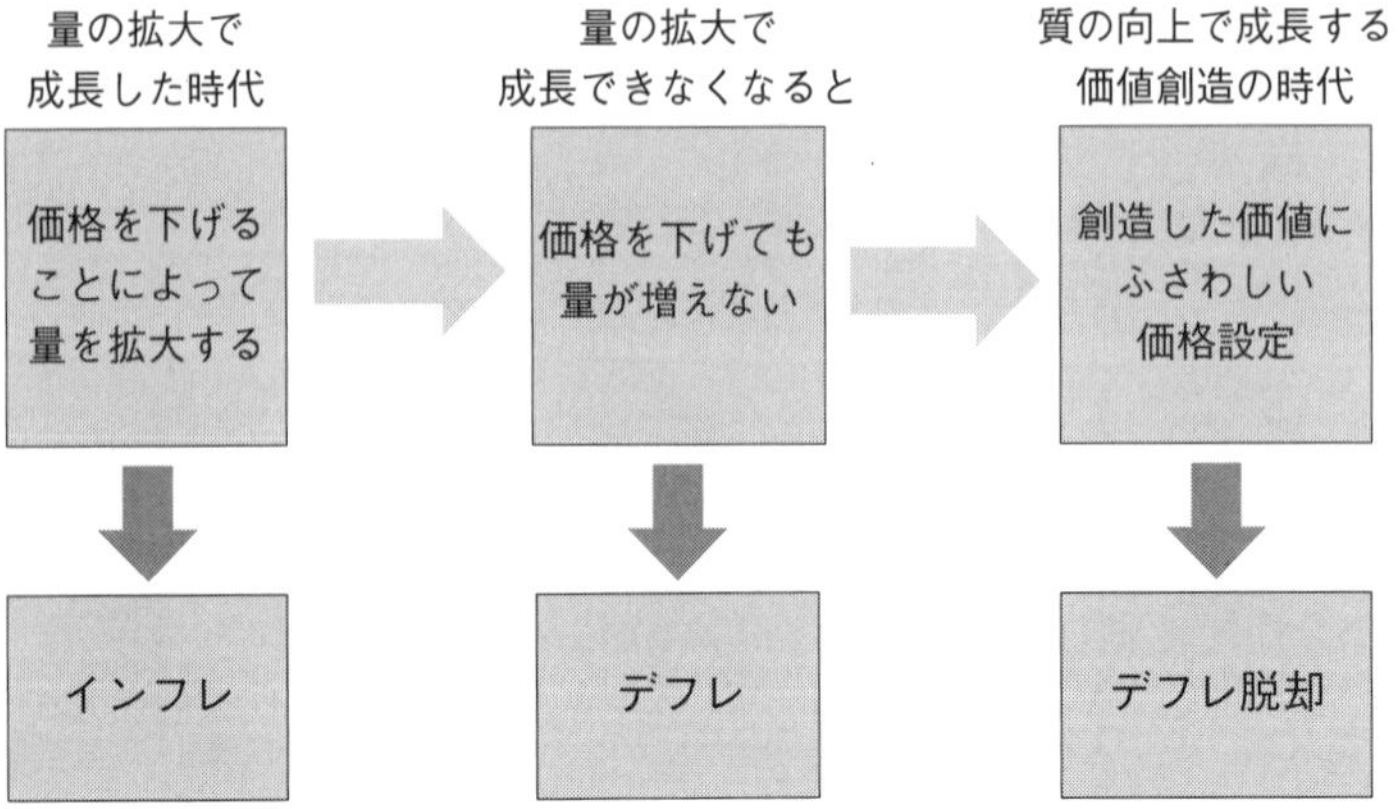

（出所）　筆者作成

量の拡大で成長できる時代は、価格を下げる価格競争が競争力の拡大に直結し、販売数量の増加をもたらし、成長力を高めることになった。しかし、質の向上で成長する時代には、従来型の価格競争は、物価や賃金の下落圧力を高めても、成長力を高めることにはならない。量の拡大が期待できないため、企業収益を圧迫する消耗戦になってしまうからだ。

だからといって、物価が上がれば問題が解決するわけではない。いま現実に起きていることをみればわかるように、物価の上昇を喜んで受け入れる国民はいない。質の向上など新たな価値が付け加わることではじめて、これまでより高い価格が受け入れられることになる。これからは、新たな価値を創造し、その価値に見合った価格を設定するという、新しい価格競争が競争力を高める源泉となってくる（**図表９－４**）。

価格が高くなるといっても、価値の増加に見合うものであり、それ自体は物価を上げる要因にはならない。新しい価格競争は従来型の価格競争がもたらした身を削る価格引下げ圧力は後退させるが、それによって物価が上がるということはない。しかし、それによって企業の競争力や経済の成長力が高まるのであれば、所得を増やす道も開けてくる。物価が２％上がらなくても立派なデフレ脱却だ。不毛なデフレ戦争を終結させるためには、「インフレは善、デフレは悪」という常識を脱することが重要になってくる。

【注】

1　２０１４年４月に消費税率が５％から８％へ引き上げられたときは、円安による消費者物価の上昇に消費増税の影響が加わり、消費者物価は３％台半ばの上昇となった。このときは、景気基準日付上は「山」がつかず、景気は回復を続けたことになっている。しかし、２０１４年３月は「山」の候補となり、景気動向指数研究会が開催された。微妙な判定で「山」とは認定されなかったが、景気は後退と認定されてもおかしくない状況であった。少なくとも、景気が回復を続けていたとは言いがたく、停滞が続いていたと考えるべきだろう。

Box9

銀行員経験のある首相と金融政策

デフレ戦争を終結させるためには、時の政権がそれをどう受け止めるか、ということが重要になってくる。第一次デフレ戦争のときは、日銀の金融政策に理解がある与謝野馨氏が経済財政担当大臣に就任していたことが、デフレ戦争を終結させるうえで大きな役割を果たした。

第二次デフレ戦争を終結させるに際して、岸田政権がそれをどう受け止めるのか。岸田首相は銀行員の経験がある初の首相だ。そのバックグラウンドを考えると、いまの金融政策に懐疑的ではないか。銀行業務の経験があれば、使われない日銀当座預金を積み増しても、それが世の中に出ていかなければ、経済活動に影響しないことを肌で知っている。銀行業務の原理原則を無視したマイナス金利政策を評価しているとも思えない。

その一方で、金融政策の変更が引き金になって、金利が急上昇したときのおそろしさも理解しているはずだ。経済活動が一気に冷え込むからだ。

首相は、デフレ脱却は重要といっているが、インフレ懸念が強まってくるなか、物価が2%上がることが、デフレ脱却とは思っていないだろう。岸田首相は、その著書『岸田ビジョン 分断から協調へ』（注1）のなかで、金融政策について『バズーカ』の限界」という一節を設けて、見解を示している。それを読むと、異次元の金融緩和をあまり評価していない一方、無防備な政策転換が金融市場を混乱させる大きなリスクを伴うと述べている。

岸田首相が日銀に対して期待していることは、金融市場の混乱を抑えるための備えのある金融政策の転換ではないか。

【注】

1 岸田文雄著『岸田ビジョン 分断から協調へ』（2020年、講談社）。

おわりに

デフレ脱却のための金融緩和政策への関心は高く、これまでも何冊もの本が出されている。その多くは、デフレ脱却の重要性、ゼロ金利制約下での金融政策のあり方、非伝統的な金融政策としての量的緩和政策やマイナス金利政策の有効性など、理論的な観点からのアプローチが中心であった。

本書のように、2000年代の金融政策をデフレ戦争と位置づけ、戦記物のように記述するのは、オーソドックスなアプローチではなく、奇をてらったものと受け止められるかもしれない。しかし、私がこのようなアプローチが必要と考えたきっかけは、2009年11月の二度目のデフレ宣言であった。

当時、政権交代間もない民主党政権のもとでデフレ宣言が出され、それにあわせて菅直人大臣が記者会見の場で、日銀の金融緩和を期待する旨の発言を行い、メディアの報道もあって、デフレ脱却のための金融緩和不可避の空気ができあがってしまったからだ。

日銀に対して金融緩和を迫る政府サイドからの圧力は昔からある図式であり、デフレ宣言が出されるのも2001年春に続いて2回目のことだ。それでも、金融政策を担当するわけではない内閣府が出す、しかも政府の正式な宣言でもない、いわゆるデフレ宣言によって、その後の金融政策の大きな流れが決まってしまう。これでは、日銀の金融政策決定会合で政策委員が議論をして金融政策を決めていくという本来の姿とは程遠いメカニズムで、金融政策が決まってしまうことになる。

政治的な駆け引きという点では内閣府の圧勝だが、金融政策のあるべき姿ではない。少なくとも理論的なアプローチが有効な世界とは言いがたくなる。しかし、政治的駆け引きや力学によって金融政策が決まってくる要素が強いのであれば、そうした観点から金融政策を分析する意義はあろう。

デフレ戦争は、デフレを脱却するための戦いということだが、それは、金融緩和に積極的な政府寄りのリフレ派的な考え方と異次元の金融緩和の副次効果も懸念して歯止めのない金融緩和に慎重な日銀サイドの考え方との戦いでもあった。日銀にとって不意打ちを食らったような二度目のデフレ宣言は、政府と日銀の対立を決定的にしてしまった。

本書では、リフレ派的な考え方と金融緩和の拡大には慎重な考え方とのせめぎあいという点に焦点を当てた。デフレ戦争の間に日銀の金融政策は、一般の人からみてきわめて難解なものになったが、二つの考え方のせめぎあいという視点からみていくと、金融政策をめぐる政治的な力学と日銀の建前と本音がみえてきて、難解な金融政策が解きほぐされてくる感じがする。その意味で、本書を執筆する意義はあったと考えられる。今後、デフレ戦争が終結し、金融政策の正常化が進むのかということに関心が集まってくるが、そこにおいても本書で展開したようなアプローチは有効ではないか。

本書は、第一次デフレ戦争開戦から20年となる昨年の初めにアイデアとして思い浮かび、仕事で面識のあった、株式会社きんざい出版部の堀内駿氏に本書の企画を持ち込んだものだ。堀内氏にはすぐに本書の企画に賛同いただき、堀内氏ご異動後は赤村聡氏に編集を担当していただいた。赤村氏には私の執筆の遅れを、我慢強く見守りながら、執筆が前に進むよう励ましていただいた。2％の物価安定目標と同様に、達成が困難と思われた本書の執筆が、このたびようやく終わり、出版に至ったことは、堀内氏と赤村氏の御助力の賜物だ。あらためて心よりの感謝を表したい。

執筆中の1年あまりで日銀の金融政策をめぐる環境は激変したが、結果として、世の中の関心がより高まったところで出版することができた。本書が、金融政策の見方にこれまでとは違う視点を提供する一助になれば幸いである。

【著者略歴】

鈴木　明彦（すずき　あきひこ）

三菱ＵＦＪリサーチ＆コンサルティング株式会社　調査・開発本部 調査部 研究主幹

早稲田大学政治経済学部経済学科卒、ハーバード大学ケネディ行政大学院卒。１９８１年に日本長期信用銀行（現新生銀行）入行。その後１９９９年に三和総合研究所（現三菱ＵＦＪリサーチ＆コンサルティング）入社。２００９年内閣府大臣官房審議官（経済財政分析担当）。２０１１年同社調査部長を経て２０１８年より現職。

２００６～２００８年度神戸学院大学客員教授、２００９年度専修大学客員教授、２０１７年度より青山学院大学非常勤講師を務める。

主な著書に『デフレ脱却・円高阻止よりも大切なこと』（中央経済社）、『腐りゆく日本というシステム』（リチャード・カッツ著、東洋経済新報社）翻訳がある。日本経済新聞「十字路」への寄稿をはじめ、論文・レポート多数。

Twitterでは著者が情報発信をしています。是非ともご覧ください（アカウントは予告なく停止する場合があります。あらかじめご了承ください）。

https://twitter.com/asuzuki_murc

デフレとの20年戦争

2022年11月７日　第１刷発行

著　者　鈴　木　明　彦
発行者　加　藤　一　浩

〒160-8520　東京都新宿区南元町19
発　行　所　**一般社団法人 金融財政事情研究会**
企画・制作・販売　**株式会社 き　ん　ざ　い**
出版部　TEL 03(3355)2251　FAX 03(3357)7416
販売受付　TEL 03(3358)2891　FAX 03(3358)0037
URL https://www.kinzai.jp/

校正：株式会社友人社／印刷：三松堂株式会社

ISBN978-4-322-14198-6